태극권의
효율적 교수법

Dr Paul Lam 다른 출판물

Tai Chi Productions 을 이용하세요
6 Fisher Place, Narwee, NSW 2209, Australia
www.taichiproductions.com

책

TaiChi for Beginners and the 24Forms, Paul Lam and Nancy Kaye
Overcoming Arthritis, Paul Lam and Judith Horstman

교육용 DVD/Videos

Tai Chi for Arthritis (DVD영어, 중국어, 프랑스어, 스페인어, 독일어, 이탈리아어 버전이 있음)

Tai Chi for Osteoporosis

Tai Chi for Diabetes

Tai Chi for Back Pain

Tai Chi for Older Adults

Tai Chi 4 kidz

Tai Chi for Beginners (DVD영어, 중국어, 프랑스어, 스페인어, 독일어, 이탈리아어 버전이 있음)

Qigong for Health

Tai Chi-the 24 Forms

The 32 Forms Tai Chi Sword.

The Combined 42 Forms

The 42 Forms Tai Chi Sword

태극권의
효율적 교수법

Dr Paul Lam

본 출판물에 소개된 교수법을 개인이 활용함으로서 발생할 수 있는 어떠한 부상 등의 부가적 결과에 대하여 출판에 관계된 저자 혹은 유통 관계자는 어떤 방식으로도 책임을 질 수 없으며, 개인 활동에 대한 책임은 독자들에게 있음을 밝힙니다. 본 교수법은 한국 내 건강타이치 지도자과정을 이수하신 후 사용하실 수 있습니다.

2006년 호주의 Tai Chi Productions에서 초판 발행
6 Fisher Place, Narwee, NSW 2209, Australia
www.taichiproductions.com

본 출판물은 저작권법에 의한 보호를 받습니다. 저작권에 의해 허가된 개인적인 연구·비판·검토와 같은 공정성 목적이외에, 사전의 서면허가 없이, 본 출판물의 어떠한 부분도 복사되거나, 검색 시스템에 저장이 되거나, 또는 전자적·기계적 수단, 사진 복사, 녹음과 같은 어떠한 형태로든 전송·배포 될 수 없음을 밝힙니다. 이와 관계된 문의는 Tai Chi Productions으로 해주시기 바랍니다. **이 책의 한국어판 저작권은 밝은빛에 있으므로 사전 허가없이 무단사용 및 복제를 금합니다.**

원 저 : Dr. 폴램
번 역 : 황수연
편 집 : 한국 건강타이치 MT회
         (한국건강타이치MT회-박영희, 김해동, 박명자, 박영주, 송라윤,
         안성자, 엄애용, 이숙련, 이인옥, 정영희, 조현미, 최성희)
감 수 : 송라윤
초판 1쇄 발행 : 2010년 5월 10일
펴낸이 : 진영섭
펴낸곳 : 도서출판 밝은빛
등록번호 : 2002년 07월 18일 제22-2189호
전 화 : 02-534-9505
팩 스 : 02-534-9583
주 소 : 서울시 서초구 방배4동 814-7 보우B/D 402호
정 가 : 20,000원
ISBN 978-89-92391-33-7 93690

"우리의 아이디어가 불충분하다고 판명될 때,

배움이 시작된다."

존 듀이
교육자 / 철학자

필자 소개

개업 의사이며 30년간 태극권을 수련한 폴램(Paul Lam)박사는 건강 증진을 위한 태극권 분야의 세계적 선구자다. 그는 다양한 의학·태극권 전문가들과의 협업을 통해 사람들의 웰빙(wellbeing)과 삶의 질 향상을 위한 몇 종류의 건강 태극권 프로그램을 창시하였다. 그가 창시한 관절염 태극권(Tai Chi for Arthritis), 골다공증 태극권(Tai Chi for Osteoporosis), 당뇨 태극권(Tai Chi for Diabetes) 등의 프로그램들은, 호주 관절염 재단(Arthritis Foundation of Australia); 호주 골다공증 협회(Osteoporosis Australia); 미국 관절염 재단(Arthritis Foundation of the USA); 영국 관절염 보호 재단(Arthritis Care, UK); 한국 류머티스학 건강 전문가 협회(Korean Rheumatology Health Professionals Association); 그리고 호주 당뇨병 협회(Diabetes Australia) 등으로부터 후원을 받고 있다.

그는 자신이 공인한 태극권 지도자들과 함께 전 세계를 다니며, 건강증진용 태극권 프로그램 강사 양성 워크샵을 수백회 진행하였다. 또한, 호주와 미국에서 다양한 태극권 단체·동료들과 협동으로, 문파를 넘어선 포괄적 범위의 태극권 형식과 투로에 대해 일련의 워크샵을 개최하였다.

그는 1986년 설립한 Better Health Tai Chi Chuan Inc. (건강태극권협회 : 모든 구성원들이 태극권을 통해 배우고 성장할 수 있는 즐거운 환경 제공을 목표로 만든 비영리법인)의 창립자이며 주 교육 강사다. 1998년, 호주의 태극권 팬들을 하나로 모으기 위해 호주 태극권 연합(Tai Chi Association of Australia)을 창단하기도 하였다.

폴램박사는 1993년 베이징에서 열린 제3회 국제 태극권 대회에서, 42식 경기 투로에서 금메달을 땄고, 42식 태극검 투로와 진가 투로에서 은메달 2개를 땄다. 그 후, 그는 몇몇 국제 태극권 경기에서 심사위원장으로 활동하기도 하였다. 수많은 그의 제자들도 각종 국제 대회에서 성공을 거두었다.

1974년 호주의 NSW 대학교 의대를 졸업하였고, 현재 호주 시드니에서 가정의학과 의사로 활동 중이다. 20년동안 가정의학 프로그램 (Family

Medicine Program)의 임상 교수로 활동하였으며, 현재 NSW 대학교의 강사를 역임하고 있다.

폴램 박사는 태극권과 건강분야의 많은 인기 저서, 강의비디오 · DVD 등을 제작하였다. 그는 연구자 · 저자 · 자문가로서 태극권과 건강에 대한 의학연구에 공헌하였다. 또한 많은 연구 논문과 의학저널 기사를 작성하였고, 건강을 위한 태극권을 주제로 국내외 학회에서 논문을 발표하였다. 그는 2006년 대한민국 서울에서 개최된 제1회 국제 건강 태극권 학회(Tai Chi for Health International Conference)에 기조연설자로 참가하였다.

감사의 글

과거 5년간 많은 사람들이 본서의 집필을 위해 심심한 공헌을 해 주셨다. 그 모두의 이름을 여기서 열거하기는 불가능 하겠지만, 나를 고무시키고 지지해준 많은 태극권 친구들, 참가자들과 강사들에게 깊은 감사를 드린다.

특별히 후원·편집 등으로 이 책을 구상해준 나의 친구 낸시 케이(Nancy Kaye)와 강한 추진력과 놀라운 편집능력으로 책을 완성케 해준 다이애나 콘웰(Diana Cornwell)에게 감사를 드린다. 또한 멋진 일러스트로 이 책을 장식해준 쉐릴 리 플레이어(Cheryl Lee Player)에게도 감사를 드리는 바이다.

이 책을 위해 직접적으로 공헌해준 수많은 동료 강사들과 친구들 중에서 다음과 같은 이들에게 특별히 감사의 말씀을 전하고 싶다 : 엘바(Elva)와 데니스 아티(Denis Arthy), 마가렛 브레이드(Margaret Brade), 안젤라 칸타피오(Angela Cantafio), 마리 채드윅(Maree Chadwick), 캐롤 장(Carol Chueng), 존 추(John Chew), 조현미 박사(Dr. Hyun Mi Cho), 조젯 코피(Georgette Coffey), 자넷 크롬 박사(Dr. Janet Cromb), 랄프 데너(Ralph Dehner), 캐롤라인 디모이스(Caroline Demoise), 엄애용 박사(Dr. Aeyong Eom), 이안 엣셀(Ian Etcell), 바바라 포스터(Babara Foster), 수 프라이(Sue Fry), 캄 라우 풍(Kam Lau Fung), 마들렌 가빈(Madelene Gavin), 에드릭 홍(Edric Hong), 라니 휴스(Rani Hughes), 이드리아 자자(Indria Jahja), 댄 존스(Dan Jones), 줄리 킹(Julie King), 팸 커셔 박사(Dr. Pam Kircher), 윌프레드 쿽(Wilfred Kwok), 팻 로손(Pat Lawson), 이은옥 교수(Professor Eunok Lee), 콴·실비아 룽(Kwan and Sylvia Leung), 빈스 맥컬로 교수(Professor Vince McCullough), 찰스 밀러(Charles Miller), 존 밀스(John Mills), 제프 모리스(Jeff Morris), 피터(Peter Ng), 로스마리 팔머(Rosemary Palmer), 존 피터스(John Peters), 알란 폴락스(Alan Pollocks), 피터 푼(Peter Poon), 노먼 프리셔스(Norman Precious), 폴 프리차드(Paul Pritchard), 쉘리아 래(Shelia

Rae), 트레보 J 레이내르트(Trevor J Reynaert), 레슬리 로버츠(Leslie Roberts), 러셀 스마일리 교수(Professor Russell Smiley), 자나 솔로프카(Jana Solovka), 송라윤 교수(Professor Rhayun Song), 스테파니 태일러 박사(Dr. Stephanie Taylor), 트로이스 토메 교수(Professor Troyce Thome), 헤이즐 톰슨(Hazel Thompson), 제이 반 쉘트(Jay Van Shelt), 찰스 취-포(Charles Tsui-Po), 토이 워커(Toi Walker), 데니스 와츠(Dennis Watts), 재키 와츠(Jackie Watts), 네타 와츠(Netta Watts), 팻 웨버(Pat Webber), 시빌 웡(Sybil Wong), 쉬 여(Swee Yeo).

그리고 이 책에 사진이 실린 모든 분들에게도 특별히 감사를 드리고 싶다.

또한 효과적인 선생이 되기 위해 필요한 것에 대한 통찰력 있는 기고문을 이 책에 싣도록 친절하게 허락해준, 양키 락스카 박사(Dr. Yanchy Lacska)와 스테파니 태일러 박사(Dr. Stephanie Taylor), 팻 웨버(Pat Webber), 쉘리아 래(Shelia Rae)와 러셀 스마일리 교수(Professor Russel Smiley)에게 감사한다.

우리의 태극권 비전을 위해 헌신 해주고, 이 책의 집필에 집중할 수 있게 해준 태극권 센터인 '건강태극권'의 강사와 학생들, 워크샵 매니저인 안나 베넷(Anna Bennett), 미국 지부장인 셀리아 류(Celia Liu), 그리고 Tai Chi Production의 모든 스탭들에게도 감사를 드리는 바이다.

마지막으로, 끊임없는 격려로 나를 지지해 준 아내 유니스(Eunice)에게, 나에게 얼마나 많은 영감을 주는지 본인은 알아채지 못하는 딸 안드레아(Andrea)에게, 천재적 영감으로 본서의 표지를 디자인해준 아들 매튜(Matthew)에게 사랑과 감사를 표하고 싶다. 또한 관대한 마음으로 항상 잘 보살펴 주신, 나의 첫 번째이자 가장 중요한 태극권 사부인 장인어른 프레데릭 럼(Frederick Lum)에게 깊은 감사를 드린다.

목 차

효율적 교재 활용방법 ………………………………………… 12

제 1 부 : 강사 ………………………………………… 15

제1장. 태극권을 가르치는 이유에 관하여 ……………… 18
제2장. 효율적인 강사가 되기 위한 필수요소 …………… 23
    강사의 태도 ……………………………………………… 25
    태극권 기술 ……………………………………………… 33
    강의 기술 ………………………………………………… 36
제3장. 나는 효율적인 강사인가? ………………………… 68
    자신의 강의에 대한 피드백(반응) 살피기 ……………… 69
    피드백에 대한 분석 ……………………………………… 71

제 2 부 : 시스템 ……………………………………… 71

제4장. 안전을 우선시할 것 ………………………………… 76
    일반적 관리 ……………………………………………… 78
    운동을 통한 치유 ………………………………………… 80
    태극권 수련시 주의사항 ………………………………… 81
    운동시 주의사항 ………………………………………… 84
제5장. 점진적 단계별 교수법 ……………………………… 88
    새로운 요소를 첨가하여 가르치기 ……………………… 95
    태극권 실력 향상시키기 ………………………………… 107
    점진적 단계별 교수법에 관한 고찰 …………………… 118
    상급반 참가자 지도하기 ………………………………… 120
    동료 강사와 함께 일하기 ……………………………… 123

제6장. 강의 구성하기 ······················ 125
    강의 준비 ····························· 125
    강의 구성 ····························· 133
    마무리 ······························· 141

제3부 : 도구 ···························· 145

제7장. 시작하기 : 최초의 세가지 레슨 ············ 146

제8장. 'Step 1-2-3' 준비 운동과 마무리 운동 ······ 153

제9장. 대중 연설 및 대중 매체와 함께 일하는 방법 ······ 159

제10장. 학술연구 협조 ····················· 172

제11장. 태극권의 원리 ····················· 178
    태극권의 본질적 원리 ····················· 178
    동작속도의 변화 ························ 180
    태극권의 4가지 본질적인 원리 ················ 182
    단전호흡법 ··························· 186

제12장. 효과적인 선생에게서 배움 ·············· 189
    형상화(imagery)를 통해 태극권 연습의 질을 높여라 ······ 190
    태극권 교수의 윤리 ······················ 197
    '남에게 ... 대하라' ······················ 200
    태극권 놓아주기(letting go) ················· 204
    효과적인 교수법은 커뮤니티를 조직하는 것이다. ······ 206

부록1 : 참고자료 ························ 210

주해 ································ 224

효율적 교재 활용방법

  이 책을 집필한 목적은 강사와 참가자 모두가 태극권을 즐겁게 할 수 있도록 하기 위함이다. 강사의 교수법이 참가자의 강의에 대한 관심정도를 결정짓게 된다. 효과적인 교수법을 통해 참가자는 더욱 즐겁게 태극권을 배울 수 있게 되며 이것이 참가자를 강사의 수업에 계속 참석하도록 하는 원동력이 되는 것이다. 강사는 선생으로써 더욱 보람을 느낄 수 있게 되고 동시에 강사 본인의 태극권 실력도 향상될 것이다.

  영국 스톡포트에 위치한 Age Concern의 CEO인 마가렛 브레이드는 그녀의 태극권 선생에 대하여 '…나의 태극권 선생님은 어떠한 말로 표현하기 힘든 능력의 소유자이다. 30명 이상의 사람들이 일주일에 두 번씩 꾸준하게 그의 강의를 들으러 오도록 만들었던 분이며 그는 은퇴했지만 아직까지도 많은 사람들이 그(브루스)에 대해 얘기하고 본받고 싶어 한다.' 고 말했다.

  브루스는 30년이 넘는 세월동안 많은 태극권 강사에게 영감을 준 카리스마 있는 태극권 강사였다. 그의 성공 비하인드 스토리를 모아서 이 책을 읽는 독자들에게 소개하고자한다. 책을 읽는 도중 여러분에게 도움이 될 만한 단 한 가지라도 발견을 한다면 이 책의 가치는 그것으로도 충분하다고 할 수 있다.

  내가 소개할 케이라는 참가자 역시 자신의 태극권 선생과 독특한 인연이 있다. 케이를 알게 된 것은 나의 관절염 태극권 클래스에서였다. 케이는 10년 전부터 심신 안정에 도움이 될 것 같다는 생각과 정기적인 운동의 필요성을 느껴 태극권 레슨을 받아야겠다고 결심을 했다고 설명했다.

  초급자반의 첫 수업 이후, 케이의 강사는 태극권의 역사와 이론에 관한 긴 이야기를 시작으로 강의를 진행했는데 심도깊은 내용을 전달하고자 매우 열정적으로 수업을 진행했다고 했다.

  그런데, 수업 초반에는 흥미를 가지고 임했지만 강사가 수업을 진행할수록 오히려 혼란스러움을 느끼게 되었다. 오히려 강사가 끊임없이 '말하는 동안 서서 들어야했기 때문에 관절염이 있는 그녀의 무릎은 수업이 진행될수록 통증만 증가될 뿐이었다. 연습이 드디어 시작되었을때 케이는 안심이 되었다.

그러나 그녀의 안심도 잠시, 강사가 수업 내내 가르친 것은 딱 한 가지, 바로 몸 풀기 운동이었다. 강사가 지적하기 전까지는 팔을 앞뒤로 흔드는 등의 운동이 나름대로 재미있게 느껴졌으나 이것저것 지적을 당하는 순간부터는 자신감을 잃어버렸다.

수업이 끝나갈 무렵 강사는 태극권이란 심오하고 세련된 예술이라는 것을 모든 참가자들에게 누누이 강조했다. '첫 일 년 동안은 무언가 눈에 보이는 것을 이루고자하는 마음을 버려라, 또한, 열심히 배울 각오가 되어있지 않으면 수업에 참여할 필요가 없다.'고 하였다.

태극권을 배우는 것이 보통일 이상이 될 것이라는 부담감을 느끼며 결국은 그 강사에게 태극권 수업 받는 것을 포기하고 말았다. 그녀 뿐 아니라 같은 클래스의 상당수 초급자가 그러했을 것이다.

몇 년이 지난 후에야 그녀는 다시 한 번 태극권을 배워볼 용기를 낼 수 있었고 때마침 열린 관절염 태극권 클래스에 등록하여 열성적으로 태극권을 배우기 시작한 것이다. 그 때 이후로 꾸준히 태극권을 배웠고 나중에는 지도자 과정까지 밟게 되었다. 태극권을 통해서 많은 사람들의 건강과 삶의 질을 향상시키는데 일조하게 되었고 그녀 자신 역시 태극권으로 인해 인생의 새로운 장을 열게 된 것이다.

필자는 이와 같은 경험담을 꽤 많이 접할 기회가 있었다. 태극권의 본질 자체에 대한 어려움보다는 강사들이 그것을 가르치는 방법에 문제가 있는 경우가 꽤 있다.

20년이 넘는 시간에 걸쳐 필자는 이러한 시스템을 여러 워크샵을 통해 전 세계의 많은 태극권 강사들과 나누고자 노력해왔다. 이들은 이러한 필자의 시스템을 꾸준히 채택하여 자신의 강의에 효율적으로 이용하고 있다.

미국 미네소타의 양키 락스카박사는 태극권과 기공을 오랜 시간 가르쳐온 경험이 풍부한 강사인데 그 역시 필자의 시스템의 유용성을 스스로 경험해온 사람으로서 다음과 같이 말한다. '심리학자로서의 20년 이상의 경험과 학교 및 공공 교육기관에서 32년 이상의 강의 경력을 가진 사람의 입장에서 볼 때 점진적 단계별 교수법은 어떤 종류의 신체단련교육 프로그램보다도 효율적이다.' 또한 '나는 이 시스템을 태극권을 가르칠 때 뿐 아니라 기공, 호신술을 가르칠 때도 사용한다. 폴램 박사의 점진적 단계별 교수법 덕분에 질적으로 개선된 강의를 할 수 있었다.'

이 책에는 필자가 개발한 상당량의 유용하고 실제적인 태극권 교수법들이 포함되어있다. 태극권 교수 시 흔히 범할 수 있는 오류들을 피할 수 있는 실제 생활에서의 에피소드들이 담겨있다. 예시된 상황에서는 프라이버시 보호를 위하여 가명을 사용하였다. 그렇지만 이 책에 인용된 분들의 이름은 실명이다.

제1부 : 강 사

여러분은 왜 태극권을 가르치는가? 우리에게 어떠한 보상이 따르기 때문인가? 태극권 강사가 되려면 어떤 기술이 필요한 것일까? 효율적으로 가르치고 있는지 여부를 알 수 있는 방법이 있는가? 이 장에서는 난해한 규칙이나 기준을 정하는데 목적을 두기보다는 태극권 강사로서 효율적인 교수 능력을 향상시키기 위한 목적에 중점을 두고 이러한 질문들에 대한 대답을 제시해보고자 한다.

필자의 몸속에는 가르치는 사람으로서의 피가 흐르는 것 같다. 작고하신 부친 역시 훌륭한 교사이셨고, 나는 의술에 몸담은 사람이지만 다양한 사람들을 가르치는 사명을 가지고 있기도 하다. 실습에 나가기 전의 수련의들이나 의과대학 학생 그리고 의사, 물리치료사 외의 건강 관련 직업을 가진 사람들 혹은 다양한 분야의 많은 사람들이 내가 가르치는 대상에 속하는 사람들이다. 내가 가르치는 분야들 중 하나가 바로 태극권이고, 모든 레벨을 대상으로 강의를 한다. 어떻게 하면 더 나은 강사가 될지를 고민하는 것조차도 나에게는 기쁨이다.

요즘은 태극권에 관한 책이라면 수 백 가지도 더 되지만 교수법에 관한 책은 없는 것이 현실이다. 그러나 태극권이 더욱 체계적으로 발전하기 위해서는 효과적인 교수법을 연구하는 것은 필수적인 요소인 것이다.

건강 프로그램을 위한 태극권 강사 교육을 오랫동안 지속해왔다. 강사 교육을 위한 워크샵 내에서 교수법 체계를 제대로 만들고자 그 내용들을 통합시키는 작업을 해왔고 그에 대한 강사들의 만족도가 매우 높았다. 스위스 출신의 에블린이라는 물리치료사의 경우, 관절염 태극권 프로그램 워크샵에 참석한 후에 관절염 태극권 강의를 시작했고 이후 수강 희망자들이 대기자 명단에 이름을 올려야할 정도로 독보적인 강의를 하고 있다. 그 외에도 많은 강사들이 이러한 경험담을 얘기하곤 한다. 이러한 효과적인 방법들을 공유하여 태극권을 배우고자하는 수많은 사람들에게 도움이 되고자하는 것이 필자의 목표이다. 태극권 강사들은 제한적인 시장 내에서 경쟁하고 있지는 않다. 효율적으로 잘 가르치는 강사에게는 참가자가 몰리기 마련이고 참가자는 또 다른 사람들에게 그 강의를 소개하여 점점 더 많은 사람들이 건강해질 수 있는 긍정적인 결과를 가져오게 될 것이다.

교사가 학생에게 가르쳐 전달한 지식에 의해 우리 사회의 발전 정도가 달라지게 되기 때문에 필자도 교육의 중요성을 실감하고 강의에 매진하는 것이다. 효율적으로 가르칠 수 있는 능력을 기르는 것이 스스로에게는 매우 중요한 과제인 것이다. 태극권을 노련하게 가르치기 위한 노력 자체가 기쁨이고 보람이며 태극권 실력과 더불어 대인관계를 잘하는 법을 터득하는 것 역시 중요한 항목이다.

하지만 이러한 인식의 변화는 최근에서야 이루어진 것이다. 전통적으로는 태극권의 기술에 중점을 크게 두었다. 그렇기에 태극권을 배우는 제자는 수 년 간 태극권에만 매진해야 사범이 될 수 있는 자질이 갖출 수 있게 된다고 생각한 것이다. 사실상 전통적으로는 가르치는 행위에 특별한 '기술'이 필요하다고 생각하지는 않은 것이다.

강의를 시작했을 무렵에는 태극권 교수법에 대한 지식을 전수받을 곳은 없었고 그저 스승이 가르치는 대로 배우기만 했기 때문에 그저 참가자가 실수할 때에만 지적하는 정도에 머물렀다. 참가자가 그룹을 만들어 필자의 동작을 보며 따라하면 참가자가 하는 것을 지켜보다가 잘못된 부분을 짚어주어 어떻게 고쳐야 하는지를 알려주는 식으로 강의가 진행되었다. 소질이 있어 보이는 참가자에게는 더욱 많은 교정을 해주는 것이 그들의 실력 향상을 돕는 것이라고 생각했기에 칭찬으로 참가자들에게 용기를 북돋워주기보다는 실수를 집어내어 교정하는 데에만 급급했다.

한 번에 어떻게 그렇게 많은 사람들의 실수를 집어내는지 놀랍다는 말을 종종 듣곤 했는데 처음에는 그러한 말들을 칭찬이라고 생각했다. 돌이켜보면 사실 강의를 꾸준히 듣는 참가자가 있었다는 사실만으로도 놀라운 일인데 그것은 태극권과 그 강의에 대한 열정이 순수했고 사람들 또한 그것을 진심으로 느꼈기 때문에 가능한 일이었던 것 같다. 태극권 강의 방법이 세련되어질수록 강의를 들으려는 사람들이 더욱 늘어남과 동시에 참가자가 태극권을 배우는 속도도 빨라졌고 가장 중요한 것은 참가자가 태극권을 '즐겁게' 배우게 되어 가르치는 필자도 점점 더 큰 기쁨을 느끼게 된 것이다.

제 1 장
태극권을 가르치는 이유에 관하여

태극권을 가르치는 가장 큰 이유는 그 자체에 즐거움을 느끼기 때문이다. 가르치는 순간만큼은 시간이 어떻게 가는 줄 모를 정도로 집중하며 몸과 마음을 다해 최선을 다한다. 태극권을 가르치면서 희열을 느끼는 경지에 이르기 때문에 강의 시간을 기다리게 될 정도로 즐거움을 느끼는 것이다. 태극권을 가르치면서 태극권 실력이 향상된 것은 물론이며 대인관계에도 발전이 있었고 건강 자체도 이상적이리만큼 좋아지는 등의 인생 전반에 걸친 큰 변화를 경험했다.

필자는 태극권 강의를 통해 많은 사람들의 건강과 그에 따른 삶의 질을 향상시키는 데 도움이 되었다는 사실을 자랑스럽게 생각한다. 그 중 가장 보람 있었던 경험은 캐나다 출신의 간호사인 셰릴의 경우인데 그녀는 섬유근육통으로 투병 중이었다. 그 병으로 인한 통증과 근육경직증세로 늘 피곤함을 호소했

"주변에 태극권을 가르치면서 이러한 보람을 느낀다는 강사가 수없이 많이 있다."

는데 딱히 이렇다 할 치료법도 없는 상황이었다. 그 때문에 직업을 포기하고 자녀를 돌보지 못할 정도로 심각한 정도였는데 6개월 정도 태극권 수업을 받은 후에는 직장생활과 육아를 할 수 있을 정도로 호전되었다.

팸 커셔 박사는 자신의 책 'Love is the link'[1] 에 '우리가 인생을 받아들이면서 사랑의 마음을 가질수록 물질에 대한 집착은 사라지고 인생의 질을 높일 수 있는 활동에 눈을 돌리게 된다…우리 자신의 이익보다는 주변사람들에 대한 배려를 우선시하게 되는 것이다.' 팸과 같은 신념을 가질 수 있다면 사랑하는 마음을 담은 배려가 인생의 목적이 되고 태극권을 가르치는 일 자체가 인생의 목적을 달성하는 한 방법이 되는 것이다. 필자의 주변에도 태극권을 가르치면서 이러한 보람을 느낀다는 강사들이 수없이 많이 있다.

그러나 사실상 태극권을 가르치는 일이 쉬운 일은 아닌데도 불구하고

주변에 계속해서 강의를 하는 수많은 강사들이 있다는 것은 참으로 놀라운 일이다. 강사들은 당장의 가시적인 결과가 없어도 많은 시간과 열정을 바쳐 가르치지만 강사들 중 상당수가 그에 따른 경제적인 보상을 얻지 못하기도 한다.

필자는 워크샵을 열 때마다 수많은 강사들에게 태극권을 가르치는 이유를 묻는데 다양한 국적과 환경에도 불구하고 그들이 제시한 이유의 상당수가 아래와 같다.

- 건강 증진을 도울 수 있다는 점
- 관절염, 비만 등 여러 가지 질병을 호전시켜 참가자의 삶의 질을 향상시킬 수 있다는 점
- 인내, 평온, 심신안정을 이룰 수 있도록 돕는다는 점
- 태극권에 대한 순수한 열정을 공유한다는 점
- 수업을 통해 태극권 실력을 향상시킬 수 있다는 점
- 태극권 강사 본인의 태극권에 대한 욕구를 충족시킬 수 있다는 점
- 태극권인으로서 소속감을 느낄 수 있다는 점

수많은 사람들이 다양한 이유로 태극권을 가르치고 있다. 앞에서 언급했던 마가렛이 자신의 태극권 강사였던 브루스에 관하여 '늘 태극권에 대한 애정과 강의에 대한 열정을 지닌 강사였으며 태극권이 건강에 유익한 운동이라는 신념에 가득 차있었다.' 고 이야기한 것처럼 말이다.

건강 증진을 도울 수 있다는 점

아픈 사람을 돕는 마음은 인간의 본성이라고 할 수 있는데, 태극권을 가르치는 수많은 강사가 바로 태극권을 하나의 도구로 사용하여 이러한 본성을 실천하고 있는 것이다.

계속적인 연구 결과에 의해 증명되고 있는 사실이지만 태극권의 꾸준한 수련이 건강의 다양한 측면에 있어서 효율적이며 또한 많은 비용을 들이기 이전에 건강을 관리하는데 큰 도움이 된다는 점을 알 수 있다. 태극권이 건강에 유익함을 증명하는 한 가지 예를 들자면, 낙상방지의 경

우-미국 경제에 100억 달러가 넘는 경제적 효과를, 호주 경제에는 4억 달러[4] 이상의 경제적 효과를 가져다주는 것이다. 태극권을 통해 얻을 수 있는 의료비 및 건강관리비의 경제적 가치를 일일이 따져보면 천문학적인 금액이 산출될 것이다. 건강 증진과 삶의 질 향상이 가져다줄 수 있는 가치를 돈으로 굳이 따질 수는 없겠지만 이처럼 태극권을 통해 얻은 경제적인 이득은 삶의 다른 부분에 유용하게 쓰일 수 있다는 측면에서 가치 있는 것이다. 태극권 강사에게 있어서 참가자의 건강에 긍정적인 영향을 줄 수 있다는 사실 자체가 큰 보람이자 만족이다. 인생에는 해결이 안 되는 문제들이 분명히 있는 것이다.

인내, 평온, 심신안정을 이룰 수 있도록 돕는다는 점

태극권을 함으로써 우리는 몸과 마음의 상태를 표현할 수 있다. 강의실 내의 긍정적인 분위기와 강사의 격려는 참가자에게 안정감을 주어 잠재된 내면의식을 마음껏 표출하는데 도움이 된다. 참가자가 자신을 표현하고 스스로에 대하여 만족할 수 있도록 도울 수 있다면 단순히 태극권을 익히고 신체 건강을 증진시키는 것 이상의 역할을 한다고 할 수 있는 것이다. 즉 심신 수련이 조화를 이룰 수 있게 되는데 이것이 바로 강력한 효과를 지닌 치유의 한 방법인 것이다. 제프 모리스는 '태극권을 통해서 사람들이 자기비판적인 생각에서 벗어나 건전하게 자아성찰을 할 수 있는 시간을 가질 수 있게 된다. 그들은 스스로를 가치 있게 여기고 더욱 사랑할 수 있을 것이다...' 자기 자신을 진실로 사랑할 때 타인도 사랑할 수 있다.

> "참가자가 자신을 표현하고 스스로에 대하여 만족할 수 있도록 도울 수 있다면 단순히 태극권을 익히고 신체 건강을 증진시키는 것 이상의 역할을 한다고 할 수 있는 것이다..."

태극권 실력을 향상시킬 수 있다는 점

많은 강사들이 태극권을 지도함으로서 자신의 태극권 실력을 향상시키고 싶어 한다. 가르침으로써 태극권에 대한 더 깊은 이해를 할 수 있게 되기 때문이다. 동작을 분류하여 분석하고 양질의 강의를 위해 대략적인 큰 그림을 그려야 한다. 동작의 겉모습을 넘어 다양한 측면에서 세세히 동작을 볼 수 있도록 한다. 일주일간의 강도 높은 수업과 워크샵 후 필자의 친구인 자넷은 '참가자로 부터 오히려 많은 점을 배웠다. 참가자 자신들이 나에게 어떠한 깨달음을 주었다는 점에 놀라더라.' 고 하였다.

그렇다. 참가자가 던지는 질문에서 혹은 수업에 대하여 보이는 참가자의 어떠한 반응에서 강사들은 큰 교훈을 얻을 수 있는 것이다. 때때로 대답하기 힘든 질문에 직면하여 고민하는 과정에서 강사는 자신이 가지고 있던 대답 이상의 어떠한 깨달음을 얻기도 한다. 참가자로 인해 태극권에 대해 더 깊이 생각해보게 되고 그러한 성찰로 지식적인 면에서 또한 기술적인 면에서 발전할 수 있는 것이다. 필자가 강의에 완전히 몰입했을 때 강의의 '흐름'에 나 자신을 온전히 맡기게 되어 태극권 실력도 일취월장하게 되는 것이다.

태극권 강사를 배출할 수 있다는 점

태극권이 점차 보편화되고 일반화되어감에 따라 강사를 필요로 하는 곳도 크게 늘었다. 레이라는 강사의 예를 들어볼까 한다. 레이는 호주의 외딴 작은 마을에 거주하며 태극권을 책으로 익혔다. 어느 날 공원에서 태극권을 연습하고 있던 그를 본 사람들은 호기심을 가지게 되었고 그에게 태극권을 가르쳐달라고 청하지만 레이는 자신의 경험 부족을 이유로 정중히 거절하였다. 하지만 사람들은 계속해서 부탁하였고 결국 그는 태극권 강사가 되었으며 그를 따르는 참가자가 생겨나게 되었다.

태극권인으로서 소속감을 느낄 수 있다는 점

소속감은 태극권을 가르칠 때에 느껴야할 중요한 요소이다. 같은 혈통의 가족들과는 다르게 태극권 수련이 공통의 목표인 태극권인들은 선택적인 공동체라고 할 수 있다. 필자는 태극권을 공유하는 사람들과의 교류를 소중히 생각한다. 나에게서 배우는 참가자 역시 태극권 공동체를 또 하나의 가족으로 여기고 서로에게서 힘을 얻는다.

태극권의 예술성에 대한 애정과 열정을 전파할 수 있다는 점

태극권 강사는 자신의 태극권에 대한 열정을 많은 사람들과 공유한다. 가르침을 통해 베풀고 베품을 통해 강사 자신도 많은 점을 깨닫게 되는 것이다.

제 2 장
효율적인 강사가 되기 위한 필수요소

한국의 충남대학교 송라윤 교수는 관절염 태극권 과정을 담당하는 강사가 효율적 강의를 위해 필요한 요소를 다음과 같이 요약하였다. '초보 강사는 책으로부터 가르치고, 어느 정도 숙련된 강사는 자신이 아는 바를 가르친다. 그러나 가장 숙련된 강사는 참가자가 배워야하는 것을 가르친다.' 가르침의 효율성이 어느 정도인가의 문제는 강사가 참가자의 요구를 알고 가르침을 통해 그 요구를 얼마만큼 충족시킬 수 있는가의 문제이다. 기억할 것은 참가자중심의 수업을 진행할수록 수업의 만족도는 높아지기 마련이고 강사 자신도 즐거움과 보람을 느낄 수 있게 된다는 점이다. 일단 참가자를 중심으로 방향을 설정하고 수업을 진행하면 머지않아 '가장 숙련된' 강사로 자리매김할 수 있을 가능성이 커진다.

강사의 태도, 태극권의 숙련정도, 태극권 강의의 능숙도 이 세 가지가 강의의 효율성을 가늠하는 기준이 된다. 제 5장 점진적·단계별 교수법에서는 이 세 가지 요소를 하나로 통합한 쉽게 배우는 시스템에 관하여 소개하겠다.

> "가르침의 효율성이 어느 정도인가의 문제는 강사가 참가자의 요구를 알고 가르침을 통해 그 요구를 얼마만큼 충족시킬 수 있는가의 문제이다."

숙련된 강사는 참가자가 태극권에 대해 흥미를 가지고 즐거운 마음으로 임할 수 있도록 잘 이끈다. 아무리 뛰어난 참가자라 할지라도 흥미를 갖지 못하고 연습을 게을리 하게 된다면 태극권의 실력을 쌓을 수 없음은 물론이고 어떠한 성과도 얻을 수가 없게 된다. 이러한 일이 없도록 잘 이끌어주는 것이 바로 강사의 임무인 것이다.

참가자가 태극권을 배우는 목적은 각자 다양하기 때문에 한 가지의 교수법으로 모든 참가자에게 적용할 수는 없다. 예를 들어, 노인들에게 태극권을 가르치는 경우, 태극권 무술 자체만 가르치는 것 보다는 낙상 방지를 위한 동작을 함께 지도하는 것이 매우 중요한 요소가 된다. 호주 타스마니아 출신의 물리치료사인 바바라는 관절염 태극권 워크샵에 참석하여 강의를 들은 후 지금까지 112명에게 강의를 해왔다. 그녀의 강의를 듣는 참가자는 마음의 안정, 체력, 자신감을 향상시킴과 동시에 낙상을 절반 정도까지 줄이는 데 성공하였다. 결과는 성공적이었으며 어떠한 강사보다도 만족감을 얻을 수 있었다고 하였다. 연구 결과[1]에 의하면 필자의 워크샵과 유사한 이틀간의 관절염 태극권 강의[2]를 들은 후에 강사가 비슷한 정도의 만족감을 경험하였다고 한다. 태극권을 잘 하는 것이 태극권을 가르치는 데 필수적이기는 하지만 그것이 전부는 아니다. 태극권 강의는 그 자체가 기술이다. 앞서 언급한 스위스 출신의 에블린의 경우처럼 주변에 더 경험이 풍부한 강사가 있음에도 불구하고 그녀의 강의에 많은 사람이 몰렸던 경우를 보면 알 수 있다. 결과가 강사로서의 실력을 증명해주는 것이다.

태극권을 가르칠 때 참가자가 태극권을 어떤 목적으로 배우던 간에 안전을 우선으로 수련할 수 있도록 지도하는 것이 매우 중요하다. 배우는 도중에 부상을 입게 되면 목적을 달성하는데 걸림돌이 되기 때문이다. 유능한 강사는 위기관리에 대해 충분히 이해하고 있어야하며 태극권을 가르칠 때 부상을 최소화할 수 있어야 한다. 예를 들어, 분각(다리 들어 발끝으로 차기)의 경우 부상의 위험이 크기 때문에 대체 동작을 취해야 한다[3]. 제 4장 안전 우선에서 이 주제를 다루어 보기로 한다.

경험이 없이 노련한 강사가 될 수 없으며 직접 가르쳐보지 않고서는 경험을 얻을 수 없다. 여러분도 태극권 강사가 되고 싶다면 가르치는 경험을 쌓아야 한다. 가르치기 이전에 모든 것을 완벽히 알고 시작하기는 불가능하며 바람직하지도 않다. 기본이 어느 정도 갖추어져 있을 때 태극권 강사로서의 경력을 쌓기 시작하면 강의가 진행됨에 따라 본인의 태극권 기술도 발전할 수 있는 것이다.

강사의 태도

강사가 태극권과 참가자에 대해 가져야할 태도 세 가지는 다음과 같다.

1. 태극권에 대한 열정
2. 참가자와의 관계
3. 긍정적인 태도

태극권에 대한 열정

강사가 태극권에 열정을 가지고 강의에 임할 때 참가자 역시 그 열정을 느끼고 그에 대해 호응하게 된다. 열정적인 마음가짐이 가장 중요한 것이기는 하지만 열정만으로 좋은 강사가 된다고 말할 수는 없지만 그럼에도 불구하고 태극권에 대한 열정은 강사의 기본자세라고 할 수 있다.

강사의 열정적인 태도는 참가자에게도 영향을 주게 된다. 그러나 참가자가 계속적으로 태극권 강의에 참여하는 것은 건강을 위해서 혹은 취미나 자기만족 등 자신만의 이유가 있기 때문이다. 강사의 열정이 참가자에게 동기부여가 되고, 참가자에게 성취감을 맛보게 한다. 첫 세달 정도가 중요한 기간이라는 것을 알게 되었다. 세 달이 지나고 나면 대부분의 참가자는 건강상의 가시적 변화를 경험하게 되고 서양식 운동과는 전혀 다른 생소한 운동임을 느끼게 된다. 이 기간 동안 강의에 적응하고 꾸준히 참여하는 참가자라면 계속적으로 여러분의 참가자가 될 가능성이 크다.

> "강사가 태극권에 열정을 가지고 강의에 임할 때 참가자들 역시 그 열정을 느끼고 그에 대해 호응하게 된다."

반면에, 강사의 지나친 열정은 참가자가 불편함을 느끼게 할 수도 있다. 친절하게 용기를 북돋워주되 모든 참가자가 태극권과 '사랑'에 빠질 것이라는 기대는 하지 말아야 한다. 대부분의 사람은 태극권을 경험해본 적이 없을 뿐 아니라 느린 동작에 대해 생소할 것이다. 특히 신체 활동이 불편한 노인에게 있어서는 모르는 사람들과 새로운 것을 시도하는데서 느끼는 어색함으로 인해 소심해질 수 있으므로 강의 분위기를 너무 딱딱하지 않게 이끌어야 서로 편안한 분위기 속에서 태극권을 즐길 수 있게 되는 것이다.

참가자와의 관계

 미국 화장품 회사 메리 케이의 창립자 메리 케이 애쉬 여사가 자주 인용했던 말이 있다. '얼마나 많이 아는가보다는 얼마나 남을 배려하는가가 중요하다.' 남을 배려하는 자세는 강사로서 참가자와 관계를 맺을 때 중요한 요소이다. 제이라는 강사의 경우처럼, 강사로서의 경험은 조금 부족하지만 태극권 실력과 남을 배려하는 자세가 갖추어져 있으면 결과적으로 참가자는 그의 강의를 듣기 위해 꾸준히 찾아오게 되는 것이다.

 어떤 강사들은 소위 말하는 '전통적인 모델'을 바탕으로 수업을 하는데, 이 전통적인 수업에서는 강사가 참가자보다 우위에 있으며 강사의 권력이 절대적인 형태이다. 이러한 경우 참가자는 강사의 말만 따르기 때문에 스스로 생각할 수 있는 기회를 박탈당하며 또한 강사는 자신의 참가자가 다른 강사의 교수법을 경험하는 것을 유쾌히 생각하지 않고 자신의 말만 따르기를 원한다. 이러한 강사는 새로운 교수법은 받아들이려 하지 않는 경향이 있다. 물론 전통적인 방식으로 태극권을 훈련받은 강사가 모두 이러한 성향을 가진 것은 아니며 자신의 교수법을 늘 발전시키려는 개방적인 성향을 가진 강사들도 분명히 있다.

 돗이라는 참가자는 미스터 리라는 강사에게서 배우고 있었는데 스스로도 태극권을 연습해보고자 필자의 교육용 DVD를 구입하였다. 그런데 이를 알게 된 그의 선생은 여러 참가자 앞에서 심하게 나무라며 심지어는 자신의 강의를 더 이상 듣지 못하게 만들었다. 이러한 경우처럼 강사가 오늘날과 같은 시대에 편협한 마음을 가지고 강의를 하는 것은 옳지 못한 일이다.

 노먼이라는 참가자의 경우는 조금 다르다. 그는 관절염 태극권 워크샵에 참석하여 강의를 듣고자 하였는데 글렌이라는 그의 선생은 그것을 탐탁치 않게 여겼다. 자신이 강의하는 전통적인 양가 스타일에 부합하지 않다고 판단했기 때문이었다. 그러나 노먼은 자신이 선생에 대한 믿음이 부족하여 다른 강의를 듣는 것이 아니라는 사실을 가지고 글렌을 설득하였고, 자신이 배운 관절염 태극권의 내용을 바탕으로 선생과 공동 강의를 열고 홍보하여 많은 참가자들이 등록하게 되는 결과를 가져왔다. 노먼에게서 배운 참가자들이 실력이 향상되면 자신의 스승인 글렌의 강의를 듣도록 추천할 수 있게 되었기 때문이다. 자신의 방식만을 고집하지 않고 긍정적인 마음으로 새로운 것을 받아들이고 시도하면 이처럼 강사와 참가자 모두 만족하는 윈윈(win-win)의 결과를 얻을 수 있다.

전통적 방식의 교수법과 비교했을 때 모던 스타일의 교수법[4]은 많은 장점이 있다. 강사와 참가자가 공통의 목표를 가지고 수업을 진행해 나가기 때문에 참가자의 수업 내용에 대한 만족도가 높기 때문에 강사의 수업에 계속 참여하게 되고 어느 정도 참가자의 수가 안정되게 유지되면 강사 역시 만족을 느끼게 된다. 결과적으로 보면 좋은 분위기 속에서 긍정적인 관계 속에서 참가자가 수련했을 때 가장 효율적인 강의인 것이다.

경험 많은 강사인 팻 웨버는 과거에 여러 종류의 배움의 상황에서 효율적이지 못한 강의로 초반에 흥미를 잃었던 경험으로 인해 '남에게 대접받고자 하면 남을 대접하라.' 는 구절을 늘 기억하도록 나 자신을 일깨운다고 한다. 여러분은 딱딱하고 일방적인 수업을 받고 싶은지, 아니면 '열린' 수업을 받고 싶은지 자문해보자. 팻의 교수법 원리인 '남에게 … 대접하라.' 에 대하여 제 12장에서 전반적으로 다룰 것이다.

> "결과적으로 보면 좋은 분위기 속에서 긍정적인 관계 속에서 참가자들이 수련했을 때 가장 효율적인 강의인 것이다."

지금까지의 내용이 모두 전통적 방식의 교수법에 대한 비평을 위한 것은 아니다. 필자 역시 강의를 구성하는 교수법에 전통적 방식의 교수법을 접목하여 적절히 사용하고 있다.

참가자와 좋은 관계를 구축하기 위해서 자신감 있는 태도는 필수적이다. 자신감은 모든 것을 다 알고 있다는 듯한 오만한 태도를 말하는 것이 아니라 자신의 강의 능력에 대한 확신을 말한다. 그러나 어떤 강사도 교수법에 관하여 전지전능할 수는 없기 때문에 새로운 아이디어에 대해서 편견을 가져서는 안 된다. 필자의 경험에 의하면, 다가가기 어렵지 않은 친절한 강사의 강의일수록 강사의 태극권 실력과는 별개로 참가자가 참여하기 쉬운 효율적인 강의를 할 가능성이 크다. 필자의 워크샵에서 만난 빈스 맥컬로 교수가 그 경우인데, 풍부한 경험만큼이나 참가자들에게 호의적이며 본인 스스로도 배우려는 열정이 있는 강사였다. 나중에 알게 된 사실이지만 역시나 그 교수의 강의는 참가자에게 큰 인기를 얻을 만큼 명성이 자자한 최고의 강사라고 한다.

긍정적인 태도

긍정적인 태도는 효과적 강의를 위한 필수요소이다. 강의에 대한 긍정적인 자신감을 가지고 준비했을 때 강의 내용 자체도 참가자에게 어필할 수 있는 것이다.

강사의 긍정적인 생각은 참가자에게 직접적으로 영향을 미치고 그것이 수업의 성패를 좌우하기도 한다. 실례로 어떠한 IQ 테스트 결과를 가지고 실험한 경우가 있다. 한 학급에서 하위권에 속하는 여학생과 반에서 세 번째로 IQ가 높은 여학생의 결과를 바꾸어 본인들과 주위 사람들에게 알려주었다. 한 학년이 지난 후 실제로 하위권에 속하던 여학생은 반에서 세 번째의 성적을 유지하였고 높은 IQ 결과를 얻었던 여학생은 학급에서 하위 성적을 얻는데 그치고 말았다. 결국 그 학생들은 스스로와 다른 사람들이 기대한 만큼의 결과를 얻은 것이다. 찾아보면 이러한 예는 우리 주위에 얼마든지 있다.

긍정적인 피드백 제공 (긍정적 의견 표시)

참가자에게 긍정적인 피드백을 주는 것은 효과적인 강의를 위해 필수적이다. 대부분의 사람들이 새로운 것을 배울 때 불안해하거나 자신감을 상실하는 경우가 많다. 태극권을 배우는 것은 서양식 운동방식에 익숙한 이들에게 있어서는 더더욱 그러하다. 심신이 평안한 상태에서 동작을 익혀야 배움에도 가속이 붙는다. 참가자에게 적절히 긍정적인 피드백을 주면서 강의를 하면 참가자도 자신감을 얻고 그로 인해 배움이 용이해지는 것이다. 이러한 인과관계가 바로 효과적인 강의로 이어지는 것이다. 여러분도 부모님이나 선생님의 칭찬을 받아보았을 것이다. 칭찬 받은 후 자신감을 얻어 그 일을 더 잘 하게 되었던 경험의 기억을 생각해 보면 강사의 긍정적인 피드백이 얼마나 중요한 것인지 깨닫게 될 것이다.

반대로, 강사가 너무 많은 지적과 비판을 할 경우 참가자는 움츠러들어 마음을 닫게 되어 배움이 점점 더 어려워질 수밖에 없는 자신만의 공간으로 들어가 버

"참가자에게 긍정적인 피드백을 주는 것은 효과적인 강의를 위해 필수적이다."

린다.(자신만의 공간에 관해서는 이 장의 뒷부분에서 자세히 설명하도록 하겠다.)

그러나 긍정적인 피드백은 적절하고 의미가 있어야 한다. 그렇지 않으면 반대효과가 나타나기도 한다. 예를 들어 참가자의 동작이 아주 부드럽게 잘 했다는 칭찬은 참가자에게 긍정적 의미를 주지만, 그저 '아주 좋았다' 라는 칭찬은 무의미한 것이 된다. 긍정적인 피드백은 주의깊은 관찰을 바탕으로 적절하게 제공되어야 하며, 립서비스 식의 칭찬은 금물이다. 칭찬의 피드백을 하기 위해서는 참가자에 대한 충분한 관찰과 이해가 우선시된다.

뉴질랜드 출신의 강사인 헤이즐 톰슨이 말하기를 '나는 모든 참가자에게 조금씩이라도 피드백을 주려고 노력한다. 태극권 수업을 받는 한 중년 남성이 눈에 띄는 태극권 실력 향상을 보이지 않기에 그에게 용기를 북돋워주기 위해서 이렇게 칭찬했다. "요즘 들어 안정감이 향상되었군요."

각각의 개인차가 있기 때문에 긍정적 피드백도 참가자에 따라 조금씩 달리해야 한다. 예를 들어 수줍음이 많은 성격의 참가자에게 공개적인 칭찬과 피드백을 하게 되면 매우 당황할 것이고 최악의 경우 자신의 부족함을 조롱하는 것이라고 생각할 수도 있기 때문이다. 차라리 그 참가자가 강사와 가까운 위치에서 수업을 들을 때 '아주 잘 하셨어요. 움직임이 많이 부드러우시네요.' 등의 개인적으로 칭찬하는 것이 좋은 방법이다. 칭찬이 드문 아시아 문화권 출신의 참가자에게는 칭찬을 듣는 것이

버거운 일이 될 수가 있다. 종종 아시아 출신의 참가자들이 매우 긍정적인 피드백에 심하게 당황하는 경우를 본다. 이러한 참가자에게는 미소 정도의 간단한 칭찬이면 충분한 것이다.

마가렛이 자신의 태극권 강사 브루스에 대하여 이렇게 얘기했다. '그는 실수를 집어내기보다는 용기를 주는 강사였다. 참가자가 잘 했을 때 고개를 끄덕이거나 미소를 지어보였고 이것이 참가자에게는 긍정적인 피드백으로 받아들여졌다. 그는 종종 참가자에게 앞에 나와서 시범을 보이도록 부탁했는데 이 역시 잘 하고 있다는 칭찬의 의미를 담은 것이었다. 나에게도 이러한 기회가 왔었고 정말 기분이 좋았다!'

남을 비판하고자하는 마음은 인간의 본성이다. 필자의 강의를 들었던 많은 강사들이 말하기를 참가자의 실수를 집어내는 것은 쉬운데 막상 잘 하는 점을 찾아내기는 참 힘들더라는 것이다. 긍정적인 피드백을 제대로 제공하기 위해서는 사고방식 자체를 처음부터 제대로 한 후에 신중하게 참가자에 대해 관찰하고 긍정적인 면을 찾아내야하는 것이다. 강사 자신이 스스로에 대하여서도 긍정적인 마음을 가졌을 때 그것이 참가자에게도 건설적인 영향을 줄 수 있다.

헤이즐이라는 강사의 경우 참가자의 실수를 집어내지 않고, 특별히 많은 참가자가 공통적으로 범하는 실수에 대해서만 설명해주며, 설명에도 불구하고 참가자가 제대로 이해하지 못하는 경우, 다른 방식으로 설명을 시도하여 이해를 도와주고, 그럼에도 잘 안되면 계속 설명하지 않고 다음 기회를 위해 남겨둔다고 한다. 아주 특별한 이유가 없는 한, 특정 참가자를 집어서 실수를 지적할 필요는 없다.

대부분의 참가자가 강의 도중 한꺼번에 여러 가지 지적을 받게 되면 당황하고 부담을 느끼게 되며, 당황하게 되면 자신감을 잃게 되어 강의 내용에 대한 수용능력이 한계에 부딪히게 된다. 그러므로 참가자의 실수를 지적하더라도 한 번에 한 가지만 이야기하는 것이 좋다. 인간의 두뇌는 한 번에 한 가지 일을 처리하도록 설계되어있다. '멀티태스킹'이 듣기에는 그럴듯해도 한꺼번에 많은 일을 한다는 것 자체가 큰 효율성을 기대하기는 어려운 것이다.

참가자가 태극권을 배우면서 실수를 범하더라도 그것을 '잘못된 행위'로 인식하기보다는 '발전해나가는 과정'이라고 생각해야한다. 부정적인 말로 실수를 지적하기보다는 다른 방법들을 제시해주면서 그것이 더 나은 이유를 이해할 수 있도록 설명해주면 참가자가 더욱 쉽게 배움에 임할 수 있을 것이다. 절대적인 단 하나의 '답'이 있다고 생각하기보다는 여러 가지 방법이 있을 수 있음을 기억하자.

효과적인 강의에서 교정은 그에 대한 충분한 이유와 원론적인 설명을 덧붙여서 전체 참가자를 대상으로 강사가 올바른 시범을 보이는 것이다. 참가자가 따라해 보도록 한 후 설명을 제대로 이해하는지도 확인할 필요가 있다. 이러한 교수법에 대해서는 이 책의 제 2부에서 더 설명하기로 한다.

성공에 대한 기대

긍정적인 마인드를 가진 강사는 참가자가 강의를 듣고 잘 이해하고 참가자 스스로 배움의 목적을 달성하기를 바라는데, 단지 강사가 바라기 때문에 참가자가 상급 레벨로 진급하는 경우를 종종 보아왔다.

캐리라는 여성의 경우 10년 정도를 한 강사에게서 계속 배워왔는데 강사가 그렇게 시킨다는 이유만으로 10년 동안 중급반에만 머물렀다. 캐리가 필자의 수업에 참여하기 시작했을 때 그녀는 중급반 참가자답지 않게 태극권을 잘 했고 그에 따라 강사인 나도 내심 그녀가 계속 발전하리라 기대했다. 그 기대에 부응하여 약 3년 후 캐리의 실력은 일취월장하였는데 나중에 말하기를 필자의 강의를 들은 3년간 이전보다 더욱 긍정적인 결과를 얻었노라고 하였다.

긍정적으로 말하기

긍정적인 화법을 사용하면 수업의 분위기를 부드럽게 만들어 참가자가 강의에 적응하기 쉬워진다. 대부분의 참가자는 스스로 태극권에 서투르다는 것을 알기 때문에 수업을 받을 때 걱정하고 초조해한다. 앞에서 등장했던 케이의 경우처럼 강사 때문에 지레 겁을 먹고 소심해지는 일이 없도록 참가자를 격려해 주어야한다.

강의를 할 때 부정적인 말들보다는 긍정적인 말들을 사용하면 참가자가 태극권을 더욱 편안하게 이해할 수 있게 된다. 간단한 예를 들어 '~를 잊으면 안됩니다.' 보다는 '~하도록 하세요' 라고 말하는 것이 의미는 다르지 않으면서도 참가자가 듣기에는 더욱 긍정적인 언어인 것이다.

우연히 어느 강사의 수업을 들을 기회가 있었다. "앞으로 조금 나오세요. 한 쪽으로 치우치지 마시고, 아니, 아니, 아니, 안되요, 앞꿈치로 걷지 마세요, 손을 너무 긴장시키지 마시고, 팔꿈치를 올리지 마세요...". 수업 도중에 '아니오' 나 '~하지 마세요' 와 같은 부정적인 어투는 되도록 지양하도록 한다. 대신에 '앞으로 조금 나오세요. 몸의 균형을 똑바로 하세요. 잘 하셨네요. 앞을 보세요. 팔꿈치 힘을 빼보세요. 네, 그렇게 하시면 됩니다.' 와 같이 긍정적인 단어들을 사용해 보도록 하자. 참가자의 자신감과 실력이 동시에 향상될 것이다.

> "태극권은 몸과 마음을 수련하는 운동이며 강사의 가르침 속에 긍정적인 에너지가 참가자에게 전달된다."

긍정적인 정신 / 에너지의 사용

태극권은 몸과 마음을 수련하는 운동이며 강사의 가르침 속에 긍정적인 에너지가 참가자에게 전달된다. 교수법과 태극권 수련 방법을 통해 강사의 정신세계가 드러난다.

영국 스톡포트에 위치한 노인구호단체의 마가렛 브레이드가 필자의 강의에 대해 이렇게 말한다. "선생님의 강의를 들으면 긍정적인 에너지가 느껴집니다. 이것은 태극권이 긍정적인 힘을 가진 운동이라는 확실한 증거인 것 같습니다. 계속되는 강의에 참석할 때마다 새로운 자신감에 충만한 선생님을 보며 더 많이 배우고 싶은 열정을 느낍니다."

태극권 기술

강사는 참가자의 태극권 수준에 맞는 강의를 하게 된다. 예를 들어, 강사가 실버타운 노인을 대상으로 한 태극권 강의를 한다면 태극권 기술 자체보다는 참가자의 안전이 더 우선시된다. 관절염 태극권 프로그램의 12식처럼 간단한 동작으로도 충분히 수업을 진행할 수 있다. 레슬리라는 강사의 경우, 은퇴한 노인을 대상으로 태극권 강의를 했는데 그 클래스의 평균 수명은 80세에 이를 만큼 연장자가 많았기 때문에 강사 스스로의 태극권 기술은 뛰어났으나 참가자에게는 고난도의 태극권 동작보다는 관절염 태극권 12식 정도의 강의가 알맞았다.

강사의 태극권 실력이 높아야 반드시 참가자를 잘 가르치는 것은 아니다. 예를 들자면, 뛰어난 실력의 테니스 선수를 훈련시키는 코치 중에서 코치 스스로 자신의 제자만큼 실력을 가지지 못한 사람들도 있다. 태극권 강사 역시 반드시 참가자보다 월등히 뛰어나야 태극권을 잘 가르친다고 할 수는 없다. 그러나 같은 조건이라도 강사가 높은 수준의 태극권 기술을 겸비하고 있다면 참가자가 태극권을 배우는 목표를 달성하는 데 좀 더 도움을 줄 수는 있을 것이다.

> "강사는 참가자의 태극권 수준에 맞는 강의를 하게 된다."

참가자에게 가르치는 주제에 상관없이 강의가 훌륭한지에 대한 평가를 위한 여러 가지 원칙이 있다. 강의가 지루했다는 평을 들은 강사가 자신이 가르친 주제 자체가 지루해서 어쩔 수 없었다고 불평을 했는데, 또 다른 강사는 똑같은 주제를 가지고도 지루하지 않게 강의한 경우도 있다. 이러한 사실을 통해 강의 주제나 태극권 지식의 깊이가 효과적인 강의를 위한 가장 중요한 요소는 아니라는 것을 알 수 있다.

강사의 태극권 기술 자체가 뛰어나다면 그것이 장점이 될 수는 있지만 최고의 실력자인 강사가 종종 자신이 초급자일 때의 마음을 잊고 참가자를 제대로 이해하지 못하거나 조급한 마음을 가지고 수업을 하는 경우도 있다. 고급 기술이 아닌 기본 실력을 가진 태극권 강사가 효과적으로 가르치는 경우도 많다.

어느 뛰어난 실력자인 강사가 수업 도중에 문쪽으로 걸어가는 참가자를 향해 '감히 내 수업 도중에 나가다니!!!' 하고 소리를 질렀는데 참가자가 기어들어가는 목소리로 '너무 추워서 문을 닫으려는 것뿐입니다.' 라고 했다. 이러한 강사의 수업 분위기나 강의의 결과가 좋을 리가 없다.

종종 배움의 속도가 느린 참가자가 자신의 태극권 실력에 대하여 자신감이 부족하여 누군가를 가르치는 일을 꺼리게 되는 경향이 있는 경우를 본다. 그런데 이런 사람들일수록 배울 때 남들보다 열심히 수련을 하여 실력이 탄탄한데다 배우는 이들의 마음을 잘 이해하여 좋은 강사가 될 가능성이 크다.

아래에 제시하는 가이드라인은 대략적인 것인데 각 강의 수준 별로 강사가 갖추어야 할 태극권 실력을 분류해보았다. 하지만 이것이 절대적인 기준은 아님을 밝혀둔다.

A : **초급자** - 초급 레벨의 참가자가 태극권을 배우는 목적은 몸과 마음의 건강을 유지 혹은 향상시키고 태극권을 통해 자아성장을 하기 위함이다.

초급자를 가르치기 위해서 강사는 다음과 같아야 한다.

- 태극권 수업을 시작하기 전의 준비 운동과 마무리 운동을 잘 지도할 수 있어야 한다.
- 신체 능력이 제각기 다른 참가자가 안전하게 태극권을 배울 수 있도록 지도해야한다. 예를 들어 발차기를 할 수 없는 참가자의 경우, 한 발 앞으로 나가기로 대체한다.[5]
- 태극권의 원칙들을 이해하고, 기본적인 태극권 동작들을 할 줄 알아야 한다. 예를 들어 관절염 태극권을 가르친다면 초급자에게 기본이 되는 12식 및 그에 적용되는 여섯 가지 필수 원칙을 잘 알고 있어야 한다.[6]
- 배움에 대한 지속적인 의지(다른 강사 혹은 지도용 DVD등을 통한)가 있어야 하며 꾸준한 발전을 위한 필수 원칙들을 인지하고 있어야 한다.
- 태극권의 개략적인 역사를 이해하고 여러 가지 형태의 태극권 형이 있음을 인지하되 그 중 최소한 두 가지 종류의 형을 알고 있어야 한다.

B : **중급자** - 중급 레벨의 참가자는 좀 더 높은 수준의 태극권 기술에 관한 지식 및 기술을 익히고 싶어 하며 이를 통해 신체건강을 향상시키기를 원하게 된다. 태극권에 대한 열정이 커지며 더 많은 시간을 할애하여 연습한다. 참가자의 상당수는 태극권을 배우고 일 년 정도가 지나면 이 단계에 이른다.

중급자를 가르치는 강사에게는 초급자를 가르치기 위하여 요구되는 위의 다섯 가지 사항 이외에도 아래의 네 가지 사항이 추가된다.
- 기본적인 형 이외에도 24식과 같은 형에 대해 익숙해야 한다.
- 중급자 레벨의 참가자를 가르치기 위해서는 그에 맞는 수준의 태극권 원칙들을 잘 인지하여 태극권 형으로 구체화할 수 있어야한다.
- 태극권의 역사와 발전단계, 그리고 주요 4대 태극권과 그 각각의 특성에 대해서도 알고 있어야한다.
- 강사 스스로도 태극권을 규칙적이고 꾸준하게 수련해야 한다.

C : **상급자** - 상급 레벨의 참가자는 높은 수준의 태극권을 수련하고 싶어 하며 태극권의 수많은 원칙들을 자신의 삶에 적용하려한다. 심신이 조화를 이뤄 안정된 삶을 갈망하게 된다. 2년 이상 태극권을 열심히 수련하게 되면 이러한 수준에 이르게 된다. 태극권에 많은 시간과 노력을 할애하고 일부 참가자는 태극권 강사가 될 정도의 실력을 갖추게 된다.

태극권은 매우 심오한 운동이므로 상급 레벨에 속하는 참가자는 태극권 실력을 키워감에 따라 신체 단련, 내면의 성숙, 무술 등 여러 가지 세분화된 목표를 가지게 되기 때문에 각자의 목표에 부합하는 방향을 설정하여 수련해야한다.

"참가자보다 내공이 크고 안정된 자세 혹은 대련 기술을 지녔다하여 반드시 훌륭한 강사라고 하기는 어렵다."

참가자보다 내공이 크고 안정된 자세 혹은 대련 기술을 지녔다하여 반드시 훌륭한 강사라고 하기는 어렵다. 효과적인 강의를 위해서 강사는 참가자가 어느 분야에 흥미를 가지고 있는지, 참가자의 강점·약점이 무엇인지를 고려하여 그것을 바탕으로 강의를 진행할 수 있어야 한다. 강사는 태극권 기술을 시연할 수 있는 능력을 갖추어야한다.
 강사는 높은 경지의 태극권 기술과 지식을 지녀야 상급 레벨의 참가자를 가르칠 수 있다.

강의 기술

 태극권 강의를 하기 위해서는 요령과 기술이 필요하다. 오늘날 태극권뿐만 아니라 많은 분야에서의 교수법 기술이 날로 새롭게 발전하고 있다. 효과적인 교수법을 위한 각종 보조장치들이 생겨나며 효과적 교수연구법들이 개발된다. DVD와 같은 멀티미디어 커뮤니케이션 도구들이 교수법에 사용됨에 따라 혁신적인 강의가 가능하게 되었다. 그러나 이러한 교수법의 보조장치들을 다 알고 있을 수는 없을 뿐만 아니라 그것을 사용해야만 효과적인 강의를 할 수 있는 것은 아니다.
 아래와 같이 세 가지 이상적인 교수법이 있는데, 제 5장 '점진적 단계별 교수법'에서 이 세 가지 교수법들을 실질적으로 강의에 용이하게 적용할 수 있도록 구체화하여 소개하겠다.

1. 참가자의 입장에서 가르치기
2. 효과적인 커뮤니케이션
3. 즐겁게 배울 수 있도록 가르치기

참가자의 입장에서 가르치기

> "강사는 참가자가 받아들이기 쉬운 방향으로 강의를 해야 한다."

강사는 참가자가 받아들이기 쉬운 방향으로 강의를 해야 한다. 참가자의 입장이 되어 먼저 생각해보고 자신의 수업 방식이 참가자에게 효과적일지 생각해보도록 한다. 여러 가지 스타일의 강의가 있는 것처럼 참가자의 스타일도 다양하다. 반응이 즉각적인 참가자가 있는 반면 반응을 드러내지 않는 참가자도 있을 수 있다. 강의를 할 때에는 되도록 참가자가 보편적으로 받아들일 수 있는 방법으로 강의하는 것이 좋다.

알칸자스 대학의 제이슨 챙 박사는 교수법을 라디오 방송에 비유했다. 강사가 참가자의 주파수에 맞추어 강의를 할 때 참가자가 잘 알아들을 수 있다는 것이다. 그러므로 여러 타입의 참가자들을 대상으로 강의를 한다는 것은 쉬운 일이 아니다. 예를 들어 강사가 설명으로만 태극권을 설명한다면 청각적인 강의를 잘 알아듣는 참가자에게는 효과가 있지만 시각적 강의를 선호하는 참가자에게는 직접 시범을 보이는 것이 효과적인 강의로 받아들여질 것이다.

학습 방법별 다양한 학습 유형

배움의 방식에 옳고 그름을 따지기는 어렵지만 특정 강의 방식이 잘 받아들여지는 참가자가 있게 마련이다.

대부분의 참가자는 여러 가지 강의법에 익숙해져있겠지만 일부 참가자는 특정 강의 방법을 선호하기도 한다. 강의를 할 때에는 이러한 사실을 염두에 두고 경우에 따라 적절한 강의법을 선택하는 유연성을 지녀야한다.

> "배움의 방식에 옳고 그름을 따지기는 어렵지만 특정 강의 방식이 잘 받아들여지는 참가자들이 있게 마련이다."

참가자의 다양한 배움의 스타일을 다음과 같이 세 가지로 분류해보았다.

1. 시각적인 강의를 선호하는 참가자유형

이러한 참가자는 눈으로 직접 보고 배우는 스타일이다. 서양 문화권의 참가자는 대부분 시각적 강의를 선호하며 어린 참가자일수록 더욱 그러하다. 강사의 시범이나 사진 등의 자료를 보여주는 것이 좋다. 예를 들어 비만치료 태극권 프로그램 강의시 많은 참가자들이 동작의 방향에 대해 혼동하는데 필자는 이러한 참가자들을 위해 칠판에 간단한 순서도표를 그려주어 연속된 동작을 쉽게 기억할 수 있도록 도와준다. 다음 페이지에 비만치료 태극권 동작을 위한 순서도표를 소개하였다.

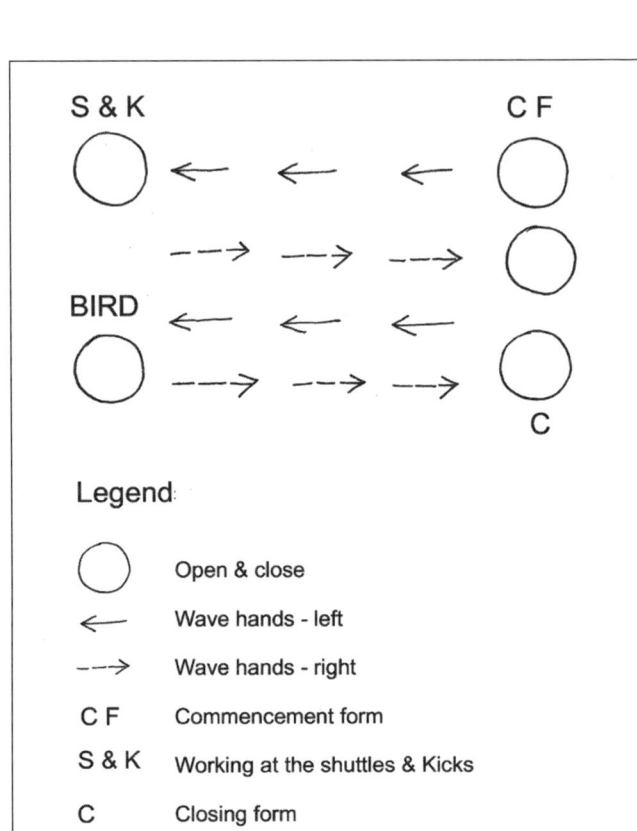

그림 1 : 비만치료 태극권 동작을 위한 순서도표

필자의 경험상 이러한 순서도표를 가지고 강의하는 것이 시각자료 없이 강의하는 것보다 훨씬 큰 효과가 있다.

2. 청각적인 강의를 선호하는 참가자유형

이러한 참가자는 자세한 설명을 듣고 배우는 것을 선호하기 때문에 강사는 시범을 보이되 일정한 톤의 목소리로 상세한 설명을 곁들이는 것이 좋으며 참가자가 스스로 강의 내용을 되새겨볼 수 있는 시간을 주도록 한다. 그러나 너무 복잡하고 어렵게 설명하기보다는 되도록 간결히 하도록 하며, 한 번에 많은 지식을 전달하려는 욕심은 버리는 것이 좋다.

3. 직접 해보는 강의를 선호하는 참가자 유형

이러한 참가자는 강의 내용을 스스로 체험하며 익히는 스타일이다. 이 참가자에게 서술적인 강의를 하면 강의에 금방 질려 인내심을 잃기 쉽다. 참가자는 수업을 들으면서 직접 스스로 동작을 하기도 하며 강사의 설명이 길고 지루해지면 초조해하기도 한다. 이러한 참가자는 '실제 훈련을 선호하는 행동자 타입'이므로 강사가 설명하면서 참가자가 동작을 따라하면서 배울 수 있도록 유도해주는 것이 효과적이다.

이 세 가지가 배움의 스타일에 따른 분류이며 다른 방식의 분류에 아래와 같은 참가자유형이 포함될 수 있는 것이다.

활동적인 참가자와 심사숙고형 참가자유형

활동적인 참가자는 위에 소개된 세 번째 유형인 '직접 해보는 강의 선호 유형' 참가자의 유형과 흡사하다. 이러한 유형의 참가자는 강의 내용을 스스로 시도해보면서 익히는 경우이다. 태극권을 배울 때 유용한데 태극권은 동작의 연습이 병행되어야 실력이 향상되거나 효과를 얻을 수 있기 때문이다. 책의 앞부분에 소개되었던 케이의 첫 태극권 강사처럼 몇 시간동안 설명이 이어지는 강의는 참가자가 태극권을 제대로 시작하기도 전에 지치게 만들게 되므로 강의를 할 때에는 새로운 동작을 배울 때마다 참가자가 강사를 따라서 해보면서 스스로 익힐 수 있는 기회를 주는 것이 좋다. 이에 대해서는 제 5장 '점진적 단계별 교수법'에서 구체적으로 설명하도록 하겠다. 참가자 중 대다수는 활동적인 참가자인 경우가 많다.

활동적인 참가자에 반해 심사숙고형의 참가자는 배운 것을 머릿속에 잘 정리해둔 후 실행에 옮긴다. 청각적인 강의를 듣고 머릿속으로 이해한 후 혼자서 연습해보는 참가자가 바로 이러한 유형인데 강사는 이처럼 여러 가지 경우를 염두에 두고 강의를 진행해야한다. 스웨덴에서의 워크샵에서 필자는 어떠한 한 가지 동작을 설명하는 데 참가자들이 좀처럼 이해를 하지 못하는 것이었다. 어쩔 수 없이 강의를 멈춘 후 참가자들에게 스스로 연습할 시간을 준 잠시 후에 다시 시작하였는데 놀랍게도 참가자들이 그 동작을 잘 해내는 것이었다. 아마도 그 워크샵에 참가한 참가자들 중 상당수가 심사숙고하는 유형이었던 것 같다. 이러한 참가자에게는 적당한 거리와 시간이 필요하다.

순차형 참가자와 총체형 참가자유형

어떤 참가자는 논리에 딱 맞고 정확한 근거를 바탕으로 한 강의를 선호한다. 태극권은 동작의 연속으로 이루어진 운동이므로 이러한 방식으로 가르치기에 적절하다. 어떤 강사들은 동작의 순서를 임의대로 변경하여 가르치는 경우가 있다. 필자가 만난 유진이라는 강사는 이러한 교수법으로 강의를 하곤 하는데 이렇게 되면 참가자가 동작의 흐름에 따른 태극권의 참맛을 느끼기가 어려워지며 순서를 중심으로 이해하는 순차형 학습을 선호하는 참가자에게는 극도의 혼란을 안겨주게 된다. 대부분의 참가자는 동작을 순서대로 배울 때 어려움을 덜 느낀다.

총체형 학습을 선호하는 참가자는 어떤 것을 배우기 전에 전체적인 구조를 알고 싶어 하므로 순서는 크게 개의치 않는다. 앞에 예를 든 강사인 유진의 교수법은 아마도 글로벌 학습자에게는 적당할 것 같다. 이러한 참가자는 강의 내용의 일부를 이해하지 못하더라도 자신이 그려놓은 큰 그림 안에서 퍼즐을 하듯이 맞추어 이해하는 단계에 이르기도 하며, 동작 전체의 시범을 미리 보여준 다음에 수업을 진행하면 더욱 쉽게 강의 내용을 파악한다. 필자는 종종 강의 도중에 '아, 알았다!' 하는 참가자의 혼잣말을 듣곤 하는데, 그것은 바로, 참가자가 자신이 이해하지 못했던 부분을 깨달은 순간이다.

대개의 경우 참가자는 후자보다 전자를 더 많이 선호한다.

한 번에 한 가지씩

인간의 두뇌와 신체는 한 번에 한 가지씩 배울 때 더 효율적으로 받아들일 수 있도록 프로그래밍 되어있다. 태극권의 경우 한 동작이 여러 스텝으로 구성된 경우가 많기 때문에 더욱 그러하다. 시간이 허락한다면

효율적인 강사가 되기 위한 필수요소   41

> "인간의 두뇌와 신체는 한 번에 한 가지씩 배울 때 더 효율적으로 받아들일 수 있도록 프로그래밍 되어있다."

각각의 스텝을 나누어서 배우면 좋을 것이다. 동작을 구성한 스텝을 하나라도 지나쳐 버리면 빨리 배우는 것처럼 보이겠지만 동작이 지닌 중요한 원칙을 놓치게 된다.

참가자가 스스로 생각할 수 있도록 강사는 자극을 주어야하며 한 스텝을 가르치고 나서 그 다음 스텝의 진도를 나가기 전에 참가자가 연습해볼 수 있는 시간을 주어 배운 것을 돌이켜볼 수 있도록 하며 모든 동작에 대한 힌트를 미리 주지 말고 참가자가 유추할 수 있도록 한다. 참가자에게는 배우고 난 후 스스로 받아들일 시간이 필요한 것이다. 너무 많은 내용을 짧은 시간에 한꺼번에 다 알려주려고 하면 배움의 효율성은 떨어진다. 제 5장 '점진적 단계별 교수법'에서 이를 더 자세히 다루도록 한다.

학습정체기 극복하기

캘리포니아 출신의 무술인 조지 레오나드의 저서 "마스터하기"[7]에 학습정체기에 관한 내용이 실려있다. 그에 따르면 배움의 과정 사이에는 이러한 기간이 있기 마련인데 이 기간 동안에는 실력의 향상이 미미하게 느껴지며 눈에 띠는 발전이 없게 느껴진다. 이 기간을 잘 이용하면 그 동안 배운 내용들을 완벽히 소화할 수 있게 되어 다음 단계를 배울 충분한 준비가 되는 것이다. 그림 2에 학습 곡선이 소개되어있는데 학습정체기 사이에는 가파른 상승곡선이 존재한다.

그림 2 : 학습곡선

참을성이 부족한 참가자는 이러한 학습정체기를 견뎌내지 못하고 태극권을 그만두는 경우도 있다. 그렇게 되면 태극권을 통해 이루고자했던 목표를 포기하게 되는 것이므로 어떠한 성과도 얻을 수 없다.

> "올바른 교수법과 적절한 태도를 갖추면 효과적인 커뮤니케이션이 용이해진다."

참가자가 이러한 학습의 정체기를 겪을 때 효과적으로 지도할 수 있도록 할 수 있는 '향상 흐름'에 대해서는 이 장의 후반부에서 더욱 자세히 이야기하도록 하겠다. 태극권에서의 정체기와 그 후에 찾아오는 가파른 상승곡선은 음과 양이다. 음에 해당하는 학습정체기 동안 에너지가 비축되어 양에 해당하는 상승곡선의 기간 동안 그 에너지를 방출하는 것이다. 에너지를 소비하기 위해서는 비축해야하는 이치이다. 장기적인 관점에서 이러한 학습정체기에 대하여 이해하고 조급해하지 않는 마음가짐을 가져야 태극권 실력을 향상시킬 수 있다. 필자의 학교인 '건강태극권 학교'의 수석강사인 시빌 윙은 자신에게 찾아왔던 학습의 정체기를 실력의 향상에 연연하지 않고 연습에만 집중하며 극복했다고 한다.

효과적인 커뮤니케이션

다음의 네 가지 요소는 태극권 강의에서의 효과적인 커뮤니케이션을 위한 원칙이다.

1. 참가자의 의견 수렴
2. 강사에 대한 참가자의 이해
3. 감성지수의 활용
4. 태극권 원칙의 적용

올바른 교수법과 적절한 태도를 갖추면 효과적인 커뮤니케이션이 용이해진다. 이러한 요소들을 통합·구체화하여 제 5장에 점진적 단계별 교수법으로 소개해두었다.

참가자의 의견 수렴

스티븐 코비는 그의 저서 성공하는 사람들의 7가지 습관[8]에서 '남의 말을 먼저 경청한 후, 그 사람을 설득하라'고 하였다. 즉, 참가자들과 커뮤니케이션하기 위해서는 먼저 그들의 의견에 귀를 기울여야 한다.

대다수의 사람들은 스스로 남의 말을 잘 들어준다고 여기지만 그것은 착각인 경우가 많다. 그러므로 강사는 자신이 참가자의 말을 제대로 경청하는지 스스로 점검해볼 필요가 있는데 그 방법 중에 하나는 상대방이 말한 내용을 스스로 되새겨보는 것이다.

> "대다수의 사람들은 스스로 남의 말을 잘 들어준다고 여기지만 그것은..."

또 다른 방법은 '상대방이 할 말을 모두 마친 후에 내가 말을 시작했는가, 상대방의 말을 끊지는 않았는가'를 염두에 두는 것이다. 이러한 자문에 대하여 한 가지라도 '예'라는 대답이 나온다면 여러분은 아마도 남의 말을 경청하는 사람이 아닐 가능성이 크다.

태극권에서는 언어 뿐만 아니라 마음, 신체 그리고 감각으로 의사소통을 하므로 이것을 잘 하기 위해서는 귀로 '듣는' 것 뿐만 아니라 눈빛과 느낌을 통해 참가자를 지도해야하는 것이다. 여러분의

참가자가 태극권을 배우는 목적, 선호하는 교수법, 신체상의 문제점이나 특징 등 여러 가지 감각을 이용한 강의가 요구된다. 일률적으로 참가자를 가르치는 것은 마치 의사가 각각 상태가 다른 환자에게 비슷한 처방을 내리는 것과 같다. 누군가에게는 효과가 있을 수도 있지만 또 다른 사람에게는 부적절하거나 위험한 결과를 초래할 수도 있다.

잭이라는 참가자의 경우 그는 교사인데, 어느 날 그는 참가자로부터 질문 하나를 받았다. 질문을 들으며 다른 참가자들에게도 그 대답을 알려주어야겠다는 생각에 질문을 미처 다 듣기도 전에 자신이 생각하는 바를 대답하기 시작했다. 그러나 그 대답은 참가자가 원했던 방향과는 달랐고 참가자가 다시 질문을 하는 상황이 되었다. 잭은 당황한 나머지 수업의 방향은 잊고 그 질문에 대한 대답에만 매달려 나머지 수업 시간동안 참가자들이 집중하지 못하고 서로 떠드는 등 혼란스러운 강의가 되어버렸

다. 만약 그가 참가자의 질문을 끝까지 경청하여 참가자의 질문을 잘 이해했더라면 이러한 일이 발생하지 않았을 것이다.

참가자와의 커뮤니케이션을 잘 하는 방법은 상황에 따라 여러 가지가 될 수 있다. 채즈라는 강사의 경우 참가자와의 첫 수업이 이뤄지기 며칠 전에 미리 전화를 걸어 인사를 한다. 강의에 필요한 복장을 설명해주고 강의에 대한 자신의 생각을 간략히 알려준 후 참가자가 궁금하게 여기는 점에 대한 해답을 주고 첫 강의에서 참가자가 바라는 점을 묻는다. 이러한 세심한 그의 커뮤니케이션 전략은 큰 효과가 있었다. 참가자들이 아주 좋아하는 강사가 된 것이다.

많은 강사들이 강의 시작 이전에 참가자가 작성하는 서류를 통해 그들이 태극권을 배우고자 하는 목적, 건강 상태, 기타 중요한 사항들에 대한 정보를 얻게 된다. (이러한 등록 서류의 예시는 부록에 나와 있다.) 강사는 첫 수업 이전에 이러한 정보를 숙지하고 참가자를 맞이해야 한다.

> "태극권을 통해 강사와 참가자는 동작을 통한 커뮤니케이션 뿐만 아니라 정신적인 교감을 나누는 것임을 잊지 말아야 한다."

강사마다 참가자와 서로 알아가기 위한 자신만의 커뮤니케이션 방법이 있을 것이다. 가장 중요한 것은 참가자의 말을 듣고자하는 강사의 자세이다. 태극권을 통해 강사와 참가자는 동작을 통한 커뮤니케이션 뿐만 아니라 정신적인 교감을 나누는 것임을 잊지 말아야 한다. 참가자에 대한 강사의 마음이 닫혀있으면 참가자는 그것을 바로 느낄 수 있는 것이다.

참가자들과 처음 대면하게 되는 강의에서는 개개인의 참가자와 일일이 교제하도록 노력하는 것이 좋다. 첫 인상은 관계에 오랫동안 영향을 미치므로 좋은 인상을 심어주는 것은 중요한 일이다. 참가자들을 미소로 맞이하고 괜찮다면 악수를 나누기도 해보자. 강사의 태도는 첫 만남에서 참가자에게 그대로 전달된다. 자기 자신을 소개하고 참가자들도 차례대로 자기 소개를 하여 서로에 대해 알아가도록 하며 태극권을 배우는 목표를 공유하여 유대관계를 강화하는 것도 좋다.

참가자와 좋은 관계를 유지하기 위해서 서로를 알아가는 시간을 가져 볼 필요가 있다. 예를 들어 미국에서의 연구결과에 의하면 의사와 환자 간의 관계에 있어, 의사가 자신의 시간을 할애하여 환자와 좋은 관계를 맺으면 치료의 효과가 커질 뿐더러 어떠한 트러블이 생겼을 때 환자가 의사를 상대로 법적인 조취를 취하지 않을 가능성도 높아진다고 한다. 연구에 의하면 의사가 환자와 친해지기 위해 필요한 평균 시간은 3분이라고 한다!

의사와 환자간의 관계가 돈독해지면 치료가 좀 더 쉬워지고 효과적이라고 한다. 태극권 강사와 참가자 간에는 다른 형태의 관계 형성이 필요하다. 첫 강의에서 참가자에게 좋은 인상을 줄 수 있도록 밝은 얼굴과 긍정적인 마음가짐만으로도 충분하다. 참가자와 교감을 한 후에는 의사소통이 용이해진다.

대부분의 강사들이 첫 대면만으로 참가자에게서 신임을 얻으려고 하는데 이는 잘못된 생각이다. 자신이 얼마나 유명한 스승에게서 배웠는지, 어느 정도 수준의 태극권 실력을 지녔는지에 대한 설명으로 첫 강의 시간을 할애하는 강사들을 종종 본다. 메리 케이 여사의 말처럼 '얼마나 많이 아는가보다는 얼마나 남을 배려하는가가 중요' 한 것이다. 사람들은 여러분이 그들에게 얼마나 유용한 존재인지에 더 관심이 많기 마련이므로 참가자에게 강사 자신이 참가자가 바라는 어떤 부분을 채워줄 수 있는지를 중심으로 소개하는 것이 좋다.

참가자의 수와 강의의 규모에 따라서 커뮤니케이션 방법은 달라진다. 강의시에는 참가자를 개별적으로 다루되 그룹 전체가 균형을 이룰 수 있도록 해야 한다. 만일 강사가 목소리 큰 참가자위주로 수업하고 말수가 적은 참가자를 무시한다면 수업의 균형이 깨질 것이다. 종종 가장 뒤처지는 참가자에 포커스를 맞춰 수업을 하는 강사를 본다. 이 경우 나머지 참가자는 불쾌함을 느낄 것이며 지나친 지적을 받은 참가자는 부담을 느끼게 될 것이다. 이 책의 제 2장에서 이에 대한 가이드라인을 제시하도록 하겠다.

미국 캘리포니아 새들백 컬리지의 빈스 맥컬로우 교수는 체육교육 및 태극권, 요가를 40년 이상 가르쳐온 유명한 교수이다. 그가 말하기를 '폴 램 박사는 강의를 위해 가장 중요한 자격을 갖추었는데, 참가자의 말을 오감을 이용하여 우선적으로 경청한 뒤 가르친다는 점이다. 대부분의 강사는 미리 세워둔 계획으로 강의하다보면 참가자의 말을 흘려듣는 경우가 많다.' 상대방의 말을 경청하기 위해서는 많은 훈련과 노력이 필요하지만 그만큼의 보람이 있다. 여러분도 경청에 대한 훈련을 하면 참가자가 말하는 바를 '들을 줄 아는' 강사가 될 수 있다.

명확한 의사전달

효과적인 커뮤니케이션을 위한 두 번째 사항은 강사 자신을 참가자에게 이해시키는 것이다. 태극권을 통하여 신체와 감각 뿐 아니라 언어로 의사소통 할 수 있다. 태극권은 '행동'의 예술이므로 동작 없이 말로만 강의할 수 없다. 중국 출신의 루이라는 강사는 영어를 거의 못함에도 불구하고 참가자를 매우 효과적으로 가르쳤다. 비록 언어가 부족했으나 이 책의 전반부에서 소개한 케이의 강사처럼 첫 시간부터 너무 많은 구술 강의에 치중하여 참가자가 부담을 느끼게 만드는 강사보다는 훨씬 효율적일 수 있다.

사실, 언어적인 장벽이 없다는 것은 확실한 장점이므로 이러한 장점을 잘 활용하여 강사 자신의 생각을 간단명료하고 논리적으로 참가자에게 전달해야한다. 강의 도중 참가자가 이해하지 못하는 것 같으면 좀 더 간략히 설명해주도록 하고, 한 번에 한 가지씩 가르치도록 한다. 초보자 클래스의 참가자에게 양가태극권의 '누슬요보' 동작을 가르칠 때의 예를 들어보자. '무릎을 구부려서 무릎의 끝부분이 발가락의 위치와 수직으로 같은 위치에 있도록 두세요. 왼쪽으로 45도 정도 방향을 바꾸고, 왼쪽 다리를 90도 기울여서 오른쪽 다리에서 2피트 정도 떨어지도록 옮기면서 왼쪽으로 위치를 옮기세요. 이 때 발꿈치를 먼저 닿게 하고 몸을 곧게 펴지 마시고 몸의 높이를 동일하게 유지하세요. 발가락은 90도 왼쪽 방향으로 하시고...' 이처럼 한 번에 여러 가지를 참가자에게 전달하게 되면 참가자는 혼란스러워할 수 밖에 없다.

동작을 여러 부분으로 나누어서 조금씩 가르치는 것이 효과적이다. 참가자는 강사의 동작을 따라하면서 스스로 익힐 수 있으므로 강사가 참가자의 동작에 일일이 간섭할 필요가 없어진다. 참가자의 진도에 따라 자연스럽게 강의하면 되는 것이다. 제 5장에서 이러한 강의의 예를 제시해 보도록 하겠다.

수업의 분위기가 딱딱해지지 않도록 조절하는 것은 강사의 몫이다. 동시에 강의에 참석한 모든 참가자가 골고루 배울 수 있도록 강의를 적절히 조절할 수 있어야한다. 잭이라는 강사의 경우 참가자에게 매우 친절한 강사였는데 참가자의 질문에 항상 자세히 답해 주다 보니 질문을 한 참가자를 제외한 나머지 참가자들은 우왕좌왕 하게 되어 수업의 균형이 깨지곤 했다. 좋은 의도로 시작했지만 결과는 비효율적이었다. 강의를 할 때에는 시간을 잘 활용하여 수업의 균형을 맞출 수 있어야한다. 강사가 의도한 바를 명확히 전달할 수 있게 될 때 효과적인 강의가 되는 것이다.

강사가 참가자의 요구를 골고루 반영하면서 쌍방향 커뮤니케이션을 통한 효율적인 수업을 할 수 있기 위해서는 예의를 갖추면서도 명확하고 단호하게 자신이 정한 수업의 목표를 달성할 수 있어야한다. 질문도 수업에 필요한 질문을 적절히 선택하여 대답할 수 있어야 한다. 아래에 방법을 제시해 보았다.

> "강사가 참가자들의 요구를 골고루 반영하면서 쌍방향 커뮤니케이션을 통한 효율적인 수업을 할 수 있기 위해서는 예의를 갖추면서도 명확하고 단호하게 자신이 정한 수업의 목표를 달성할 수 있어야한다."

참가자가 던지는 제대로 된 질문들은 강의에 대한 긍정적인 피드백이다. 이러한 질문들을 통해 참가자들이 강의 내용에 흥미를 느꼈으며 어떻게 받아들이고 있는지를 파악할 수 있다. 이러한 질문들을 받았을 때에는 직접적으로 참가자를 격려해주며 그에 대한 정확한 대답을 제시해준다. 좋은 질문이란 강의 내용과 관계가 있고 여러 참가자에게 공통적으로 적용되는 것이므로 이러한 질문에 대해 대답할 때에는 모든 참가자가 이해할 수 있도록 해야 한다.

 강의를 하다보면 늘 질문하는 몇몇 참가자가 항상 질문을 하기 마련이다. 어떤 참가자는 수업 내내 자신의 질문만 하기도 한다. 강사가 이와 같은 경우 제대로 처신하지 못하면 질문을 하는 참가자와 나머지 참가자들을 모두 언짢게 만들게 될 수도 있다.

 그러한 참가자가 왜 항상 질문하는데 열을 올리는지 잘 파악해볼 필요가 있다. 원인을 찾아보고 그에 대한 해결책을 간구해야 한다. 수업과 관계없는 질문을 던지는 몇몇의 참가자가 있다. 예를 들면 part2를 가르치고 있는데 part1에 관한 질문을 던지는 식이다. 일부 참가자는 자신이 제대로 배우고 있는지에 대한 걱정스러운 마음 때문에 (참가자 스스로의 생각에) part1에 대한 자신이 없는 나머지 part2를 가르치는 강사의 주의를 돌려 불안감을 해소하려는 경우도 있다. 때로는 스스로 인지하지 못한 순간에 이러한 행동을 하기도 하는데 이것은 자기 방어의 심리 때문이다. 자신의 태극권 지식을 내보이기 위해서 매우 어려운 질문을 던지는 경우도 있다. 여러분의 참가자 중에서도 쉴 새 없이 질문을 하는 참가자가 있다면 이러한 유형들 중 하나에 속하는 경우일 것이다.

 참가자가 이러한 질문을 던지는 동기가 무엇인지를 이해한다면 강사 스스로 해결책을 찾아볼 수 있을 것이다. 질문을 듣고 이해는 하되 모든 질문에 곧바로 대답해야할 필요는 없다. 강의에 유익한 질문이라면 참가자에게 질문의 유익함에 대해 알려 주고 대답을 경청하도록 하면 된다. 만약 수업과 관계가 적은 질문이라면 강의 후에 답을 해주는 방법도 있는데 이때에는 정중하게 이해를 구하도록 하고 그에 대한 대답은 후에 꼭 제시해 주도록 한다. 참가자가 대답을 구하면, 적절한 대답을 해주어야 한다. 필자의 경우도 워크샵 도중 숙련된 참가자로부터 태극권의 무술적인 적용에 대한 심도 있는 질문을 받았다. 참가자의 태극권에 대한 깊은 지식에 대하여 긍정적인 칭찬을 한 후 워크샵은 건강에 초점을 맞춘 강의인 만큼, 질문에 대한 답은 수업 후에 개인적으로 해도 되는지 양해를 구하고 강의를 계속 진행한 경험이 있다.

 필자는 강의 도중 시간에 쫓길 때에는 참가자에게 수업이 어느 정도 진행될 때까지 질문을 잠시 보류해줄 것을 부탁하는데, 수업을 진행하고 보면 참가자가 했던 질문에 대한 대답이 이미 제시된 경우가 많다. 또 다른 방법은 참가자가 던진 질문을 주제로 강의를 진행해 보는 것이다. 예를 들면 어떤 참가자가 특정 동작의 속도를 질문했다면 참가자 모두와 함께 그 동작을 알맞은 속도로 연습해보는 것이다. 어차피 강의 내용의 일부였으므로 원래 하려던 것을 했을 뿐인 것이며, 이렇게 함으로써 다른 질문들에 미리 대답한 셈이 된다. 이러한 방법은 강의 중에 참가자가 질문을 너무 많이 할 때 수업의 진도를 맞추기 위해서 사용한다.

참가자의 태도가 산만해지거나 강의와 관련이 적은 질문들이 쇄도할 때에는 참가자가 함께 연습할 수 있는 동작 등을 제시하여 참가자의 주의를 다시 끌 필요가 있다. 연습을 통해 배울 수 있기 때문이다. 태극권은 실제적인 '행동'으로 익혀야 하므로 반복하여 연습을 할수록 더 깨우칠 수 있게 된다. 새로운 동작을 배운 후 여러 번 참가자 스스로 반복하다보면 어느새 익숙해진다.

새로운 동작의 시범을 보일 때에는 몸과 정신의 조화를 통해야만 참가자에게 효율적인 의사소통의 역할을 할 수 있다. 참가자는 강사의 동작을 따라하는 것만으로도 많은 깨달음을 얻을 수 있다.

이 장의 초반부에 다른 강사의 강의를 듣고 나서 새로운 강의를 열어 많은 참가자에게 호응을 얻었던 강사에 대해 소개했었는데, 이러한 효율적인 강사들은 공통적인 특성을 지닌다는 연구 결과가 있다. 이러한 강사는 태극권의 '주제'를 참가자들의 요구에 맞게 잘 선택하여 강의를 개설하기도 하며 참가자의 실력 향상 정도에 따라 강의 내용을 달리 하기도 한다. 강사는 자신도 기억하지 못하는 바를 참가자가 기억하도록 요구해서는 안 되며, 강사 자신이 온전히 이해하지 못하는 개념을 참가

> "강사는 자신도 기억하지 못하는 바를 참가자가 기억하도록 요구해서는 안되며, 강사 자신이 온전히 이해하지 못하는 개념을 참가자가 이해하기를 요구하지 않도록 한다."

자가 이해하기를 요구하지 않도록 한다.

즉, '명확한 의사전달'을 위해서는 강의의 주제를 이해할 필요가 있는 것이다.

강사의 '감성 지능' 활용

강사에게 있어서 재능 있는 참가자를 가르치는 것은 가장 큰 기쁨이다. 필자가 가르치던 참가자중에 재키라는 뛰어난 참가자가 있었는데, 그 참가자는 필자가 강의한 내용은 무엇이든 잘 이해하여 강의할 때마다 놀라곤 하였다. 어느 날, 양가태극권의 운수 동작에 있어서 내적 에너지를 사용하는 방법을 강의하고 있었는데 유난히 그 부분을 이해하지 못하는 것이었다. 그 참가자가 운수를 배우는 데에 어려움이 있을 것이라고 예상하지 못했기 때문에 그 동작을 몇 번 반복해서 보여주면서 "다른 어려운 것도 잘하면서 이것을 못한다니 참 이상하다"라고 말했다. 이후 수차례의 반복에도 동작을 제대로 이해하지 못하며 그 참가자의 표정은 굳기 시작하였는데, 필자는 그것을 눈치 채지 못한 채 역시 답답함을 느꼈다. 그 때 잠시 재키에게 스스로 연습할 시간을 준 후 필자는 정(靜)의 상태로 마음을 가다듬었다. 비로서 참가자의 표정이 굳어있는 것을 발견하였다. 내가 한 말이 그 참가자를 '자신만의 공간'에 들어가도록 만들었던 것이다. 재키는 마음이 상하여 효율적인 학습이 불가능하게 된 것이다.

이러한 일은 어떤 참가자에게도 일어날 수 있는데, 강사가 깨닫지 못한 채로 참가자를 몰아붙이면 결과적으로 강사와 참가자 모두에게 유쾌하지 못한 결과를 초래할 수 있게 된다. 이것은 강의 외적인 상황에서도 일어날 수 있는 일인데 강사가 스스로의 '감성 지능'을 활용하면 타인과 상호작용을 할 때 더욱 효율적으로 하게 되어 부정적인 결과를 피할 수 있는 것이다. 강의를 할 때에는 강사 스스로의 '감성 지능'과 참가자의 '감성 지능'을 이해하고 있어야 한다.

대니얼 골먼은 그의 저서인 '감성 지능 활용'[9]에서 '감성 지능'에 대하여 다음과 같이 설명했다. '감성 지능이란 스스로의 느낌과 다른 이들의 느낌에 대해 인지하고 포용하여 관리하는 능력이다.' 효율적인 강의를 위해서 강사는 자신과 참가자의 느낌을 제대로 인지할 수 있어야 한다. 참가자가 '자신만의 공간'에 갇히면 마음을 닫게 되고 동작이 어색해지는 등 배움을 위한 효율적인 커뮤니케이션을 제대로 할 수 없는 상태가 된다. 그 공간을 무리하게 깨려고 하면 참가자의 마음이 다치게 되고 관계 또한 손상된다.

'감성 지능'의 개념이 가르침과 배움에 어떠한 관련이 있는지에 대해 간단히 묘사하겠다. 이 주제에 관하여 자세히 이해하기 위해서는 대니얼 골먼의 저서인 '감성지능'[10]과 후편인 '감성 지능 활용'[9]을 읽어보면 도움이 될 것이다.

> "효율적인 강의를 위해서 강사는 자신과 참가자의 느낌(감정상태)을 제대로 인지할 수 있어야 한다."

필자에게도 이과 같은 경험이 있었다. 5년 전 강의에서 다른 강사의 수업을 도와주는 중이었는데, 그 반에는 리사라는 참가자가 특정 동작에 어려움을 겪기에 강사는 참가자를 도우려는 의도에서 보조 강사에게 리사를 맡아서 따로 지도해 줄 것을 부탁하였다. 그런데 그 말을 들은 리사는 울면서 강의실을 뛰쳐나가버렸다. 필자는 놀라서 뒤를 따라가 많은 이야기를 나누었는데, 알고 보니 리사는 보조 강사에게 특별 지도를 받는 것이 진도 보조를 맞추지 못하여 벌을 받는 것처럼 느껴졌다는 것이었다. 그 참가자는 개인적인 문제로 어려움을 겪고 있어서 태극권을 통해 마음을 편안히 가지고 개인 문제를 해결하기 위하여 수업에 참여하였는데 이와 같은 일이 발생한 것이었다. 리사는 강의에서 울면서 뛰쳐나감으로써 자기 자신을 또 다시 '자신만의 공간'에 가두어 버린 것이다.

필자는 종종 이와 비슷한 일들을 경험하는데, 이러한 일종의 '사건'은 강사와 참가자에게 모두 치유하기 어려운 상처를 남기게 되므로 피하는 것이 가장 좋다. 강사 스스로 이러한 주제를 잘 이해하고 있으면 안 좋은 경험을 할 가능성을 최소화할 수 있다.

자신만의 공간의 개념 이해하기

'자신만의 공간'은 필자가 정리한 개념으로 개인이 자신만의 보이지 않는 벽으로 움츠러들 때를 묘사하기 위한 것이다. 이 벽 뒤에서 개인은 엄마의 자궁 안에서 느꼈던 것처럼 안전하다고 느끼게 되며 외부와의 커뮤니케이션은 존재하지 않는다. 이러한 상태의 경험은 강사에게도 참가자에게도 괴로운 경험이다. 좋은 의도에서 도움을 주려던 사람에게서 위협을 느껴 반격을 하고 싶어지기도 하며, 자신을 그러한 상태로 만든 사람을 육체적·정신적으로 해를 입히고 싶은 마음이 들기도 한다. 이러한 벽에 갇혀있는 상태에서는 자신을 위협하는 존재에게는 본능적으로 반격하게 되는 것이다.

누구나 이러한 '자신만의 공간'을 가지고 있으며 자신이 위협을 받는 상태라고 느끼게 되면 그 안으로 움츠러들어 '안전'을 확보하려한다. 이러한 상황은 두 가지 경우에 발생한다.

1. 잠재의식적 인지

인간은 자라나면서 경험에 의해 강한 영향을 받게 되는데 이것은 마치 흰 종이 위에 그림을 그려나가는 것과 같다. 유년기부터의 경험은 강하게 남아 오랫동안 지속되는데 성장해나감에 따라 새로운 경험들이 덧입혀지는 것이다. 하지만 비록 오래된 기억들은 희미해진 것처럼 보일지라도 그것이 사라지는 것이 아니고 잠재의식으로 남아 현재의 행동에 영향을 미치는 것이다. 격앙된 감정을 식히고자 했으나 마음대로 되지 않았던 기억은 누구에게나 있을 것이다. 이것은 바로 잠재의식이 현재의 감정에 영향을 미치기 때문이다.

유아기를 되짚어보면 부모 혹은 돌봐주는 사람에게 온전히 의지한 경험들뿐이다. 부모님은 신과 같이 절대적인 존재였기 때문에 우리의 모든 걱정·고민을 모두 해결해 주었던 것이다. 이러한 이유로 인간은 스스로의 존재 자체가 불완전하다는 무의식적인 인식을 해왔기에 자신감이나 자아존중감이 부족하게 성장해온 것이다. 모든 이들은 어느 정도의 불안정감을 느끼게 되어있다. 이에 대해 자세히 알고 싶다면 토마스 해리스의 저서

'I'm OK, you're OK'[11]를 참조해보도록 하자.

참을 수 없는 정도의 불안정감을 느끼게 되면 사람들은 이성적 사고나 타인과 커뮤니케이션 없이 혼자만의 시간을 가질 수 있는 '자신만의 공간'에 자기 자신을 가두어버린다. 이러한 상태는 외부 세계와 단절되어 절대적인 안전함을 느끼는 상태이며 타조가 모래 속에 머리를 처박듯이 '자신만의 공간'에 들어가서 문을 닫아버린 것이다. 유아기나 유년시절에는 이러한 방법을 통해 마음의 안정을 찾을 수 있다. 자녀가 있는 집에서는 한 번 쯤 아이가 아주 사소한 일로 화를 내면서 방으로 들어가 문을 잠가 버리는 것을 본 적이 있을 것이다. 필자의 지인인 데보라 역시 딸아이와 심한 언쟁을 한 후 아이가 방으로 들어가 문을 잠그고 나오지 않자 혹시라도 안 좋은 일이 있을까 걱정을 한 나머지 자물쇠를 뜯고 들어가 보았는데 놀랍게도 그 아이는 아무 일도 없었다는 듯이 혼자 책장에서 책들을 뒤적거리고 있었다는 것이다. 데보라는 그제서야 아이에게는 혼자만의 공간이 필요했고 자신이 위협받는다고 여겼기에 그 안에서 안정감을 되찾고 싶어 했던 것임을 깨달았다. 이러한 메카니즘은 어린 아이에게는 효과적이지만 새로운 것을 배우는 과정에 있고 실제로 어떠한 위협도 없는 상황에서 성인들에게 적용하기에는 적절하지 못하다.

불안정감이 항상 나쁜 것은 아니다. 그로 인해 인간은 조금 더 신중한 자세로 스스로의 목표를 이루기 위한 노력을 할 수 있고 만일의 상황에 대비한 저축을 하기도 한다. 불안정감이 지나칠 때 이성적인 생각을 방해하여 효과적인 학습과 여러 가지의 계획들을 방해하게 된다.

2. 신체적 정신적 위협에 대한 인지

두뇌에는 본래 새로운 논리적 사고를 담당하는 부분이 있다. 사람이 외부로부터의 정신적 위협을 느끼면 그 위협이 진짜인지 아닌지 이성적으로 판단하지 않고 '자신만의 공간'에 들어가게 되어있다. 원시 시대에 각종 위협에 둘러싸여 살았던 인간으로서는 위협이 느껴지면 즉각적으로 반응하고 안전한 환경을 찾아 대피하는데 익숙해져있기 때문에 이러한 행동은 자연스러운 반응인 것이다. 예를 들어 천둥과 같이 갑작스런 큰 소음에 소스라치게 깜짝 놀라는 반응처럼 말이다. 이와 같이 위협이

인지되는 순간 '냅다 도망치는' 반사작용을 하는 것이다. 아이들이 TV를 보면서 소리 지르는 것과 같이 일상생활에서의 갑작스런 소리도 이에 해당하는 것이다. 이성적으로 생각할 시간이 주어지게 되면 상황을 인지하고 흥분을 가라앉힐 수 있게 된다. 소스라치게 놀라는 순간 모든 신체 기능은 위협에 맞서 싸우거나 도망칠 준비를 할 수 있는 근력을 갖추게 되는데 실제적인 생명의 위협일 때에는 유용하게 쓰이겠지만 단순한 비명 소리로 인한 놀람일 때에는 에너지가 낭비되는 것이다.

> "...사소한 일처럼 보일지라도 갑자기 혼자가 되는 등의 상황이 오면 자신을 '자신만의 공간'에 가두게 된다."

정서적인 위협을 받을 때 역시 이와 같은 작용이 일어난다. 남에게는 사소한 일처럼 보일지라도 갑자기 혼자가 되는 등의 상황이 오면 자신을 '자신만의 공간'에 가두게 된다. 이러한 상태가 되면 고통 속에 움츠러들어 공격적인 성향을 띠게 될 수가 있다. '자신만의 공간' 속에 자신을 가둬버리거나 이성적인 사고를 배제한 타인에 대한 공격은 이러한 상황을 악화시킬 뿐, 효과적인 대처를 위한 메카니즘이 될 수 없다. 대개의 경우 이러한 정서적인 위협은 실제가 아니며 앞부분에 예로 든 재키와 리사의 경우처럼 논리적 사고를 담당하는 두뇌의 부분이 제대로 작동하게 되면 해결책을 찾을 수 있게 된다.

여기서 기억해야 할 점은 이러한 메카니즘은 우리 두뇌의 잠재의식적이고 원시적인 부분이 담당한다는 것이다. 위협을 받는 상황에서 논리적인 사고가 쉽지 않다. 다른 사람들에게는 특별히 문제가 되지 않을 점이 재키와 리사에게는 심각한 문제가 되고 사실과 다르게 위협을 받는다고 느끼게 되어 이성적인 사고를 통한 감정 조절이 힘들어져 자신만의 공간에 갇혀버리게 된 것이다. 일단 자신만의 공간에 들어가면 논리적 사고를 할 수 있는 힘이 차단된다. 참가자가 이러한 상황에 처했을 때 강사는 알아차리고 참가자 스스로 생각해볼 시간을 주면 다시 되돌아올 것인데, 더 좋은 것은 강사가 이러한 상황이 처음부터 발생하지 않도록 하기 위해서 메카니즘 자체를 이해하고 있는 것이 좋다.

참가자가 자신만의 공간에 들어갈 조짐을 보이게 되면 강사는 스스로 정(靜)을 이용하여 평정을 되찾을 필요가 있다. 재키라는 참가자의 경우, 필자는 참가자가 초조해하는 것을 느끼고 한 발 물러서서 자신만의 시간을 가진 후 평정을 되찾을 수 있도록 해주었다. 그러나 만약 필자가 정(靜)의 마음을 갖지 못하고 참가자에게 화를 내거나 굳은 표정을 했다면 참가자가 도움을 필요로 하는 상황이 되었다는 것을 깨닫지 못했을 것이다. 같은 동작을 계속 하도록 하여 강요했다면 참가자는 스스로를 무능력하다고 느끼게 되었을 것이고 이러한 일이 되풀이 되다보면 참가자는 태극권을 배우는 흥미를 잃고 결국은 태극권을 그만두게 되었을 것이다.

> *"더 좋은 것은 강사가 이러한 상황이 처음부터 발생하지 않도록 하기 위해서 메카니즘 자체를 이해하고 있는 것이 좋다."*

태극권을 열심히 수련하면 정(靜)의 정신세계를 경험할 수 있다. 정(靜)의 수준은 태극권 수련 정도에 비례한다. (이에 대한 자세한 내용은 제 11장 및 필자와 낸시의 공저 '초보자를 위한 24식 태극권'[12]에 소개해 두었다.) 정(靜)의 상태에서는 마음가짐, 육체적 지각, 호흡, 관절의 이완, 긴장하지 않은 정신적 평정이 우선된다. 태극권을 수련할 때 여러분은 정신적 평안을 얻기 위해 노력하므로, 태극권의 실력이 어느 정도인지에 관계없이 태극권을 통해 어느 정도는 정신적 평안을 얻게 된다. 위기에 닥쳤을 때는 언제든지 자신을 그러한 정(靜)의 상태에 두면 상황을 호전시킬 수 있는 이성적인 사고가 가능해지는 것이다.

키이스는 태극권을 가르치는 강사이면서 매우 숙련된 무술가이다. 그는 늘 자신의 감정을 조절하는데 어려움을 겪었다. 참가자들이 자신에게 질문하는 행위를 강사 권위에 대한 도전으로 여기곤 하였는데 질문에 대한 대답으로 공격적인 시범을 보여주었다. 이러는 과정에서 참가자가 다치기도 하여 나중에는 질문하기를 두려워하게 되어 그의 강의에는 소수의 참가자만 남아있었다. 키이스와 같은 성질을 가진 사람들은 정(靜)의 상태를 훈련할 필요가 있다. 정(靜)의 필수 원칙들을 훈련함으로써 태극권뿐만 아니라 자신의 성질을 다스리는 효과를 경험할 수 있다.

강사에게 있어서 가장 좋은 방법은 애초에 참가자가 자신만의 공간에 들어가지 않도록 예방하는 것이다. 강사가 긍정적인 태도로 참가자를 대하고 지나친 비판은 삼가되 특히 여러 사람들 앞에서 한 사람을 집어내어 칭찬 혹은 비판하지 않는 것이 중요하다. 참가자 중에서 감성이 예민한 참가자가 누구인지 잘 파악하고 그러한 참가자가 스스로 무능함을 느끼거나 감정적인 위협을 받는 일이 없도록 해야 한다.

필자가 참가자에게 일정 분량의 실력 향상을 요구했을 때 참가자가 그것을 이루지 못하고 그에 대한 여러 가지 변명들을 끊임없이 늘어놓을 때 종종 예민해지곤 하여 참가자에게 변명할 시간에 연습을 더 많이 하고, 강사가 하는 말을 잘 받아들여서 훈련할 것을 지적하였다. 지금 와서 생각해보면 그러한 참가자는 스스로에 대한 불안감 때문에 자신만의 공간에 들어가기 직전의 상황에 이르렀던 것이다. 요즘은 이러한 경우에도 예민해지지 않고 그 상황에서 잠시 물러나서 시간을 갖는다. 강사의 이러한 태도가 참가자들이 편안한 상태로 생각할 수 있는 여유를 주어 효율적으로 배울 수 있게 된다. 강사는 참가자를 개인적으로 지적하여 교정해주지 않는 원칙을 세우는 것도 좋겠다. 참가자들에 대해 더욱 잘 파악하면 그들이 심리적으로 위축되는 상황을 미연에 방지할 수 있다. 태극권 뿐 아니라 일상생활에서도 여러분이 누군가를 도와주려고 할 때 그 사람이 온갖 변명들로 상황을 모면하려고 했던 경험이 있을 것이다. 이럴 때에는 한 발짝 물러서서 그 사람에게 시간을 줄 필요가 있다.

태극권의 원칙 적용

태극권은 자연의 원칙을 바탕으로 만들어졌다. 손가 태극권의 창시자이자 역사적으로 위대한 태극권 스승인 손록당(1861-1932)선생이 말씀하기를 '도'(道)를 이해하는 경지가 태극권의 가장 높은 단계라고 하였다. 도(道)는 우주에 대한 이해를 담은 중국 고대 철학 사상이며 자연의 원칙으로 일컬어지기도 한다. 태극권의 궁극적 목표가 자연과 하나됨을 이루는 것이다. 자연은 음과 양으로 이루어져있으며 동(動)과 정(道)이 서로 조화를 이룬다. 예를 들면 고요한 날씨가 있는 반면 폭풍우가 몰아치는 날씨가 있는 것처럼 말이다. 이러한 철학은 여러분이 태극권을 가르치는 데 적용될 것이다.

> "태극권의 궁극적 목표가 자연과 하나됨을 이루는 것이다."

지금부터 태극권의 주요 원칙들을 알아보고 태극권 강의에 어떻게 적용될 수 있는지 살펴보도록 한다. 태극권의 동작은 연속적이고 천천히 움직이기 위해 잘 만들어졌다. 서두르지 않고 부드럽게 나아가는 리듬감 있는 동작들이다. 이러한 원칙들을 적용한다는 것은 참가자를 재촉하거나 준비되지 않은 참가자에게 너무 많은 기술을 전수하지 않아야 함을 의미한다. 흐름을 유지하면서 모든 동작을 부드럽고 신중하게 하도록 한다.

마음으로 동작을 컨트롤하여 그 움직임을 파악한다. 강사 스스로 무엇을 하는지 어떤 말을 해야 하는지를 아는 것이 효과적인 강의를 위한 조건이다. 여러분이 하는 말이 참가자에게 의미 있는가? 강의 내용이 참가자의 수준에 맞고 참가자와 연관이 있는가? 너무 복잡한 내용의 강의는 참가자에게 부담이 되며 강의와 관계없는 내용을 가르치게 되면 참가자가 강의에 흥미를 잃을 것이다.

태극권 동작을 할 때에는 반드시 준비 단계가 선행되어야 하며 마무리를 할 때에도 그 다음 동작과 연결될 준비를 마쳐야 한다. 강의를 위한 세 가지 단계는 강의에 대한 준비, 강의, 참가자가 다음 수업을 준비하도록 하는 것이다. 이 원칙에 대해서는 제 6장에서 더욱 자세히 다루기로 한다.

태극권은 한 번에 한 단계씩 자연스럽고 꾸준한 리듬으로 연습을 해야 한다. 여러 동작을 한 번에 서둘러서 하려고하면 안 된다. 효과적으로 가르치기 위해서도 한 번에 한 가지씩 천천히 진도를 나가는 것이 바람직하다.

이 장의 초반부에서 정(靜)의 상태가 감성 지능을 효율적으로 사용하는데 얼마나 효과가 있는지에 대하여 언급했는데 정(靜)의 상태는 강사들이 강의의 큰 밑그림을 그리는 데에도 효과적이다. 소수의 참가자에게 포커스를 맞추기보다는 전체 참가자를 대상으로 한 보편적인 느낌을 따라 강의를 하도록 한다.

태극권의 핵심 원리 중 하나는 균형이다. 태극권에서는 신체와 정신의 균형을 강조한다. 강의 역시 이론과 실제가 적절히 균형을 이루어야 하며 평화스러운 분위기에서 일정한 속도로 진행되어야 한다.

자연과 조화를 이룬다는 것은 마치 버드나무가 바람이 불면 구부러졌다가 다시 펴지는 것과 같은 이치이다. 버드나무는 탄성이 강해서 바람을 흡수하듯 받아들이며 바람에 부러지지 않게 움직이는 것이다. 부드럽게 흡수하는 것이 음의 원리이고 다시 원래대로 되돌아가는 것이 양의 원리이다.

이러한 원리를 태극권에 적용시킨 유용한 연습동작이 추수(推手)이다. 추수를 할 때에는 두 사람이 짝을 이루어 한 사람의 손을 상대방의 팔에 대고 서로 힘을 주고받는다. (태극권의 표현으로는 상대방의 힘을 읽는다고 한다.) 추수 할 때에는 한 사람이 힘을 보내고 상대방은 그 힘을 받아들인다. 이것은 마치 앞에서 예로 든 버드나무가 바람이 불면 구부러졌다가 시간이 지나면 다시 원래의 상태로 되돌아가는 것과 같다. 상대가 힘을 보내면 그 힘을 받아서 같은 강도의 힘으로 상대방의 힘의 흘려보내면서 자신의 힘을 덧붙여 추수를 이어나간다.

> "추수의 궁극적인 목표는 상대방, 나아가서는 자연과의 조화로운 관계를 이룰 수 있는 기술을 연마하기 위함이다."

흔히 추수가 상대방을 멀리 밀어버리거나 '몰아내기' 위한 시합이라고 생각하는 경우가 많은데 이러한 경우 무지막지한 힘을 써서 서로를 밀어낸다. 추수의 궁극적인 목표는 상대방, 나아가서는 자연과의 조화로운 관계를 이룰 수 있는 기술을 연마하기 위함이다. 추수시에는 상대방과의 태극권의 방법으로 에너지를 운용하는 법을 배우게 된다. 상대방의 힘을 읽고, 양보하듯 받아들이고, 두 힘이 서로 붙어서 중화되고, 자신의 힘을 실어 공격하는 것이 추수의 과정이다. 에너지를 서로 주고받음으로서 흐름이 형성되는 것이 태극권 추수이 특징이다. 추수를 훈련함으로써 두 사람은 동시에 기(氣)와 태극권 실력이 향상되며 에너지의 연속적 흐름이 강해진다. 궁극적인 목표는 서로간의 조화, 나아가서는 자연과 조화를 이루는 것이다.

태극권을 가르칠 때 강사와 참가자의 관계는 주인과 하인의 관계 혹은 승자와 패자와의 관계가 아니다. 두 사람은 상호작용이 가능한 관계를 맺어야하며 에너지의 교류와 나눔을 통한 서로간의 조화를 이루어야하며 이러한 작용들이 두 사람 모두에게 이로움을 주어야한다.

참가자의 말을 경청하고 그들의 목표 및 배움의 스타일과 감정을 이해하는 것에서부터 태극권의 원칙의 적용이 시작된다. 참가자에 대하여 파악한 후 그들에게 가장 적절하고 효과적인 교수법으로 가르칠 때 목표를 이루는 데 도움을 줄 수 있다. 참가자를 더욱 잘 파악하기 위해서 그들과 힘을 주고받으며 추수를 해보는 것도 좋다. 참가자가 추수를 잘 익히도록 하기위해서는 그들이 보내는 힘을 다시 되돌려주는 상호작용을 통하여 서로에 대하여 알아가고 태극권 실력이 향상될 수 있다. 이것은 강의 시에 참가자의 의견을 경청하고 요구에 부응하며 참가자들이 가장 이해하기 쉬운 방법으로 가르쳐서 강사와 참가자가 서로 조화를 이룰 수 있도록 하는 것과 같다.

제프 모리스라는 강사는 이렇게 얘기했다. '내가 가르치는 참가자가 언젠가는 다른 사람들을 가르치는 강사가 될 수도 있다. 태극권은 정적인 운동만은 아니며 태극권을 안전하고 효과적으로 가르치는 것은 미래의 강사이자 새로운 참가자들로 부터 비롯되는 것이다.'

즐거움을 통한 초보단계 극복

태극권에 푹 빠져있는 사람들은 태극권을 하면서 몸과 마음이 모두 즐거움을 느낀다. 태극권은 본질적으로 즐거운 운동이자 예술이다. 이러한 즐거움 때문에 우리는 태극권을 수련하며 참가자를 가르치는 것이다. 사람들은 자신이 재미를 느끼지 못하는 일은 중간에 그만두게 되어있다.

태극권을 접해보지 않은 사람들에게 태극권은 품위 있어 보이기도 하며 그다지 힘들지 않고 흥미로운 운동으로 여겨질 수 있다. 태극권 동작의 모양만 보고 매우 관심 있어 하며, 자신도 어렵지 않게 따라할 수 있을 것이라고 생각하기도 하는데, 실제로 태극권 초보자들이 어느 정도 품위 있고 재미있는 동작을 할 수 있기까지는 상당한 훈련 기간이 필요하다. 무엇을 목표로 배워야하는지 모르는 초보 단계에서는 흥미를 잃을 수도 있으며 제대로 된 동작을 하려면 멀었다는 생각을 하게 된다.

어릴 적 바이올린의 아름다운 선율에 매료되어 아버지에게 바이올린을 배우게 해달라고 조른 적이 있었는데 바이올린은 섬세하면서도 배우기 힘든 악기이기 때문에 초보가 내는 소리는 정말 듣기에 이상해서 중국사람들의 표현을 빌리자면 '닭 목 비틀 때 나는 소리' 같다. 몇 마리의 목을 비틀었는지는 셀 수 없지만 어쨌든 필자 역시 바이올린을 배우면서 어려움을 겪었던 기억이 난다. 태극권을 배우는 많은 사람들이 이 같은 감정을 느낄 것이고 배우는 도중에 여러 가지의 이유로 포기하기도 하지만 한 가지 확실한 것은 여러분이 필자의 교수법을 통해 배운다면 태극권이 그리 어렵지만은 않을 것이다.

참가자가 태극권 고유의 즐거움을 느끼며 배울 수 있도록 도와주고 초보자로서 느끼는 어색함과 두려움을 극복할 수 있도록 지도해야하며 태극권을 꾸준히 수련하여 효과를 경험할 수 있도록 격려해주어야 한다. 이처럼 할 수 있다면 여러분은 강사로서 오를 수 있는 최고의 경지에 올랐다고 할 수 있는 것이다. 이를 위한 몇 가지 요령들을 소개해보도록 한다.

참가자에게 기대수준을 알려주고 자신감을 북돋아 줄 것

초보자들에게는 어떠한 기대를 가지고 태극권 배워야하는지를 알려주는 것이 좋다. 대개의 서양인의 운동 혹은 생활 습관과는 매우 다르다는 것을 미리 이야기해준다. 서양식 운동은 속도와 강한 힘을 사용하여 하는 일직선 운동이 대부분이며 현대사회는 빠른 속도와 강한 운동성을 강조한다. 이에 반해 태극권은 느린 곡선 움직임의 운동인데, 이를 통해 인간은 신체 및 자연과 조화를 이룰 수 있게 된다. 필자는 처음 배우는 참가자가 이러한 점을 알고 적응할 수 있도록 미리 이야기해준다. 참가자 스스로에게 뿐만 아니라 강사에게도 서로에게 적응할 시간이 필요하기 때문이다. 대개의 참가자는 태극권을 시작한지 세 달 정도면 이러한 어색함을 극복하고, 이 시기를 거치면 태극권의 효과를 경험할 수 있게 된다. 필자는 참가자가 원하는 기간 내에 자신이 바라는 만큼의 성과를 달성하지 못하더라도 그것은 자신의 잘못이 아니며 시간이 필요한 것임을 깨닫기를 바라며, 자신의 발전 과정에 감사하고 만족할 수 있도록 도움을 준다.

참가자는 때때로 단기간 내에 자신이 기대했던 만큼의 가시적인 효과를 보지 못하는데 이러한 경우 강사는 태극권을 수련하는 데 일정 시간이 소요된다는 사실을 이해하도록 가르쳐주어 꾸준히 수업에 참여할 수 있도록 격려해야 한다. 필자의 경험상 약 세 달 간 꾸준히 강의에 참석하게 되면 태극권의 원리에 익숙해진다. 태극권을 수련하면서 가져야 하는 스스로의 기대치를 깨닫고 나면 자신감을 가지고 수련할 수 있다. 강사는 참가자에게 시간적 여유를 주되 어느 정도 강의 틀을 알려주어 편안한 마음을 가지고 태극권을 배울 수 이도록 도와주도록 한다.

수 년 전 필자의 환자였던 밥은 젊은 시절 유망한 크리켓 선수였다. 그는 건강을 위하여 태극권을 시작하였는데 시작한지 3주 만에 자신감을 상실하여 포기하게 되었다고 한다. 만약 그가 강사로부터 시간적 여유를 가질 것과 어느 정도 적응기간이 필요하다는 조언을 들었다면 마음의 여유를 가지고 즐겁게 태극권을 배울 수 있었을 것이다.

참가자가 자신이 참석하는 강의에 어려움을 느끼게 되면 사기가 저하되어 결국 태극권을 포기하는 경우가 생기게 된다. 그러므로 강사는 이러한 점을 미리 염두에 두고 참가자가 강의에 적응할 수 있도록 잘 이끌어주도록 해야겠다.

참가자 스스로 자기효능감을 느끼게 할 것

사람들은 무엇을 배울 때 잘 하게 되면 더욱 자신감을 가진다. 미국 스탠포드 대학의 교수인 알버트 반두라교수는 배움의 자기효능모델 이론을 통해 학습자가 스스로 효율성 있는 참가자라고 느낄 때 배움의 능력이 향상된다고 하였다. 그의 저서인 '자기효능감'[13]에 '스스로 만족할만한 성과를 얻을 수 있도록 학습이 이루어질 때 효율성은 극대화되며 어떠한 경우에도 성공할 수 있다는 확신을 가지게 된다.' 훌륭한 강사는 참가자에게 도달 가능한 목표를 줌으로써 스스로 자신감을 가지게 하여 성공으로 이끌어주는 것이다.

태극권의 한 동작을 제대로 하기 위해서는 동작의 속도를 조절하고 몸의 각 부분이 조화를 이루어 움직이게 해야 하며 어깨의 힘을 빼고 팔꿈치를 내리는 등의 여러 가지 필요조건이 따른다. 많은 초보 강사들이 참가자에게 하는 실수중 하나는 여러 가지 주의사항을 한 번에 알려주어 참가자가 혼란을 느끼도록 만드는 것이다. 의도는 좋으나 결과는 꼭 좋지 만은 않다.

"사람들은 무엇을 배울 때 잘 하게 되면 더욱 자신감을 가진다."

필자의 환자였던 호세는 꼼꼼하기로 소문난 회계사였다. 그는 태극권을 배우기 시작하였는데 동작의 순서나 각 동작의 필요조건을 기억하는 등의 복잡한 수업 내용을 한 번에 모두 익히고 싶어 했다. 그러다보니 혼란스러워졌고 동작의 순서를 기억하는 것조차도 어려워졌다. 결국 그는 자신감을 잃어버렸다. 동작의 순서는 강의 중에도 중요하지만 혼자서 연습할 때에도 꼭 필요한 것이다.

태극권은 자신과 맞지 않다며 중도에 포기하는 많은 참가자를 보아왔다. 그들 중 대부분이 시작 단계에서 자신감을 잃어버렸기 때문에 그만두게 된 것이었다. 자신이 제대로 하지 못하는 일을 즐기면서 하는 사람은 없다. 호세의 경우 필자가 그의 강사에게 귀뜸을 하여 자세한 사항들을 일일이 동작에 적용하기보다는 강의 내용을 기본 동작에 충실하게 하여 연습할 시간을 충분히 주도록 하였다. 또한 필자와 양키락스카 박사가 공동 개발한 이미지 학습을 통해 태극권 동작을 기억하기 쉽게 도와주었다. 제 12장에 이에 대한 자세한 내용을 소개할 것이다. 호세는 태극권에 대한 자신감을 회복하고 점점 더 흥미를 가지고 수련에 임하게 되었다. 필자의 학습 시스템은 참가자가 자신감을 가지도록 하는데 효과가 있다.

몰입하도록 도와 줄 것

 강의를 함에 있어서 몰입의 개념을 이해하는 것은 여러 각도의 교수법을 개발하고 이해하는 데 중요하다. '시간의 개념을 잊을 정도'로 어떠한 일에 온전히 집중했을 때를 의미한다. 운동 선수가 기록을 갱신할 때 혹은 예술가가 작품을 완성할 때 이러한 몰입을 할 수가 있다. 운동, 취미, 혹은 태극권 등 어떠한 일이건 몰입하게 되면 이러한 흐름이 생긴다.

 수년간에 걸쳐 많은 연구를 거친 후 Finding flow, the psychology of engagement with everyday life[14]의 저자이자 시카고 대학의 심리교육학과의 미하이 칙센트미하이 교수는 흥미와 흐름의 연관성이 크다는 것을 발견 했다. 삶에 대한 만족감이 클수록 몰입의 빈도가 높아진다는 것이다. 그는 '마음과 의지가 하나가 되면 몰입할 수 있는 여지가 커지며 이러한 순간 여러 경험들이 의식을 통해 작용하고 조화를 이루게 된다. 이 순간에 느끼는 감정과 마음속의 바람과 생각이 하나가 되는 것이다.' 고 하였다. 이것은 태극권에 있어서 신체와 정신이 하나로 통합되는 순간과 같은 것이다.

 몇 해 전 필자는 키우는 새들을 위해 새장을 손수 만들었다. 계획을 세우고 만드는데 하루를 온전히 사용했다. 시간이 어떻게 가는 줄도 모르고 하루가 지나갈 정도로 그 일에 푹 빠져 작업을 하고나니 기분이 정말 좋았다. 이런 것이 바로 몰입인 것이다. 나는 그러한 작업에 능하지도 못하고 결과물이 멋지지도 않았지만 그 경험 자체가 즐거웠기에 이후로도 그렇게 몰입할 만한 일을 찾게 되었다. 태극권을 가르치는 강사와 배우는 참가자가 즐거움을 느끼며 태극권에 몰입할 때 태극권에 더욱 빠져들게 된다. 여러분이 가르치는 참가자가 이같은 경험을 하도록 도움으로써 태극권 실력이 향상됨과 동시에 꾸준히 태극권을 수련하는 결과를 얻을 수 있다.

 태극권 실력이 향상될수록 몰입의 정도가 높아지고 이러한 정도가 높아질수록 태극권 수련의 즐거움 또한 극대화된다. 이를 통해 태극권 수련에 더욱 박차를 가하게되고 이것의 긍정적인 순환이 이

> "삶에 대한 만족감이 클수록 몰입의 정도가 높아진다는 것이다."

루어진다. 이러한 몰입의 흐름을 탈 수 있도록 하는 세 가지 요소가 있는데 이 요소들을 극대화하면 태극권에 더욱 집중할 수 있게 된다. 다음이 그 세 가지 요소이다.

1. 뚜렷한 목표를 가질 것
2. 즉각적이고 연관성 있는 피드백을 얻어낼 것
3. 도전 과제와 실력이 조화를 이루도록 할 것

이 경우 목표는 단기 목표를 의미한다. 예를 들어 초급자의 경우 동작의 순서를 기억하는 것 자체가 목표가 될 수 있다. 자신이 동작을 제대로 하는지를 즉각적인 피드백을 통해 알 수 있게 되고 그러한 피드백은 수업 내용과 연관성이 있다. 또한 자신에게 주어진 도전 과제는 현재 실력과 조화를 이루어야한다. 태극권을 시작한지 얼마 되지 않았다면 동작이 어색하고 그 순서를 기억하는데 어려움을 느낄 수도 있지만 어느 정도 능숙한 단계에 이르렀다면 동작의 연결 등이 자연스러울 것이므로 큰 어려움을 느끼지는 않을 것이다. 그러나 능숙한 단계에서 너무 단순하거나 쉬운 과제가 주어진다면 곧 지루함을 느낄 것이므로 참가자의 태극권 수준에 맞는 도전과제를 주어야한다. 초급 단계의 참가자에게 너무 어려운 도전과제를 주어도 스트레스를 느끼게 되므로 주의하도록 한다.

참가자가 수준에 맞게 몰입할 수 있도록 하기위해 강사는 이 세 가지 요소를 명심해야한다. 목표를 분명히 할 수 있도록 한 번에 한 가지씩 가르치도록 한다. 자신이 제대로 배우고 있는지 참가자 스스로 판단할 수 있도록 돕기 위함이다. 참가자의 실력을 고려하여 강의내용을 명확하고 간결하게 함으로써 참가자가 스스로 자신감을 가질 수 있도록 한다. 참가자 대부분이 강의 내용을 잘 따라오는지 파악하여 참가자의 실력과 강사의 강의 내용이 조화를 이루도록 한다.

배운 바를 연습하도록 장려하는 것 역시 강사의 몫이다. 연습 시간이 늘어나면 스스로 태극권에 익숙해져 몰입할 수 있는 가능성이 커진다. 구체적인 목표를 제시해주어 참가자스스로 태극권에 대한 관심을 키울 수 있는 계기를 마련해주는 것이 좋다.

강사가 참가자의 몰입을 방해하는 경우는 아래와 같다.

- 한 번에 많은 것을 가르치는 것
- 강의 속도를 지나치게 빠르게 하는 것
- 지나친 지적으로 참가자가 자신감을 상실하게 하는 것
- 모든 동작을 제대로 할 것을 요구하여 참가자에게 부담 주는 것
- 애매한 설명이나 수업과 관계없는 내용을 제공하는 것
- 원리원칙에만 충실하여 유연성 없이 강의하는 것
- 참가자가 수긍하기 힘든 내용을 장황하게 설명하여 혼란을 주는 것
- 참가자가 연습하는 중간에 흐름을 방해하는 것
- 참가자가 겁먹거나 정신적인 스트레스를 받도록 하는 것
- 강의 환경이 불편한 상태(너무 춥거나 더운 경우 등)
- 참가자가 신체적인 불편을 겪도록 하는 것. 예를 들면 관절염이 있는 사람의 경우 오랜 시간 같은 자세를 하면 통증을 느끼게 된다. (제 4장 참조)

태극권에 몰입하는 데 긍정적으로 작용하는 요소들은 다음과 같다.
- 긍정적인 자세
- 한 번에 한 가지씩 가르치는 것
- 명확한 수업
- 강사의 수업 내용을 명확히 하여 참가자가 잘 이해할 수 있도록 하는 것
- 참가자의 자신감을 북돋아주는 것
- 쾌적한 강의 환경을 제공하는 것
- 참가자의 요구를 파악하고 그 수준에 맞는 도전 과제를 제시하는 것
- 강사 스스로 본을 보일 것(강사가 몰입할 때 참가자역시 그 흐름을 따라가게 된다.)
- 열정을 가질 것
- 유머가 깃든 강의를 할 것

규칙적인 수련을 장려할 것

강사는 참가자가 규칙적으로 수련할 수 있도록 격려해주어야 한다. 성

> *"배운 바를 연습하도록 장려하는 것 역시 강사의 몫이다."*

실하게 규칙적으로 수련하는 참가자에게 긍정적인 칭찬을 해주는 것도 좋다. 정해진 시간에 규칙적으로 운동할 수 있도록 하면 동작을 익히는 데 도움이 된다.

너무 과하지 않은 정도의 과제를 주어 참가자 개인이 목표를 세우고 일정 시간동안 꾸준히 노력할 수 있다면 좋을 것이다. 이에 대하여 제 6장에 자세히 소개하도록 하겠다.

안정기에 접어들면 참가자 스스로 태극권에 몰입하여 그 흐름을 즐길 수 있도록 해주어 새로운 기술과 태극권 수련으로 인한 건강상의 긍정적 변화를 경험하여 더욱 흥미를 느끼게 된다.

참가자들간의 친밀감을 조성해주기

많은 사람들이 친구와 함께 태극권 강의를 들으러 오기도 한다. 그룹 내에서 친교를 할 수 있다는 것은 즐거운 일이며 인간의 본성이기도 하다. 강사는 이러한 특성을 파악하고 참가자가 서로 친해질 수 있도록 도와주어 참가자가 강의를 지루하게 느끼거나 어색해하는 일이 없도록 도와주는 것이 좋다. 제 6장에서 이에 대한 자세한 내용을 소개하기로 한다.

제 3 장
나는 효율적인 강사인가?

'마스터하기'[1] 의 저자인 조지 레오나드가 말하기를 '참가자를 보면 강사가 어떠한 사람인지 알 수 있다. 참가자는 강사의 작품이기 때문이다.' 라고 하였다. 자신의 참가자를 보면 스스로 효율적인 강사인지 알 수 있을 것이다. 이 책의 초반부에 마가렛이 자신의 선생인 브루스에 대하여 '… 나의 태극권 선생님은 어떠한 말로 표현하기 힘든 능력의 소유자이다. 30명 이상의 사람들이 일주일에 두 번씩 꾸준하게 그의 강의를 들으러 오도록 만들었던 분이며 그는 은퇴했지만 아직까지도 많은 사람들이 그에 대해 얘기하고 본받고 싶어 한다.' 고 묘사하였다. 30명 이상의 참가자들이 그를 따르고 있다는 사실 자체가 그가 어떠한 강사인지를 말해주는 것이다.

> "자신의 참가자를 보면 스스로 효율적인 강사인지 알 수 있을 것이다."

여러분은 어떠한가? 여러분의 강의에 꾸준히 참석하는 참가자의 규모가 강사로서의 능력을 나타내는 지표가 된다.

스스로를 객관적으로 바라볼 필요가 있다. 여러분이 스스로를 효율적인 강사라고 여긴다면 그러한 생각이 사실일 가능성이 크다. 참가자가 얼마나 만족하면서 배우느냐가 강사의 성공을 측정하는 잣대가 된다.

전통적인 관점에서의 '훌륭한 스승' 의 개념은 효율적인 강사의 개념과 조금 다를 수도 있다. 중국의 전통적 관점에서는 뛰어난 실력의 소유자가 '훌륭한 스승' 이라고 여겨져 왔다. 예를 들어 양반후(양징보의 삼촌)는 뛰어난 실력자였기 때문에 훌륭한 스승으로 여겨졌지만 그는 화를 참지 못하고 참가자의 팔을 부러뜨린 적이 있을 정도로 불같은 성격의 소유자였다. 결과적으로 그를 따르는 제자가 적어 그의 태극권 교습스타일은 인기를 얻지 못했다. 반대로 양징보는 반대 성격의 소유자로 그를 따르는 제자들이 매우 많아 그가 가르친 양가태극권은 그 명맥을 꾸준히 유지하여 현대 태극권의 아버지로 불리고 있다. 양징보가 그의 삼촌보다 효율적인 강사였음은 부인할 수 없는 사실이다.

 필자는 이러한 이야기가 백퍼센트 진실인지는 알지 못한다. 자신의 화를 다스리지 못할 정도의 성품의 소유자가 그렇게 고수의 경지에 오를 수 있었을까 하는 의구심이 들지만 여기서 중요한 것은 그러한 사실이 아니기 때문에 접어두기로 하되 그와 같이 최고의 고수가 아니더라도 참가자를 잘 가르치는 효율적인 강사가 될 수 있다는 사실에 주목하고자 한다.

자신의 강의에 대한 피드백 살피기

 참가자로부터의 피드백은 강사의 강의가 얼마나 효율적인지를 가늠하는 근거가 되며 강의의 방향을 설정하는 데 중요한 근거가 된다.

 강의에 대한 피드백을 신중히 살피면 어떠한 방법으로든 알 수 있게 된다. 간단명료한 질문을 통한 대답의 형식으로 피드백을 얻을 수도 있다. 이 책의 부록에 피드백을 얻을 수 있는 질문을 수록했으니 여러분이 실제 피드백을 얻는 데 활용해보기를 바란다.

 계속 결석하는 참가자에게 전화해보는 것도 좋은 방법이다. 객관적이되 예의를 갖추어 전화하며 참가자가 결석한 사실에 대한 부담을 느끼지 않도록 하는 것이 중요하다. 강사가 참가자에 대한 관심을 가지고 있으며 도움을 제공할 수 있는 존재라는 사실을 알려주어야 한다. 만일 강사의 교수법이 마음에 맞지 않아 결석하기 시작했다면 다른 강사에게 조언을 구하여 새로운 교수법을 연구하고 시도하도록 한다. 참가자의 반응을 거울삼아 개선하려는 노력을 기울이면 피드백을 긍정적인 방향으로 활용할 수 있게 된다.

 참가자와의 편안한 대화를 통해서도 피드백을 얻을 수가 있다. 실제 강의시간보다 앞뒤로 조금 더 시간을 할애하여 참가자와 교류하는 것도 좋은 방법이 될 수 있다. 참가자와의 대화를 시도하고 반응을 살피면 다양한 피드백을 얻을 수 있기 때문이다.

 참가자가 제공하는 피드백을 열린 마음으로 받아들일 수 있어야 한다.

자신의 생각과 다르다 해서 참가자의 피드백을 가지고 논쟁을 하게 되면 참가자는 결국 어떠한 피드백도 할 수가 없다. 참가자의 피드백에 대한 변명을 늘어놓게 되면 더 이상 강사에게 도움되는 피드백은 얻을 수 없게 될 것이다. 여러분은 강의 속도를 조금

> "참가자들이 제공하는 피드백을 열린 마음으로 받아들일 수 있어야한다."

느리게 했으면 좋겠다는 피드백을 받았을 때 시간에 쫓겨 어쩔 수 없다는 등의 변명이나 불평을 해본 적이 있을 것이다. 강사 본인에게는 그럴만한 이유가 있었다 할지라도 참가자의 입장에서는 이해할 수 없는 이유일수도 있으며 더 이상의 피드백을 할 수 없게 되는 계기가 된다. 참가자라면 누구나 자신의 피드백을 강사가 온전히 이해해주기를 바라기 마련이다. 참가자의 피드백을 강사에 대한 공격으로 여기고 강사가 '자신만의 공간'에 들어가 버리는 일은 없어야 할 것이다. 귀로만 듣는 것이 아니라 진심으로 참가자의 피드백을 받아들이고 그것을 되돌아보며 실제로 개선하는 태도를 보이도록 한다.

  예상치 못한 때에 피드백을 받을 수도 있다. 강사가 가르친 내용을 참가자가 바로 다시 질문하는 경우가 있는데 이러한 경우가 반복된다면 강사 스스로 강의 내용을 되짚어보고 교수법을 정비할 필요가 있다. 강사의 수업 내용이 불분명하다거나 교수법이 효율적이지 못했을 가능성이 크다. 그러므로 이러한 경우 귀찮아하거나 짜증을 내기보다는 유용한 기회로 여기고 강의 내용을 개선하여 발전시키면 된다.

  자신의 '감성 지능'을 조절할 줄 아는 강사는 참가자가 제공하는 여러 가지의 피드백 중에서 자신에게 유익한 것을 취할 수 있다. (감성지능에 대해서는 제 2장을 참조하도록 한다.) 예를 들어, 참가자가 강사를 가르치는 듯한 태도의 피드백을 하더라도 강사 스스로 감정을 조절하고 그러한 피드백을 잘 분석해보면 분명히 그 안에 자신에게 도움이 될 만한 내용이 있을 수 있고 감정을 배재한 상태에서는 이를 선별해낼 수 있기 때문이다.

  다음의 질문들을 보고 여러분이 얼마나 효율적인 강사인지 스스로 체

크해보도록 하자.
1. 참가자가 강의를 즐길 수 있도록 배려하는가?
2. 참가자가 자신감을 가지도록 수업을 진행하는가?
3. 참가자가 태극권을 배우는 목표를 파악하고 있는가?
4. 그러한 목표를 이루는 데 도움이 되는 방법을 제공하는가?
5. 참가자의 실력 향상에 만족하는가? 참가자의 실력이 늘 불만스럽다면 강사 자신을 되돌아보자.
6. 즐거운 마음으로 강의에 임하는가?
7. 강의를 마치고 만족감을 느끼는가?
8. 참가자의 강의 이탈율이 낮은가?
9. 강의의 중심이 되는 참가자들이 있는가?
10. 참가자의 강사에게 피드백을 함에 있어서 어려움을 느끼지는 않는가?
11. 참가자가 강사에게 피드백을 하는가? 피드백이 없다는 것은 여러분의 강의가 반드시 완벽하다는 의미가 아닐 수도 있으며 오히려 피드백을 할 수 있는 분위기가 형성되어 있지 않은 경우가 많다.
12. 안전한 강의를 위하여 노력하는가?
13. 더 나은 교수법을 위하여 늘 노력하는가?
14. 긍정적으로 강의하는가?
15. 참가자가 강의 내용을 어려워하지 않도록 진도를 조절하는가?
16. 여러 종류의 참가자와 잘 어울리는가?
17. 참가자와의 의사소통에 적극적인가?

피드백에 대한 분석

강사는 참가자로부터의 피드백을 객관적이고 주의 깊게 분석해야한다. 부정적인 피드백을 받아들이기란 쉬운 일이 아니다. 피드백은 거울과 같다. 보고 싶지 않은 부분도 거울에 비추면 보이는 것과 마찬가지로 항상 긍정적인 피드백을 받을 수는 없는 것이다. 필자가 강의를 시작한 초기 참가자는 자신들의 실수를 어떻게 일일이 집어내는지 정말 놀랍다고 말하곤 했다. 심지어 필자는 그것을 칭찬이라고 여기는 실수를 범하기도 했다.

피드백을 효율적으로 활용하려면 그것을 강사 자신의 사고방식으로만 이해하려고 하면 안된다. 엘라인이라는 강사는 뛰어난 태극권 실력과 스스로에 대한 자부심이 높은 동시에 참가자에 대한 기대치 역시 높은 강사인데 자신의 기준에 어긋나는 참가자에게는 강의 도중 비판을 한다. 자신의 기대에 부응하지 못하는 참가자가 강사에게 부정적인 피드백을 하는 경우, 그것을 받아들이지 않고 오히려 그러한 참가자를 '문제아'로 여기곤 한다. 강사가 이러한 태도를 가지고 있다면 참가자로부터의 피드백을 제대로 활용할 수 없게 된다.

피드백이 모두 유용한 것은 아니다. 경우에 따라서 어떠한 참가자는 강의 속도가 빠르다고 할 수도 있고 다른 참가자는 느리다고 할 수도 있는 것이다. 대다수의 참가자에게 유용한 피드백을 염두에 두고 강의를 하도록 한다. 강사가 모든 참가자를 동시에 만족시킬 수는 없으므로 대다수의 만족을 위한 피드백을 분석하여 활용하면 된다. 중요한 것은 참가자들이 그들의 목표를 이루는데 도움이 될 수 있는 가장 좋은 방법이 무엇인가를 명심하는 것이다.

> "강사가 스스로에 대한 자신감을 가지되 열린 마음으로 피드백을 받아들여 강의를 개선해나간다면 강사도 참가자도 만족할 수 있는 결과를 얻게 될 것이다."

피드백을 살피고 분석하기 이전에 강사 스스로 감정적 균형을 이루어야한다. 부정적인 피드백에 지나치게 신경을 쏟게 되면 참가자 다수에게 도움이 되는 다른 피드백을 놓치게 되는 것이다. 모두가 동의할만한 피드백인지 강사가 응할 수 있는 요구인지 등을 잘 생각해보도록 한다. 예를 들어 필자의 워크샵에서 소수의 참가자가 아주 넓은 강의 공간을 요구한 적이 있었다. 비용 문제만으로도 이러한 피드백은 실현이 불가능하기 때문에 강사가 응할 수 없는 피드백인 것이다. 대다수의 참가자는 워크샵에 만족하고 자신들의 목표를 이룬데 대해 만족해하였고 넓은 강의 공간을 요구했던 소수의 참가자 조차도 강의에 만족하였다. 때로는 부정적인 피드백에도 불구하고 강사가 소신을 가지고 강의를 해야 할 경우도 있는 것이다.

  가장 중요한 것은 피드백을 활용하여 강의를 더욱 발전시켜나가는 것이다. 세상에는 완벽한 사람은 없으며 완벽한 교수법도 모든 이를 만족시킬 수 있는 강사도 있을 수 없다. 강사가 스스로에 대한 자신감을 가지되 열린 마음으로 피드백을 받아들여 강의를 개선해나간다면 강사도 참가자도 만족할 수 있는 결과를 얻게 될 것이다.

제 2 부 : 시스템

이 책의 제 1부에서는 태극권을 가르침으로써 얻을 수 있는 이점에 대하여 소개하였고 효율적인 강사가 되기 위해서 필요한 기술과 여러분이 효율적인 강사인지를 스스로 알아볼 수 있는 질문들을 살펴보았다.

제 2부에서는 필자의 강의 경험을 바탕으로 개발한 실제적이고 배우기 쉬운 교수법 시스템인 '점진적 단계별 교수법'을 소개하고자 한다.

수많은 강사들이 필자의 교수법 시스템으로 효과적인 강의를 하고 있다. 한국 충남대학교의 송라윤 교수는 필자의 시스템에 대하여 '태극권은 차근차근 단계를 밟아 배우면 어렵지 않다. 점진적 단계별 교수법을 적용하면 모든 참가자가 동작을 잘 이해할 수 있게 된다.'고 하였다. 미국 캘리포니아 새들백 컬리지의 빈스 맥컬로우 교수는 연습만이 완벽함을 만들 수 있다는 말이 있는데, 점진적 단계별 교수법이야말로 완벽한 연습 방법이다.' 라고 하였다.

필자의 시스템에 대하여 소개하기 이전에 '안전'에 대하여 반드시 강조하고자 한다. 강의시의 '안전'은 매우 중요하므로 강사는 늘 이 점을 염두에 두어야한다.

제 4 장
안전을 우선시할 것

소 개

태극권 강의시 참가자의 안전은 가장 우선시 되어야할 부분이다. 안전이 우선시된 강의가 효과적인 강의가 될 수 있다. 참가자가 태극권을 배우는 목표가 무엇이건 간에 안전 문제가 소홀히 다루어지면 그러한 목표는 무용지물이 된다. 태극권 강의시 안전에 대한 책임감을 강사 스스로 갖지 않은 채로 강의가 지속되면 안전에 대한 문제는 법률상의 제재를 받게 될 것이다. 많은 국가들이 태극권과 같은 강의시의 안전 문제를 법률화하는 추세에 있으므로 강사 스스로 이러한 안전문제에 대한 인식을 재정비할 필요가 있다.

> "참가자가 태극권을 배우는 목표가 무엇이건 간에 안전 문제가 소홀히 다루어지면 그러한 목표는 무용지물이 된다."

건강 태극권 프로그램은 안전하게 수행할 수 있도록 개발되었다. 워크샵을 진행함에 있어서 안전예방책에 대한 교육을 우선시하므로, 참가자 안전을 우선시한 교육방침을 익혀야 강사로서의 자격을 부여받도록 되어있다. 워크샵에 참가하는 대부분의 강사들이 이러한 규칙에 수긍한다. 안전 교육의 필요성을 느꼈으나 그러한 교육을 어디서 받아야 할지를 몰랐던 강사도 상당수이다. 10년 경력의 태극권 강사인 개리는 일정 기간 동안 등에 통증을 느껴왔다고 했다. 그런데 필자의 워크샵에 참석한 후 허리를 굽혀 손끝을 발에 닿게하는 체조동작을 자신의 강의 준비체조에서 제외시킨 후 등의 통증이 사라졌다고 한다.

2005년도 뉴질랜드 정부기관인 ACC(사고보상처리공사)는 만 명의 성인들이 태극권 워크샵에 참석하여 건강 및 부상 방지를 위한 강의를 들을 수 있도록 후원하였다. 안전을 우선으로한 태극권의 중요성을 인식하여 그러한 워크샵을 개최하였고, 많은 교사들이 참가하도록 후원하여 안전 교육의 중요성에 대한 국가적인 투자를 한 것이다. 특별한 내용보다는 누구나 알기 쉽고 상식으로 익힐 수 있는 수준이므로 아마 여러분 중 일부는 이미 그 내용을 실천하고 있을 것이다.

태극권에도 여러 종류의 분파가 있고 그들마다 안전에 대한 개념이 조금씩은 다를 수 있다. 필자의 안전예방책 교육은 비교적 '부드러운' 태극권인 양가와 손가를 바탕으로 하고 있다. 여러분이 가르치는 강의 내용에 조금이라도 의구심이 든다면 의료 전문가와의 상담을 권하고 싶다. 필자의 모든 건강태극권 프로그램은 의료 전문가들의 자문을 거쳐 완성된 것이며 안전을 최우선시 하고 있다. 관절염 태극권 프로그램의 경우 역시 류마티스 전문가와 물리치료 전문가들의 자문을 바탕으로 완성된 것이다.

'선생님이 가르친 것은 모두 안전할 것이다.' 라는 생각은 잘못된 것이다. 강사는 의료 전문가만큼의 의학적 지식을 가지고 있지는 않기 때문이다. '돌바닥에 구멍이 날만큼 금강도대를 하게 되면 진가태극권을 마스터할 수 있다' 는 말이 있다. 이 말을 따른 수많은 사람들의 무릎 연골 상태가 어떨지 궁금하다. 실제로 진가태극권을 하는 많은 사람들이 무릎 통증으로 고생하고 있다.

부상을 최소화하려는 마음만 있으면 실천은 그리 어렵지 않다. 필자가 제시한 가이드라인을 따르고 그것을 꾸준히 머릿속에 익혀나가도록 한다. 요즘 시대는 의학적 지식이 날마다 넘쳐나므로 꾸준한 공부가 필요하며 이전의 지식에 대한 업데이트가 필수적이다.

요즘은 의사들이 보기에도 원인이 불분명한 병이 많다. 운동을 가르치는 강사는 의학 박사가 아니므로 자신의 한계를 인정하는 것을 주저해서는 안 된다. 미국에서 의학박사 학위를 취득한 팸 커서 박사는 자신이 의학 전문가임에도 불구하고 태극권 강의 도중에는 의학적인 조치를 취하지 않는다고 한다. 그 이유는 간단한데 참가자들에 대한 의학적인 정보를 모르기 때문이다. 차트 없이 의학적인 조취를 하게 되면 의사인 자신조차도 놓칠 수 있는 부분이 있을 수 있다고 한다. 자신이 태극권을 가르칠 때는 태극권 강사이지 의사는 아니라는 것이다. 참가자가 반드시 자신의 주치의에게 진찰을 받도록 조언하며, 참가자중 누군가가 자신의 환자라고 하여도 의사 팸 커서를 만나기 위해서는 진찰 예약하여 차트 기록을 볼 수 있으며 의료 장비가 갖춰진 병원 내에서 정식 진찰을 할 것을 권한다.

　참가자가 강의에 등록하면 강사 스스로의 법적 안전을 위하여 '의료양도서' 서류를 작성하도록 한다. 참가자 본인의 건강상태에 대하여 강사에게 알릴 의무가 있으며 건강상태가 태극권 수련에 영향을 받을 수도 있음을 인정하는 서류인 것이다.

　또한 참가자가 치료 중이라면 반드시 의사에게서 태극권을 배워도 된다는 동의를 얻은 후에 강의에 등록해야 하며 강사가 미리 인지해야 할 예방 조치가 있다면 반드시 알려주어야 한다. 부록에 이러한 '의료양도서 서식'을 첨부해두었으니 참조하여 여러분의 나라 법률에 준하는지를 확인하도록 한다.

　안전 예방책은 다음의 네 가지로 분류할 수 있다.
　1. 일반적관리
　2. 운동관리
　3. 태극권 수련시 주의사항
　4. 대상자를 위한 운동시 주의사항

일반적 관리

안전한 환경을 제공할 것

　태극권을 배우는 강의 환경은 안전해야한다. 어둡지 않고 시야가 확보된 공간이어야 하고 미끄럽거나 더럽지 않은 쾌적한 환경이어야 한다. 예전에 본 한 강의실은 강사가 그린 그림이 곳곳에 있었는데 그 중 일부는 유리 액자에 끼워져 있었다. 참가자들 중 누군가가 그 그림을 밟거나 깨뜨리는 사고가 있을 수 있는 위험한 환경의 예이다.

　강의실이 실내 혹은 실외일지라도 주변 환경이 안전한지 확인할 필요가 있다. 계단 등이 있는 장소는 피하고 덥거나 추운 날씨의 영향을 적게 받는 곳이 좋다.

날씨가 더울 때 긴 시간 강의를 해야 한다면 참가자가 탈수 현상을 겪을 위험이 있으므로 음료를 제공하거나 참가자가 미리 준비하도록 알려주도록 한다.

응급상황에 대비할 것

응급 구조대 전화번호 등을 포함한 응급처치법 설명서를 준비해두어야 한다. 가까운 곳에 전화기도 있어야 하며 강의 장소의 주소를 적어 두어 구조대를 부를 때 바로 알려줄 수 있어야 한다. 수업을 보조하는 강사들에게 각각 다른 임무를 할당하여 비상시 신속하게 대처할 수 있도록 한다. 예를 들면 참가자 중 누군가가 갑자기 쓰러졌다면 보조강사 한 명은 구급차를 부르고 다른 보조강사는 다른 참가자들이 당황하지 않도록 하면서 구급대가 도착했을 때 신속히 조치가 이루어지도록 준비를 하도록 해야 한다.

> "응급 구조대 전화번호 등을 포함한 응급 처치법 설명서를 준비해 두어야 한다."

대부분 서양 국가는 운동 강사가 응급 조치를 할 수 있는 교육을 받아야한다. 태극권 강사들도 마찬가지라고 여겨지는데 운동 강사가 아니더라도 성인이라면 누구나 이러한 교육을 받아두는 것이 좋겠다.

참가자 중 의학적 치료를 받는 중인 경우는 강사가 안전예방조치를 미리 알고 있어야 한다.

편안한 환경을 조성할 것

참가자가 강사에게 언제든 자신의 문제에 대하여 상의할 수 있는 환경을 조성해 주도록 한다. 태극권을 배우는 것은 누군가와 경쟁하거나 스스로를 혹독하게 단련하기 위함이 아님을 알려주어 편안한 마음을 가지도록 도와주는 것이 중요하다.

참가자의 동작을 보고 자세를 낮추도록 하기 위하여 강사가 물리적인 힘으로 교정해주는 것을 본 적이 있는데 이는 매우 위험한 것이다. 참가자가 스스로 실행 가능한 동작의 한계를 인지하고 있으면 그만큼 부상을 입을 위험이 낮은데 갑작스러운 외부적 힘이 가해지면 부상의 위험이 커지기 때문이다. 더욱이 강사가 이같이 물리적인 동작으로 참가자의 자세를 교정하게 되면 참가자는 편안함은 커녕 괴로움을 느끼게 될 것이다.

적절한 보험을 들어둘 것

강사 스스로를 보호하기 위해서, 오늘날과 같은 시대에 법적 제재로부터 합법적으로 자유롭기 위해서는 강의시 적용되는 보험이 필요하다. 함부로 참가자에게 물리적인 힘을 가해서는 안된다. 피할 수 없는 경우라면 참가자에게 반드시 동의를 구하고 최대한 부드러운 동작으로 하여 안전을 확보하도록 한다.

운동 관리

위험한 운동은 피할 것

필자가 언급했던 '부드러운' 태극권 형식 이외의 태극권 동작들 중에는 위험한 동작들도 있는데 그러한 동작의 예를 제시해보면 다음과 같다.

1. 목을 뒤로 젖히는 동작. 이는 척추가 과도하게 구부러져 무리가 되며 목의 신경이 손상되어 척추에 디스크를 일으킬 수 있다.
2. 다리를 쭉 편 채로 손끝으로 발가락에 닿는 동작. 이것은 위험한 동작인데 과도하게 척추를 늘려 디스크나 등의 신경에 부상을 입을 수 있다.
3. 스트레칭할 때 몸을 튕기는 동작. 이 동작은 인대에 부상을 입힐 수 있다.
4. 갑작스런 과격한 동작은 위험하다. 특히 요부와 슬와근(오금)에 과도한 스트레칭을 하면 부상을 입게 된다.
5. 손으로 목과 머리를 지탱하면서 윗몸 일으키기를 하게 되면 목에 무리가 가게 되어 척추와 척추 사이의 디스크가 압박을 받게 된다.

이러한 정보를 더 알고 싶다면 운동 의학 자료[1]를 참조하도록 한다. 위의 자료는 '위험한 운동'[2]에 실려 있는 내용에서 발췌한 것이다.

운동시 주의사항

1. 배가 매우 고플 때 혹은 식사 직후, 화가 난 상태에서는 운동을 피해야 한다.
2. 준비 운동 후 본 운동을 시작하며 운동 후에는 반드시 마무리 운동을 한다. 이는 부상 및 근육통, 근육의 경직을 방지하기 위함이다. 준비 운동의 강도는 본 운동의 강도에 따라 다르다. 필자의 건강 태극권 프로그램에 여러분이 활용할 수 있는 준비 운동이 포함되어 있다. 제 8장을 참조하도록 한다.
3. 날씨가 지나치게 춥거나 더운 장소, 바람이 많은 장소는 피하도록 한다.
4. 자신의 컨디션에 맞게 운동을 하도록 한다. 피곤하거나 통증을 느낄 때에는 휴식을 취하도록 한다.
5. 통증과 불편함을 유발하는 동작은 피한다. 가슴의 통증이나 호흡의 곤란, 어지럼증 등이 느껴지거나 관절의 통증이 지속되면 진찰을 받도록 한다.
6. 몸이 불편함을 느끼지 않는 범위 내에서 운동을 하도록 한다. 운동 초기에는 동작 가능한 범위의 70 퍼센트 정도만 사용하여 운동을 하고 점차 그 범위를 늘려가도록 한다.

태극권 수련시 주의사항

진가태극권에서 힘을 전달하는 동작들은 부상의 위험이 있기 때문에 진가 동작을 할 때에는 특별히 더욱 주의를 기울여야하며 의학적 문제가 느껴지면 곧바로 전문가와 상의를 해야 한다.

모든 동작은 부드럽고 천천히 하도록 하며 태극권의 원칙에서 배웠듯이 과도한 힘의 사용을 피하고 자신의 신체의 한계를 인지하고 있어야한다. 태극권 원칙을 염두에 두고 운동을 한다면 부상의 위험을 최소화할 수 있을 것이다.

1. 편안한 옷차림, 사이즈가 잘 맞는 신발은 기본요건이다.

2. 동작을 연습할 때 점차적으로 시간과 횟수를 늘려 하루에 약 20-40분 정도(연장자의 경우) 운동을 하는 것을 목표로 한다. 일정한 속도로 걸을 수 있는 정도의 시간이 운동을 지속할 수 있는 적당한 시간이다. 그 시간이 10분이라면 운동 후 그 만큼의 휴식을 취하도록 한다.
3. 되도록 참가자의 동작을 교정하기 위한 물리적인 힘은 가하지 않도록 한다. 꼭 필요한 경우라면 반드시 참가자에게 미리 양해를 구하도록 한다. 물리적인 교정은 참가자의 신체적 문제를 악화시킬 수 있으므로 주의가 필요하다.
4. 전통 양가 동작 중에는 무릎을 굽힌 채로 발에 무게중심을 둔 상황에서 발의 방향을 바꾸는 동작이 있는데 이는 무릎 인대에 무리를 주어 인대가 늘어나는 부상을 입을 수가 있다. 부상을 최소화하기 위해서는 발의 방향을 바꾸기 전에 무게 중심을 이동하는 동작으로 수정하여 무릎에 무리가 가지 않도록 할 수도 있다.
5. 태극권에서는 (투로 동작 내내) 무릎을 구부리고 동작을 지속해야 하는 경우가 있다. 이러한 동작은 관절에 무리가 되므로 참가자에게 미리 주의를 주도록 한다. 동작과 동작 사이에 일어나서 무릎을 펴주어 무릎에 부상을 입는 일이 없도록 한다. 동작에 익숙해져 근육이 단련되면 무릎을 구부린 동작을 하는 시간을 조금씩 늘릴 수 있도록 지도한다.
6. 참가자가 무릎을 구부렸을 때 무릎이 발가락 끝부분과 수직으로 일직선상에 놓이도록 지도하여 인대가 늘어나는 일이 없도록 지도한다.
7. 무릎을 굽힌 동작을 옆에서 보았을 때 무릎이 발가락의 끝부분보다 더 바깥으로 나가지 않도록 해야 한다. 과도하게 무릎을 구부리면 인대에 좌상을 입을 위험이 있다.
8. 어떠한 동작들은 과도하게 쭈그려 앉는 자세를 취하게 되는데 이는 무릎 관절에 매우 부담을 주므로 경우에 따라서 참가자가 실행 가능한 범위 내의 동작으로 대체하여 지도하도록 한다. 원래의

동작 그대로 하려는 참가자에게는 반드시 부상의 위험을 알려주어야 한다.
9. 손가 태극권의 이기각 동작 역시 무리가 될 수 있으므로 강사는 대체할 수 있는 동작으로 지도한다.
10. 규칙적인 운동을 통해 근육과 인대를 튼튼하게 만들 수 있으므로 참가자가 일정 시간을 규칙적으로 태극권을 연습할 수 있도록 지도한다.
11. 어렵거나 불편한 동작은 언제든지 강사에게 질문하고 지도받도록 한다.
12. 모든 동작은 속도를 천천히, 부드럽게 하되 참가자가 익숙해지면 자신만의 흐름대로 동작을 하도록 지도한다.
13. 천천히 자연스럽게 호흡하고 참가자의 동작이 자연스러워지면 호흡과 동작이 조화를 이룰 수 있도록 지도한다. 동작에 따른 호흡에 불편함을 느끼면 다시 자연스러운 호흡을 통해 천천히 연습하도록 지도한다.
14. 참가자가 동작에 필요한 최소한의 힘을 사용하도록 하여 기를 순환시키며 마음의 긴장을 풀도록 돕는다. 이는 부상을 줄이기 위한 중요한 요소이다.
15. 부담을 느끼지 않는 범위 내에서 최대한 강사의 동작과 유사하게 따라하도록 지도한다. 이에 어려움을 느낀다면 참가자 스스로 동작의 범위를 이미지화하면서 편안한 범위 내에서 따라하도록 지도한다. 그러면 점차적으로 실력이 향상될 것이다. (연구 결과에 의하면 이미지화 하는 것이 동작의 범위를 늘리는 데 도움이 된다고 한다.)

대상자를 위한 운동시 주의사항

관절염, 비만과 같이 특별한 의학적 문제를 가진 대상자들을 위한 몇 가지의 예방조치가 있다. 대상자가 치료를 받고 있는 주치의에게 자문을

> "대상자가 치료를 받고 있는 주치의에게 자문을 구하여 그들에게 적당한 예방책을 미리 알아둘 필요가 있다."

구하여 그들에게 적당한 예방책을 미리 알아둘 필요가 있다.

무릎 통증

많은 노인들이 무릎 관절염을 앓고 있다. 태극권 동작에는 무릎을 구부린 채로 동작를 행해야 하는 경우가 많은데 관절염이 있는 경우에는 근육과 인대가 운동을 통해 충분히 단련될 때까지는 이러한 동작을 대체할 쉬운 동작으로 지도해야한다.

전통적인 양가태극권에서는 무게중심을 발에 있는 상태에서 무릎을 굽힌 채로 발의 방향을 바꾸는 동작을 하는데 관절염이 있으면 발의 방향을 바꾸기 전에 무게중심을 먼저 바꾸거나 굽힌 무릎을 펴는 등의 동작으로 대체하여 관절에 무리가 가지 않도록 주의해야한다.

고관절 수술

고관절에 이상이 있어서 수술을 받은 경우 다치지 않은 쪽의 발 위로 다친 쪽의 발을 올려 꼬는 동작을 피해야 한다. 고관절 수술을 하는 동안 일부 신경이 제거되었을 수도 있기 때문에 이 수술을 받은 대상자는 다리가 몸의 중앙을 넘어 교차되게 하는 자세를 하게 되면 몸의 균형을 잡지 못할 수 있기 때문이다.

참장 자세

참장 자세로 서있는 것은 몸에 무리가 될 수 있다. 한 발로 온 몸의 체중을 지탱하면 특히 무릎과 골반의 관절에 무리를 준다. 필자의 태극권 프로그램 중 등의 통증 완화를 위한 부분을 참조하여 좀 더 안전한 참장 자세를 해보는 것도 좋겠다. 노인이나 관절염 대상자의 경우 한 자세로 오래 서 있는 것은 좋지 않다.

자세잡기

참가자의 자세를 고쳐주고 싶다고 하여 한 자세를 오랜 시간 하도록 해서는 안 된다. 노인이나 관절염 대상자는 이러한 경우 몸에 무리를 느끼고 부상의 위험도 따르기 때문이다.

어깨통증

어깨는 움직이기 쉬운 관절 중 하나인데 이러한 특성 때문에 부상의 확률도 크다. 어깨의 관절염이나 어깨근육통증으로 고생하는 사람들이 많다. 어깨 관절을 움직이는 동작은 되도록 천천히 해야 하며 손을 어깨 위로 펴는 동작 역시 마찬가지이다. 이러한 동작을 할 때 대상자가 통증을 느끼면 동작을 중지하도록 지도한다.

혈당증

당뇨병을 앓고 있는 사람들에게 가장 위험한 증상은 저혈당증이 오는 것이다. 이는 말 그대로 혈당수치가 낮은 것인데 사람의 혈당 수치가 너무 낮아지게면 의식을 잃게 되고 뇌에 손상을 입을 수도 있다. 당뇨병 치료나 주사를 맞는 대상자에게는 저혈당증이 올 수 있으므로 주의해야한다.

운동을 하면 에너지의 소비가 커지므로 혈당이 급격히 감소된다. 몸이 건강한 상태에서는 체내에서 균형이 맞춰지게 되어있지만 당뇨병 대상자의 경우에는 체내에서 혈당 조절이 제대로 되지 않아 운동 후 저혈당증이 올 수가 있다. 이 때문에 당뇨병 대상자는 어떠한 운동이 자신에게 맞는지 반드시 주치의와 상의를 한 후 결정해야한다.

대부분의 당뇨병 대상자는 저혈당증과 같은 증상에 대하여 잘 대처할 수 있도록 의사가 미리 주의를 준다. 저혈당증을 방지하기 위해서는 만약을 대비하여 사탕이나 음료 등을 반드시 가지고 다녀야한다. 당뇨병으로 인한 저혈당증이 있는 대상자는 운동을 하는 도중 필요하다면 먹어야 한다는 사실을 강사도 인지하고 있도록 한다. 이러한 대상자는 경우에 따라서는 주사 등의 의료도구를 사용하기도 하므로 이에 대해 놀라지 않도록 한다.

강사도 이러한 경우에 대비하여 저혈당증 방지를 위한 사탕 등을 소지하고 있으면 좋다. 사탕의 경우 4개 내지 6개 정도를 먹어야 갑작스런 저혈당증을 막을 수 있다. 이러한 음식을 준비해두는 경우에는 위생 상태에도 신경을 써야한다.

> "강사가 의료인의 역할까지 하려고 해서는 안 된다."

응급상황이 발생하는 경우도 있을 수 있다. 저혈당증이 갑자기 온 경우에는 대상자가 의식을 잃을 수가 있으므로 구급차를 부르는 등의 응급처치를 염두에 두도록 한다.

강사가 의료인의 역할까지 하려고해서는 안 된다. 응급처치에 대한 교육을 미리 이수해야하고 의료진이 도착하기 전에 상황에 적절한 응급처치를 하는 것 까지가 강사가 할 일이며 그 외에는 전문가의 도움을 받도록 한다.

안전을 위한 세 가지 기본 원칙

원칙 1

의료 전문가와의 협력이 필요하다. 강의시에 강사는 의사의 역할까지 해서는 안 된다. 대상자가 통증을 호소했음에도 운동을 지속시키는 등의 행동은 강사가 의사로서 진단을 내린 것과 다를 바가 없다.

의사이자 태극권 강사인 팸 커서 박사 같이 필자 역시 의료인이지만 강의시에는 응급 상황을 제외하고는 보통 태극권 강사와 다를 바 없이 행동한다. 의료 면허가 없다면 강의 도중 의료행위를 해서는 안 된다.

원칙 2

참가자의 상태를 면밀히 관찰한다. 말로는 견딜 수 있다고 하여도 표정이 고통스럽다면 운동을 잠시 중지시켜야한다. 운동 중 통증이나 이상을 느낄 시에는 반드시 대상자의 주치의에게 진찰을 받도록 권한다.

원칙 3

참가자가 자신의 몸 컨디션을 잘 파악하고 운동할 수 있도록 지도한다. 운동 중 힘들거나 통증을 느낄 때에는 언제든지 잠시 쉴 수 있는 편안한 분위기를 만들어주도록 한다.

제 5 장
점진적 단계별 교수법

소 개

효과적인 교수법은 참가자와 강사 모두에게 도움이 된다. 효율적 강사는 참가자가 즐겁게 배우면서 자신의 능력을 최대한 발휘하여 태극권을 배울 수 있도록 돕는다. 필자의 시스템인 '점진적 단계별 교수법'을 통하여 많은 참가자가 태극권을 쉽게 받아들이고 효과적으로 배우게 되어 많은 강사들이 만족과 보람을 느끼고 있다.

미국 스탠포드 대학의 알버트 반두라 박사가 제시한 '자기효능모델' 이론에서도 알 수 있지만 참가자 스스로 잘 한다는 자신감을 가지고 태극권을 배울 때 그 효과가 극대화된다. 필자는 다소 어렵게 느껴질 수 있는 태극권을 참가자가 일상적인 운동으로 활용할 수 있도록 세부적으로 연구하였고, 이러한 운동을 꾸준히 하게 되면 태극권 실력도 향상될 수 있는 점진적 단계별 교수법을 개발하였다. 반두라 교수는 '세부적인 연구를 통해 개발된 교수법은 인간의 인지 능력을 촉진시켜 배움을 용이하게 하는데 효과적이다.' 라고 하였다.

이러한 시스템을 통해 참가자는 효과적으로 실력을 향상시킬 수 있게 된다. 이는 마치 컴퓨터 프로그램을 다룰 때 어떠한 결과를 얻기 위해서는 논리적인 단계를 제대로 밟아 프로그램을 실행시켜야하는 것과 같은 이치이다. 태극권을 가르칠 때에 '점진적 단계별 교수법'과 같이 효과적인 시스템을 활용하면 강사와 참가자 모두 만족할 수 있는 과정과 결과를 경험하게 될 것이다.

> "효율적 강사는 참가자가 즐겁게 배우면서 자신의 능력을 최대한 발휘하여 태극권을 배울 수 있도록 돕는다."

필자는 여러 가지 경험과 태극권의 원칙들을 통합하여 점진적 단계별 교수법이라는 독특한 시스템을 개발하였다. 20년 이상의 강의 및 교육전문가와의 교류 경험을 바탕으로 한 세련된 교수법으로 필자의 워크샵에서 초보자부터 숙련된 참가자에 이르기까지 여러 국가의 수많은 참가자들이 태극권을 배웠다.

이 교수법은 그렇게 복잡하거나 어렵지는 않다. 간단 명료한 교수법이 효과적일 때가 많은데 필자의 '점진적 단계별 교수법' 역시 그러하다. 단순하지만 잘 기억해두어야 여러 가지 상황에서 각 상황에 알맞게 교수법을 활용할 수 있을 것이다.

어떠한 시스템이든지 실생활에 활용해야 그 효율성이 가치가 있다. 필자의 점진적 단계별 교수법 시스템을 강의에 적용하여 효율적인 강의를 하고 그 결과에 많은 강사들이 만족하고 있다.

영국 스톡포트에 위치한 Age Concern의 CEO이자 태극권 강사인 마가렛 브레이드는 필자의 강의를 듣고 이렇게 얘기했다. '점진적 단계별 교수법은 모든 레벨의 참가자에게 적용할 수 있고 강사에게도 유용한 시스템이다. 태극권을 처음 시작한 초보자에게는 태극권을 어렵지 않게 배우도록 하여 성취감을 심어주고 상급 수준의 참가자에게는 꾸준히 실력을 향상시킬 수 있는 동기를 부여해주며 강사에게는 단계별 수업을 통하여 시간의 낭비를 줄이고 더욱 심도 있고 세련된 강의를 할 수 있도록 도와주는 시스템이다.' 또한, 이 교수법 시스템을 이용하면 참가자의 건강 상태에 따른 유연성 있는 강의를 하는데도 도움이 된다.

캐롤라인 데모스라는 강사는 필자의 교수법을 통해서 강의에 참석한 참가자의 만족도를 높일 수 있었다고 한다. 전통적인 교수법을 통해 태극권을 배우는 데 어려움을 겪던 참가자가 훨씬 쉽게 태극권을 받아들여 배울 수 있었다는 것이다. 참가자는 태극권 동작을 세부적으로 나누어 쉽게 배울 수 있도록 하는 필자의 교수법을 통해 자신감을 얻고 더욱 꾸준히 수련할 수 있게 되어 참가자와 강사 모두 만족할 수 있게 되었다고 한다.

여러분이 이 책의 제 2장을 아직 읽지 않았다면 먼저 읽은 후 필자의 점진적 단계별 교수법에 대하여 익히는 것이 좋다. 제 2장은 필자의 교수법 시스템의 이론적 바탕에 대하여 소개하고 있다. 점진적 단계별 교수법은 서로 다른 환경의 참가자를 가르칠 수 있도록 개발되었다. (강의에 있어서) 몇 가지 필수적인 요소를 먼저 짚어본 후 필자의 교수법을 소개할까한다.

참가자에 대한 긍정적인 태도

참가자에게 긍정적인 피드백을 주면서 강의하는 것은 매우 중요하다. 간략하면서도 참가자가 이해할 수 있는 내용의 피드백이어야 하며 되도록 참가자가 발전해나가는 모습에 초점을 두고 피드백을 제공해야한다. '잘 했다'는 말만 하는 것 보다는 이유를 같이 설명해주는 것이 좋다.

칭찬과 칭찬 사이에 주의할 점 한 가지를 곁들여 피드백을 하는 '샌드위치' 식의 피드백을 해보자. '동작이 부드럽고 자연스럽군요.'라고 칭찬을 한 후 '동작을 느리게 하면서 몸의 변화를 느껴보는 것도 좋겠네요.' 정도의 어투로 고칠 점을 알려준 후 '몸의 자세가 잘 정돈돼있네요.' 정도의 피드백으로 마무리하면 참가자가 듣기에 부담스럽지 않을 것이다. 칭찬이든 지적이든 한 번에 한 가지씩만 하도록 한다. 그러나 '그 자세는 틀렸군요. 이렇게 하세요.' 식의 부정적이면서 듣기에 딱딱한 지적은 삼가도록 한다.

단계적인 교수

태극권의 한 동작은 여러 개의 움직임으로 나누어 가르치면 가르치기에도 용이하고 배우는 참가자도 어려움을 덜 느낀다. 계단을 오르듯이 한 발자국씩 진도를 나가도록 한다. 참가자마다 배움의 속도는 조금씩 다르지만 단계적으로 배워나가면 결국에는 모두 목표를 이룰 수 있게 된다. 태극권을 배울 때에 단시간 내에 고수가 되겠다는 생각을 가지면 겉으로 보이는 동작에만 치중하여 그 동작에 내포된 의미를 놓치게 된다. 동작을 이루는 미세한 모든 움직임들이 각각의 중요한 의미를 지니므로 욕심을 버리고 차근차근히 진도를 나가는 것이 좋다.

학습을 하는 데는 단계적인 교수법이 효과적이다. 인간 자체가 단계적으로 배울 때 학습의 효율성이 높아지도록 프로그램 되어있기 때문이다. 단계적 학습이 많은 시간을 필요로 할 것 같지만 결과적으로 보면 가장 빠른 길이 될 수도 있다.

> "태극권의 한 동작은
> 여러 개의 움직임으로
> 나누어 가르치면
> 가르치기에도 용이하고
> 배우는 참가자도
> 어려움을 덜 느낀다…"

대부분의 참가자는 단계적인 교수법으로 지도가 가능하며 그에 따른 성과를 얻을 수 있다. 전통적인 교수법처럼 두어 번의 시범을 보여준 후 그대로 동작을 따라하기를 기대한다면 참가자는 당황하게 되고 성취감을 얻기도 힘들다. 초보자일수록 그러한 교수법은 효과를 얻기 힘들다. 참가자는 자신이 잘 한다고 느낄 때 더욱 배움에 흥미를 가지게 되고 꾸준히 연습하여 효과적으로 배우게 되고 좋은 결과도 얻게 되는 것이다.

한 번에 여러 동작을 배우고 진도를 급하게 나가려는 참가자를 보곤 하는데 단계를 밟아 느린듯하지만 꾸준히 배우는 참가자와 오랜 시간 후에 비교해보면 단계적 교수법으로 학습을 한 참가자가 더 나은 실력을 가지게 된다.

순차적인 교수

건축가가 집을 지을 때에는 지반을 다지는 일에서부터 공사가 시작된다. 그 위로 한 층씩 건물이 높아지고 마지막에는 지붕이 완성되는 것이다. 모든 일은 순차적이고 단계적으로 진행되게 되어있다. 일의 순서를 뒤죽박죽 섞어버리면 어떠한 일도 진행될 수 없다. 학습에 있어서도 마찬가지인 것이다.

호주 뉴캐슬의 세릴 리 플레이어는 35년간 태극권과 춤을 가르쳐온 강사인데 그는 태극권을 배우는 것을 그림을 그리는 일에 비유한다. 그림을 그리려면 먼저 밑그림이 필요하고 그 후에 색칠을 하는 것과 마찬가지로 태극권 역시 차근차근 시간을 가지고 단계를 밟아 배워나가야 한다는 것이다.

동작의 시작점을 명확하게 알려줄 것

동작의 시작점을 명확하게 밝힘으로써 참가자가 무엇을 배우고 있는지를 분명히 이해하도록 해야 한다. 한 단계씩 진도를 나갈 때마다 강의의 요점이 무엇인지를 알려주어 참가자의 이해를 돕도록 한다.

참가자가 강사를 잘 볼 수 있도록 배려할 것

강의를 할 때 참가자는 강사를 주시한다. 강사의 동작 하나하나가 그들에게는 교과서이며 초보자들의 경우에는 동작의 방향에 혼란을 느끼기도 하므로 강사는 참가자에게 잘 보이는 위치에서 강의를 진행하도록 한다.

동작에 따라서는 모든 참가자가 제대로 볼 수 있도록 강사가 위치를 바꿔가면서 참가자에게 시범을 보여야 할 때도 있다. 참가자와 마주보고 동작을 하게 되면 일부 참가자는 동작의 방향을 혼동하므로 주의하도록 한다. 손가 태극권의 '개합수'와 같이 좌우가 대칭되는 동작은 참가자와 마주한 채로 지도해도 무방하다.

강의의 규모에 따른 교수법

강의의 규모는 참가자의 수에 따라 다른데 강사의 경험과 상황에 맞추어 이에 맞는 교수법으로 지도해야한다. 일반적으로 큰 규모의 강의일수록 더 많은 준비가 필요하고 필자의 교수법 시스템을 활용하는 것이 좋다. 강의 내용 전달을 명확히 하는 것이 매우 중요한데, 큰 규모의 강의인 경우 강의내용에 대한 질문이 많아지면 질문에 일일이 답하기가 힘들기 때문이다. 다음 장에서 강의를 준비하는 과정에 대하여 상세히 소개하도록 하겠다.

> "일반적으로 큰 규모의 강의일수록 더 많은 준비가 필요하고 필자의 교수법 시스템을 활용하는 것이 좋다."

참가자가 골고루 배울 수 있도록 강의를 해야 한다. 모든 참가자가 강사와 잘 의사소통할 수 있도록 세심한 주의를 기울여야하고 서두르지 않는 차분한 분위기에서 강의를 진행하도록 한다. 이러한 점에 주의하여 참가자를 지도하면 밀도 있게 강의를 진행할 수 있게 된다. 강의 도중에 참가자의 주의가 산만해지거나 하면 모든 참가자가 함께 동작하면서 자연스럽게 집중할 수 있는 분위기를 만든다.

뉴질랜드 출신의 강사 헤이즐은 자신만의 수업 진행 방식을 소개하였다. '저는 다른 참가자가 저의 수업 분위기를 흐트러뜨리는 것을 용납하지 않아요. 참가자중에 은퇴한 기업가 한 분이 있는데 수업 시간에 집중하지 않고 빈둥거려서 제가 문제아는 팔굽혀펴기 스무번씩 시키겠다고 웃으며 얘기했더니 그 다음부터는 조심하시더군요. 다른 한 참가자는 대체의학 치료사인데 태극권에 대한 정확하지 않은 지식들 때문에 계속해서 질문을 하는 것이었어요. 그래서 그 질문에 대하여 강의에 참여한 모든 참가자에게 유익한 방향으로 대답하여 수업을 이어나갔습니다.' 이처럼 헤이즐과 같이 명쾌하게 강의를 이끌어 나갈 수 있다면 숙련된 강사라고 할 수 있다. 참가자와 부딪히지 않는 범위 내에서 강사의 능력을 이용하여 수업을 컨트롤할 때 참가자는 강사를 따르고 수업도 흐트러지지 않을 수 있는 것이다. 여러분도 자신만의 태극권 강의 방법을 개발해나가고 있으리라 생각한다.

헤이즐 강사의 경우 여러 강의에 자신만의 교수법을 적용하는 노하우를 이렇게 설명한다. '강의에 참여한 참가자의 실력이 서로 다른 경우, 누가 더 잘 한다거나 더 낫다는 식의 표현은 사용하지 않고 잘 하는 참가자는 태극권에 좀 더 익숙한 참가자라고 다른 참가자들에게 미리 설명해 줍니다. 그래야 초보자인 참가자가 동작을 잘 기억하지 못하는 등의 어려움이 있을 때에 실력이 뛰어난 참가자와 자신을 비교하여 자신감을 잃어버리는 일이 생기지 않게 됩니다. 오히려 상급자인 참가자와 함께 강의를 듣는 것이 좋은 일이라고 얘기해주죠. 어차피 다른 강의를 듣게 되더라도 초보자인 자신보다 잘 하는 참가자가 대부분일테니까요. 또한 태극권에 익숙한 참가자에게는 동작을 세분화하여 배우는 것의 이점에 대해 설명하며 다 함께 강의에 참여할 수 있도록 유도합니다. 잘 하는 참가자에게는 복습하면서 동작을 다듬을 수 있는 기회가 되는 것이니까요.' 이처럼 강의에 참석한 참가자의 특성을 고려하여 강사는 자신만의 적용 방법을 만들어나가야 한다.

규모가 작은 강의는 큰 강의와 다른 특성을 지닌다. 참가자의 수가 적은 강의에서는 강사가 참가자에게 적응할 수 있는 시간적인 여유가 주어지며 각 참가자가 제대로 동작을 이해했는지를 관찰하며 개인별로 진도를 달리하며 수업을 진행할 수 있다. 그러나 한 참가자에게 너무 많은 시간을 할애하게 되면 참가자가 부담을 느끼게 될 수도 있으므로 주의하도록 한다. 일대 일 강의일지라도 강의시간 내내 참가자에게 포커스를 맞출 필요는 없다. 중간 중간에 스스로 연습할 시간을 주는 등의 적절한 조절이 필요하다. 최근에 일대 일 강의를 진행하는 강사를 관찰한 적이 있다. 그는 세심하고 부지런해서 수업시간 내내 자신의 참가자에게서 눈을 떼지 않고 동작을 시범보이거나 잘못된 부분을 지적해주는 등 자세한 강의를 이어나갔다. 그런데 참가자는 오히려 이에 대하여 부담을 느껴 오히려 진도가 나가지 못하는 것이었다. 강사가 강의 도중 참가자가 배운 동작을 스스로 연습할 시간적 여유를 조금씩 주면서 강의를 진행했다면 참가자도 부담을 덜 느꼈을 것이다. 때로는 참가자에게 시간적·공간적 여유를 주면서 진도를 이어나갈 필요가 있다.

초보강사들은 종종 강의의 진도를 잘 따라가지 못하는 참가자에게 많은 시간을 할애하는 실수를 범하는데 그렇게 되면 강사의 지적과 집중을 받는 참가자는 큰 부담을 느낄 것이고 다른 참가자는 제대로 강의를 들을 수 없는 불이익을 당하게 된다.

마음을 비울 때를 알 것

때로는 많은 노력을 기울이고도 자신이 계획한 바를 이루지 못하는 결과를 얻게 될 수도 있다. 이 때가 바로 '마음을 비울' 때이다. 이러한 경우에는 포기하거나 시간을 두고 지켜보아야 한다. 시도해본 모든 방법이 실패할 때에는 마음을 비우고 한 발 물러서서 상황을 객관적으로 바라볼 필요가 있다.

> "시도해본 모든 방법이 실패할 때에는 마음을 비우고 한 발 물러서서 상황을 객관적으로 바라볼 필요가 있다."

강의도중 이러한 상황이 생기면 잠시 휴식시간을 가지거나 참가자들이 연습할 시간을 주도록 하여 강사 스스로도 정(靜)을 이루도록 노력한다.

제프 모리스는 다른 강사들과 태극권을 가르치는 것에 대하여 토론한 후 느낀 바를 이렇게 요약했다. "그저 사랑할 것"

참가자의 필요에 따른 교수법의 적용

상황에 따라서는 필자의 교수법을 조금씩 변경하여 적용할 필요가 있다. 참가자의 요구사항이나 태극권 수준에 따라서 교수법은 달라질 수 있다. 그러나 기본적인 개념은 변치 않으며 새로운 요소가 첨가되는 것뿐이다. 이렇게 강사만의 새로운 요소를 첨가할 때의 경우와 필자의 교수법을 그대로 적용하는 경우를 각각 설명하도록 하겠다.

새로운 요소를 첨가하여 가르치기

점진적 단계별 교수법을 통한 강의를 하게 되면 그 효율성에 놀라게 될 것이다. 필자의 교수법은 매우 단순해 보이지만 한 번에 명확히 이해되지 않을 수도 있으므로 각 단계별 교수방법을 잘 기억하도록 한다. 간단해 보인다고 하여 중간 단계를 건너뛰게 되면 기대한 만큼의 만족스러운 결과를 얻지 못하게 될 수도 있다. 교수법을 완전히 이해했는지를 알고 싶다면 강의를 시작하기 전에 리허설을 해보는 방법도 있다. 가능하다면 각 단계의 명칭도 익혀두도록 한다.

> "필자의 교수법은 매우 단순해 보이지만 한 번에 명확히 이해되지 않을 수도 있으므로 각 단계별 교수방법을 잘 기억하도록 한다."

토이 워커 강사는 뉴질랜드에서 열린 건강 태극권 프로그램에 필자의 교수법을 자신의 강의에 그대로 적용하여 큰 효과를 얻었다고 한다. 그는 필자의 워크샵에 참석하기 전에는 참가자의 앞에서 일방적으로 강의를 했었는데 워크샵에 참석한 후 자신이 참가자의 피드백을 살피거나 하는데 부족했음을 깨달았다고 한다. 자신의 교수법을 변화시켜 점진적 단계별 교수법을 적용하여 강의를 하니 참가자가 더욱 쉽고 즐겁게 태극권을 배우게 되었다는 이야기를 자주 듣게 되었다는 것이다.

필자의 교수법 시스템을 최대한 명확히 설명하기 위해서 두 가지 다른 관점에서 설명해보고자 한다. 대략적 개요를 설명한 후 두 가지의 단계별 구성의 예를 제시하도록 한다.

대략적인 개요

관절염 태극권 프로그램의 세 번째 동작[2]인 '단편'을 예로 들어 설명해보고자 한다.

'강사의 동작을 관찰하세요' 로 시작하기

강의를 시작하기에 앞서 참가자에게 전체적인 동작의 시범을 보여준다. 설명을 곁들이지 말고 전체적인 동작만 보여주도록 한다. 수업의 전체적인 큰 그림을 보고자하는 참가자에게는 강의의 윤곽을 알려주기 위함이고 다른 참가자에게는 동작의 리듬과 느낌을 알려주기 위함이다. 동작의 흐름에 따른 느낌을 최대한 살리면서 태극권의 동작형태와 예술적 영감을 주는데 도움이 된다. 설명을 하게 되면 이러한 느낌을 충분히 살리지 못하고 오히려 참가자의 집중을 방해하게 된다. 이 단계에서는 참가자가 동작을 모두 이해하지 못하더라도 별 문제는 되지 않는다.

동작의 시작점을 참가자에게 명확히 알려주고 동작들을 세부적이고 단계적으로 지도하되 그 시작점을 기억하도록 한다.

강사의 동작을 따라하세요

시범을 보일 때 첫 파트에서는 참가자 앞에 서서(마주보지 않고) 전체 동작을 하면서 세 번정도 참가자가 따라하도록 지도한다. 이때는 고개를 뒤로 돌려 참가자가 제대로 하고 있는지 등을 일일이 확인하지 않아도 된다. 참가자의 실력에 맞는 강의를 위해서 강사는 세심하게 관찰은 하되 일일이 지적하지는 않도록 한다. 동작의 흐름을 돕는 짧은 칭찬의 말 정도면 충분하다.

엠마라는 강사는 강의 도중에 수없이 뒤를 돌아보았다고 말한다. 진도를 제대로 따라오지 못하는 참가자에게 강의를 치중하다보니 다른 참가자들을 무시하는 셈이 되는 것이었다. 한 참가자를 지도하는 동안 나머지 참가자들은 한 자세로 계속 서 있어야하는 불편을 겪었고 심지어는 강사가 자신들을 무시하는 것이라는 느낌까지 갖게 되었다고 한다. 반면, 집중적인 지도를 받는 참가자는 그에 대한 부담을 느끼게 되었던 것이다. 점진적 단계별 교수법을 알게 되면서 엠마는 그제서야 자신이 무엇을 잘못했었는지 깨달았다고 한다.

리사라는 강사는 자신이 동작을 일일이 지적해주는 동안 참가자들이 그 동작을 유지하고 있도록 하였다. 강의를 제대로 따라오지 못하는 참가자에게는 더 많은 지적과 교정을 해주었다. 참가자가 부족할수록 더 많은 지도가 필요하다고 생각했기 때문이다.

> *"상상이미지 (형상화)를 통하여 지도하는 방법도 있다."*

이처럼 종종 이해가 느린 참가자에게 주의를 지나치게 기울이는 강사들이 있는데 이는 효율적인 강의를 위해서는 지양해야 할 사항이다. 중간 중간의 잦은 지적은 동작의 흐름을 끊기게 하여 참가자가 집중할 수 없게 만들고 강사의 강의 진행을 더디게 만든다.

강의를 할 때에는 간결하고 명확한 언어를 사용하도록 한다. 지나치게 자세한 설명은 불필요할 수도 있으며 배우는 참가자에게 혼란을 줄 수도 있다. 참가자는 어차피 강사의 동작을 눈으로 보면서 배울 수 있으므로 지시사항은 간단명료하게 전달하는 것이 좋다. 반복하여 동작을 꾸준히 연습하다보면 핵심이 되는 내용을 직접 몸으로 느끼면서 깨달을 수가 있게 된다. 반복하여 연습하면 사용되는 근육이 단련되어 점점 동작을 배우기가 용이해진다.

상상이미지(형상화)를 통하여 지도하는 방법도 있다. 예를 들어 '단편' 동작의 마지막 부분에 두 팔을 바깥쪽으로 뻗을 때 필자는 참가자들에게 '동작을 하면서 스크린 도어를 여는 동작을 반복한다고 상상해보세요.' 라고 설명한다.

작년 한국을 방문하여 서울대학교에서 강의를 할 때 간호학과의 교수인 한 참가자가 상상이미지를 통한 학습의 효과에 대한 경험담을 이야기

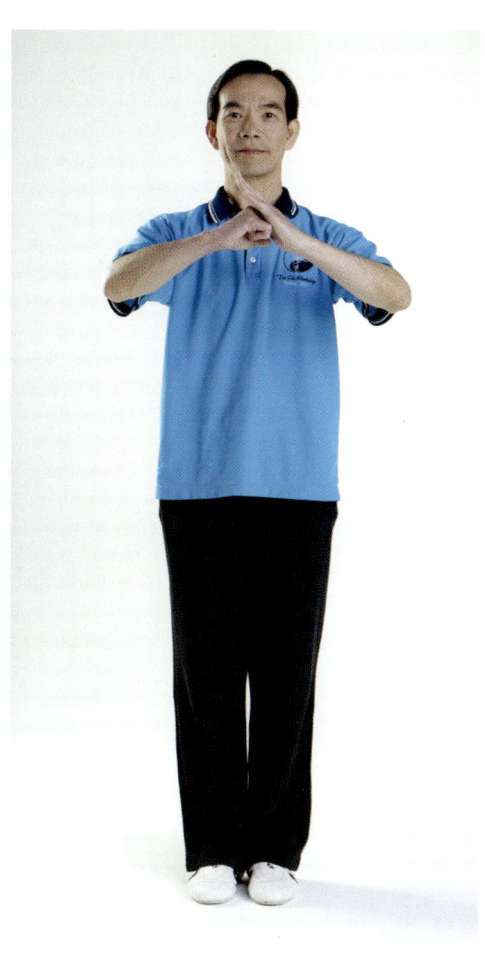

폴 램 박사가 우슈식 인사법 시범을 보이고 있다.

위 : 2006년도 미국 인디애나에서의 워크샵
아래 : 2003년도 호주 시드니에서의 워크샵

2003년도 미국 코네티컷에서의 연례 워크샵

2005년도 스페인 바르셀로나에서 장애우들을 위한
태극권을 시범보이고 있는 제프 모리스

2001년도 호주 빅토리아에서
관절염 태극권 강의

위: 2005년도 영국 맨체스터에서의 워크샵
아래: 2003년도 노르웨이 오슬로에스의 워크샵

2006년도 미국 인디애나에서의 연례 워크샵

2005년도 호주 시드니에서의 연례 워크샵

1989년도 건강 태극권 강사들과 함께한 폴램 박사

2003년도 스웨덴 런드에서의 워크샵

2004년도 캐나다 온타리오에서의 워크샵

2005년도 마스터 트레이너 워크샵에서 스테파니 테일러 박사, 송라윤 교수와 함께한 폴램 박사

2004년도 홍콩에서의 워크샵

2004년도 아일랜드에서의 워크샵

미국 몬테레이 워크샵 도중
테파니 테일러 박사, 폴램 박사, 게이 반 셀트, 댄 존스

2005년도 한국 서울에서의 워크샵

2005년도 '어린이를 위한 태극권' 비디오 촬영 장면 도중 어린이들과 함께한 폴 램 박사와 쉐릴 리

2005년도 뉴질랜드 웰링턴에서의 워크샵

해주었다. 그는 투로를 하면서 동작의 순서를 외우는 것에 어려움을 느꼈는데 자신이 익혀야 하는 동작들에 의미를 부여하여 하나의 스토리(이야기)를 이미지화하여 동작을 연습했더니 훨씬 외우기가 쉬웠다는 것이다. 그 덕분에 태극권을 더욱 열심히 할 수 있었다고 한다.

여러분의 동작을 보여주세요

이번에는 참가자가 스스로 동작을 하도록 한 후 강사는 지켜보도록 한다. 이 때 강사는 별도의 지시나 지적 없이 참가자가 하는 모습을 조용히 지켜본다. 강사가 중간에 끼어들어 지적을 하게 되면 참가자가 집중할 수 없게 되므로 이 점을 주의한다. 동작 이외의 세부사항 등은 이 후에 제공하면 된다. 태극권을 완벽하게 하는 사람은 없다는 사실을 염두에 둔다. 제 2장에서도 언급되었지만 반복적인 지적과 교정은 참가자를 당황시키고 오히려 학습을 저해할 수 있다. 참가자가 동작을 어느 정도 기억할 수 있을 때 세부사항에 대한 설명과 각 동작에 대한 지도를 하도록 한다. 만약 참가자 중 상당수가 동작을 하는데 어려움이 있다고 판단되면 강사가 다시 시범을 보여준 후 참가자가 해보도록 지도한다.

동작을 함에 있어서 안전에 관련된 중요 사항을 참가자가 지키지 못하면 이 경우에는 알려주어 다시 해보도록 한다. 예를 들어 참가자가 오른발의 스텝을 너무 멀리 잡으면 동작이 불안정해져 넘어질 수도 있다. 잘못된 바가 무엇인지와 올바른 동작은 어떤 것인지를 시범을 통해 지도하도록 한다. 강사인 여러분에게는 분명히 구분이 되겠지만 참가자는 잘 모를 수 있으므로 명확히 알려주어야 한다. 여러 번 반복하며 따라하도록 하여 명확히 교정하고 다음 동작을 진행한다. 잘못된 동작을 말로만 설명하고 다음 진도를 나가게 되면 참가자가 제대로 이해하기가 어렵다. 강사는 참가자가 설명을 완벽히 이해했는지를 어떻게 알 수 있을까? 참가자가 이해했다고 할지라도 연습 없이 그 동작을 기억하기란 쉽지 않으므로 강사는 시범과 연습을 번갈아 하도록 지도해주어야 한다.

참가자가 첫 파트를 익히고 나면 처음부터 다시 동작을 하면서 두 번째 파트로 넘어간다. 이 경우 시범을 보이면서 같이 따라하도록 하는 방식을 세 번 한 후, 참가자가 스스로 하도록 유도한다. 참가자가 어느 정도 제대로 배웠다고 느낄 때 파트 1, 2, 3까지 시범을 보이며 강사의 동작을 따라하도록 하고 참가자가 스스로 해보도록 한 후 강사가 지켜본다. 여기까지 모든 동작을 배워본 것이므로 참가자가 질문할 수 있는 시간을 갖도록 한다. 질문이 너무 많아지면 수업에 방해가 되므로 주의한다.

처음부터 끝까지 대여섯 번 동작을 반복할 때 시범을 보여주기와 참가자 스스로 동작 연습하기를 반복하여 지도한다. 계속해서 진도를 나가는 것보다는 지금까지 학습한 내용을 명확히 하면서 연습하는 것이 효과적이다. 한 번에 너무 많은 동작을 익히려고 하면 참가자는 오히려 혼란을 느끼게 되므로 주의한다.

> "계속해서 진도를 나가는 것보다는 지금까지 학습한 내용을 명확히 하면서 연습하는 것이 효과적이다."

대부분의 참가자는 이렇게 지도하면 어느 정도 동작을 익히게 된다. 이제 참가자의 태극권 수준에 따라 각각의 원칙들을 알려주도록 한다. 원칙을 배우게 되면 학습이 빠른 참가자의 경우 동작의 세세한 부분까지 스스로 이해하게 된다. 또한 초보참가자 역시 태극권 동작만 배우는 것이 아니라 자신의 건강을 향상시키는데 태극권이 어떠한 장점이 있는지를 깨달을 수 있는 시간이 된다.

이 후 태극권의 철학과 원칙들에 대한 좀 더 심도 있는 원리에 대한 강의를 한다. 이러한 강의는 참가자의 태극권 수준에 알맞은 정도로 한다. 낸시 케이와 필자의 공저인 '초보자를 위한 태극권 24식'[3]을 참조하도록 한다. 제 11장에 태극권의 주요 원칙들을 서술하였다.

강의에서 배운 내용을 참가자가 집에 돌아가서 혼자 연습할 수 있도록 하기 위해서 강사는 참가자가 동작을 잘 기억할 수 있도록 지도해야한다. 동작의 세부사항까지 너무 자세하게 가르치려하거나 한꺼번에 많은 동작을 가르치거나 하게 되면 참가자가 오히려 순서를 기억하는데 어려움을 겪을 수 있다. 강의에서는 현실적으로 학습이 가능할 정도의 진도를 나가야 참가자가 동작과 순서를 이해하고 기억할 수 있는 여유가 생긴다. 동작과 그 순서를 기억하지 못하게 되면 태극권을 스스로 연습하여 실력을 향상시킬 수 없다.

참가자에게 태극권 동작의 이름과 간략적인 설명을 적은 유인물을 나누어 주는 것도 좋은 방법이다. 테이프 등에 동작의 이름 순서를 녹음하여 들려주는 것도 효과가 있다. 참가자가 효과적으로 배울 수 있도록 하기 위해서 DVD, 비디오, 소책자, 설명 및 음악 CD등과 같은 학습자료를 적절히 활용하는 것이 좋다. 필자의 인터넷 홈페이지에 접속하면 더 많은 정보를 얻을 수 있다. www.taichiproductions.com

> "강의에서 배운 내용을 참가자가 집에 돌아가서 혼자 연습할 수 있도록 하기 위해서 강사는 참가자가 동작을 잘 기억할 수 있도록 지도해야한다."

단계별 예시 1

관절염 태극권 프로그램의 세 번째 동작인 '단편'을 예로 들어 설명하고자 한다.

'단편'을 세 부분으로 나누어 예로 들겠으나 여러분의 필요에 따라서는 다른 방법으로 나누어 강의하여도 무방하다. 시작 포인트는 바로 전 동작의 마무리 단계인 '개합수' 자세이다. (참가자가 이 동작까지 배웠다는 가정 하에 설명한다.)

시작 포인트 : 두 손을 가슴 앞에 모으고 손가락은 위로 향하고 손바닥은 서로 마주보게 한다 (그림 1).

파트 1 : 몸의 무게 중심을 왼쪽 다리로 옮긴다. 천천히 몸통을 약간 오른쪽으로 틀면서 오른쪽 다리를 살짝 오른쪽으로 옮기되 약간(반 발자국 정도) 앞쪽에 둔다. 이 때 오른발의 뒷꿈치가 먼저 바닥에 닿아야한다 (그림 2).

파트 2 : 몸의 무게 중심을 오른 다리의 앞쪽으로 옮기면서 손바닥이 얼굴의 바깥쪽을 향하도록 하면서 두 손을 몸통 앞 바깥쪽으로 살짝 밀어낸다 (그림 3).

그림 1   그림 2

파트 3 : 허리를 살짝 왼쪽으로 틀면서 마치 스크린도어를 열듯이 손을 벌린다. 동작이 완성된 후에는 몸을 중심으로 양 손이 좌우대칭을 이루어야 하며 손가락은 위로 향하고 손바닥은 바깥쪽을 향하도록 한다 (그림 4).

그림 3   그림 4

스텝 1. 강사의 전체 동작을 보세요

 참가자에게 동작의 명칭을 말해주면서 그 동작을 여러 부분으로 나누어 익힐 것임을 알려준다. 시작 포인트는 항상 그 부분이 되도록 하여 일관성을 지니도록 한다. 칠판이 있다면 동작의 명칭을 적어주어 참가자가 알아보기 쉽도록 한다.

강사가 전체 동작의 시범을 보여주며 잘 관찰하도록 한다. 참가자 중 일부가 동작을 따라서 하더라도 그대로 둔다. 다른 참가자에 비해 열심인 참가자는 늘 있기 마련이다. 부상의 위험이 따르는 동작이 아닌 이상은 참가자가 따라 해도 무방하다. 별도의 설명 없이 시범보이기를 진행하되 동작의 리듬과 전체적인 형태를 보여주는 것을 목적으로 한다.

스텝 2. 파트 1을 세 번 따라하세요

참가자가 동작을 따라하게 한다. 참가자 앞에 서되 같은 방향을 향하고 서서 동작을 세 번 따라하도록 한다. 동작에 대한 간단한 설명을 곁들이면서 앞에서 리드하도록 한다. '몸의 무게중심을 왼 쪽으로 옮기세요.' 등의 간단한 문장이면 된다.

동작 연습을 반복하면서 설명을 조금씩 달리해도 되나 되도록 일관성을 가지도록 한다.

강사로서의 경험이 부족하다면 강의 전에 목소리의 톤을 연습하도록 한다. 일상적인 대화와 비슷한 정도의 속도로 말하며 동작의 흐름과도 조화를 이루도록 해야 한다. 여러분이 어색함을 느끼지 않는 범위 내에서 쉽고 간결한 언어를 사용하여 강의를 진행하도록 한다.

스텝3. 여러분의 동작을 보여주세요

참가자가 파트 1을 스스로 해보도록 지시한다. 중간에 흐름이 끊기지 않도록 강사는 그대로 지켜보는 것을 원칙으로 한다. 필요에 따라서는 스텝2와 스텝3을 다시 반복하도록 한다.

스텝 4. 파트1과 2를 세 번 따라하세요

시야가 가려지지 않도록 하기 위해서 참가자와 마주본 채로 손동작을 가르친다. 강사의 동작을 따라하기를 세 번 반복한 후 참가자 스스로 한 번 하도록 한다. 그리고 나서 다시 같은 방향을 바라보며 동작의 처음부터 함께 따라하도록 한다. 마지막으로 파트1,2를 함께 세 번 반복하여 연습한다.

스텝 5. 여러분의 동작을 보여주세요

참가자가 파트 1,2를 해보도록 한 후 필요에 따라 스텝 4,5를 반복하도록 한다.

스텝 6. 파트 1,2,3을 세 번 따라하세요

시작 포인트부터 참가자가 파트1,2,3을 세 번 따라하도록 리드한다.

스텝 7. 여러분의 동작을 보여주세요

참가자가 파트 1,2,3을 스스로 해보도록 시킨 후 필요에 따라 스텝 6,7을 반복하도록 한다.

스텝 8. 강사의 동작을 따라한 후 여러분의 동작을 보여주세요

예시 동작 전체를 세 번 혹은 네 번 반복한다. '강사의 동작을 따라하기'와 '참가자 스스로 해보기'를 번갈아가면서 한다. 한 동작을 제대로 배우는 것이 중요하다는 사실을 염두에 둔다. 참가자가 질문할 수 있도록 한 후 동작을 형태와 순서를 제대로 이해했다고 판단되면 이 동작에 적용된 태극권의 주요 원칙을 설명하도록 한다.

단계별 예시 2

이번에는 양가태극권의 '운수' 동작을 예를 들어 설명하도록 하겠다. 이 동작은 비만치료 태극권 프로그램의 세 번째 동작으로 가장 유명한 태극권24식과 다른 양가태극권 투로에도 포함되어있다. 이 예시에서는 상체와 하체 동작을 따로 가르친 후 다시 결합시켜 지도한다. 어떤 동작이라도 이러한 원리로 가르칠 수 있다. 양가태극권의 람작미와 같은 매우 복잡한 동작도 여러 부분으로 나누어서 가르치면 한결 쉽다.

상체 동작은 다음의 세 파트로 나눌 수 있다:

시작 포인트: 예시 1과 같이 두 손을 가슴 앞에 두고 손가락은 위로 향하게 하고 손바닥은 서로 마주보는 자세를 취한다(그림 5).

파트 1 : 몸통을 약간 오른쪽으로 틀고 오른손바닥을 안쪽으로 향하게 하여 손을 오른쪽으로 옮긴다. 왼 손을 오른 손에서 10센티 정도 아래쪽에 오도록 두면서 동시에 손바닥을 안쪽으로 향하게 한다. 두 손바닥이 모두 안쪽을 향하게 하여 마치 어린 아이를 부드럽게 안아주는 듯한 동작을 취한다.(그림 6)

그림 5   그림 6

파트 2 : 허리에서부터 왼 쪽으로 몸통을 틀어 두 팔을 왼쪽으로 돌린다. 왼 손바닥을 바깥을 향하게 하여 마치 누군가를 멈추게 하는듯한 동작을 취한다.(그림 7)

그림 7   그림 8

파트 3 : 오른 손을 위로 향하게 하고 왼 손은 아래로 향하게 하면서 왼 손을 돌려 두 손바닥이 모두 안쪽을 향하게 한다. 이때의 동작은 마치 어린 아이를 부드럽게 안고 있는 듯한 자세가 된다. 허리에서부터 오른 쪽으로 몸을 틀어 두 팔이 오른 쪽에 오도록 한다. 그리고 나서 오른손바닥을 돌려 마치 누군가를 멈추게 하는듯한 동작을 취한다.(그림 8)

하체의 동작은 다음과 같다.

파트 4 : 몸의 무게 중심을 오른 발에 두고 다리를 벌려 발을 왼 쪽으로 이동하며 발 사이의 간격을 적당히 둔다. 몸의 무게 중심을 왼 발로 이동하고 오른 발을 몸의 안쪽으로 두 주먹 정도의 거리를 이동한다. (그림 9, 10)

그림 9

그림 10

스텝 1: 제가 하는 전체 동작을 관찰하세요

참가자에게 동작의 이름을 말하고 시작지점을 가르쳐 준다. 여러분이 지금부터 동작전체를 한번 시연하고 나서, 여러 부분으로 나누어 가르칠 것을 설명한다.

참가자를 바라보면서 동작전체를 시연한다. 참가자가 여러분을 보게 하고, 만일 동작을 따라하는 참가자가 있어도 내버려둔다.

스텝 2. 파트 1을 세 번 따라하세요

참가자에게 여러분을 따라하게 하라. 참가자가 여러분의 등을 보게 자리를 잡고, 여러분의 동작을 3번 따라하게 한다. 만일 몇몇 참가자들이 여러분의 손동작을 보기 힘들면, 몸을 조금 돌려 더 잘 보이도록 한다. 참가자가 많은 대규모의 수업이면, 여러 장소를 돌아다녀 모든 참가자에게 잘 보이도록 한다.

다음과 같이 간단하게 지시하라 : '몸을 오른쪽으로 살짝 돌리세요'; '두손바닥을 안쪽으로 향하게 하고, 두손을 오른쪽으로 옮기세요.'

스텝 3. 여러분의 동작을 보여주세요 (Show me)

참가자가 파트1을 시연하도록 지시한다. 만일 필요하면 스텝 2 와 3를 반복한다.

스텝 4. 파트1,2를 세 번 따라하세요

참가자가 여러분의 등을 보게 자리를 잡고, 처음 시작 포인트부터 파트 1, 2의 동작을 3번 따라하게 한다.

스텝 5. 여러분의 동작을 보여주세요

참가자에게 파트1, 2를 시연하도록 지시한다. 만일 필요하면 스텝 4 와 5를 반복한다.

스텝 6. 파트1,2,3을 세 번 따라하세요

참가자가 여러분의 등을 보게 자리를 잡고, 처음 시작 포인트부터 파트 1, 2, 3의 동작을 3번 따라하게 한다.

스텝 7. 여러분의 동작을 보여주세요 (Show me)

참가자에게 파트1, 2, 3을 시연하도록 지시한다. 만일 필요하면 스텝 6 와 7를 반복한다.

스텝 8. 파트4를 세 번 따라하세요

처음 시작 포인트부터, 손을 허리에 올린채로, 참가자에게 발 동작에 집중하도록 하고, 여러분을 3번 따라하게 한다.

스텝 9. 여러분의 동작을 보여주세요

참가자에게 파트4를 시연하도록 지시한다. 만일 필요하면 스텝 8 와 9를 반복한다.

스텝 10. 전체동작을 따라하세요

상 · 하체 동작을 합친 전체동작을 3번 따라하게 한다.

스텝 11. 여러분의 동작을 보여주세요

참가자에게 전체동작을 시연하도록 지시한다. 만일 필요하면 스텝 10와 11을 반복한다.

스텝 12. 강사의 동작을 따라한 후 여러분의 동작을 보여주세요

전체동작을 서너번 실시한다. 따라하기와 보여주기를 번갈아 실시한다. 질문이 없는지 확인해보고, 이 질문을 활용하여 이 동작을 얼마나 효과적으로 가르쳤는지 스스로 평가한다. 참가자가 전체동작을 다 할수 있게 되면, 동작에 맞는 태극권의 원리를 가르치도록 한다.

태극권 실력 향상시키기

태극권은 신체와 정신을 동시에 수련하는 심오한 운동이다. 정신을 집중하지 않은 상태에서 신체를 움직이는 것은 태극권이 아니다. 주요 원칙을 제대로 적용하면서 태극권의 동작을 해야 한다. 태극권을 제대로 가르치기 위해서는 그러한 원칙들을 올바른 방식으로 배울 필요가 있다. 시간에 쫓기면서 너무 많은 지식을 전달하기에만 급급하고 태극권의 주요 원칙을 구체화하여 가르치지 않는다면 효율적인 태극권 강의를 할 수가 없다.

> "강사는 강의를 하기 전에 필요한 여러 자료들을 먼저 이해하고 그것을 자신만의 방식으로 통합하여야 한다."

참가자의 입장을 고려하여 가르친다면 효율적인 강의가 된다. 강의의 내용은 태극권과의 연관성이 있어야 하며 참가자가 이해하기 용이해야한다. 참가자가 활발하게 생각할 수 있도록 자극해주는 것이 강사가 할 일이며 급하게 진도를 나가기보다는 단계적이고 차분하게 강의하는 것이 효과적이다. 강사는 강의를 하기 전에 필요한 여러 자료들을 먼저 이해하고 그것을 자신만의 방식으로 통합하여야 한다. 강사 자신이 이전에 배운 내용을 변형 없이 그대로 답습한다면 그것은 제대로 된 강의라고 할 수 없다.

태극권을 배우는 과정은 발전의 연속이다. 태극권을 완벽하게 하는 사람은 없으므로 최고의 고수가 되어야만 강사가 될 수 있는 것은 아니다. 여러분이 가르치는 참가자에게 필요한 정도의 원리를 이해하고 있으면 된다.

다른 운동과는 다르게 태극권은 누구든지 그 실력을 향상시켜 고수가 될 수 있다는 점이다. 이것은 연령 혹은 신체적인 조건과는 무관하다고 할 수 있다. 예를 들어 테니스와 같은 운동은 나이가 많은 경우 힘이 부족하여 좋은 실력을 발휘하기 힘들다. 그러나 태극권은 나이가 많아져도 계속해서 실력이 향상될 수 있다. 이러한 원리의 비결은 태극권의 원칙에 있다. 태극권의 주요 원칙을 완전히 이해하면 가능한 일이다. 정신과 신체가 성숙할수록 그 원칙을 이해하기가 용이해진다. 이것이 태극권을 수련하고 실력을 향상시켜 나가는 즐거움인 것이다. 도전과 즐거움은 여러분이 참가자에게 강사로서 전수할 수 있는 요소이다.

규칙적이고 꾸준히 수련하는 것만이 태극권을 즐기면서 실력 또한 향상시킬 수 있는 방법이다. 빈스 맥컬로우 교수는 '연습 만으로는 부족하다. 최선의 노력을 기울인 연습만이 완벽에 가까워질 수 있는 길이다.' 라고 하였다. 강사가 효과적인 교수법을 적용하여 참가자를 가르치면 참가자는 큰 어려움 없이 즐겁게 태극권을 수련할 수 있게 된다.

점진적 단계별 교수법 시스템은 태극권을 효율적으로 배우는 데에 도움이 되는데, 이에 대해서는 아래와 같은 두 가지의 접근법이 있다.

- 외적 동작 기술의 향상
- 내적 요소의 향상

사실상 이 두 가지는 일맥상통하는 요소이나 여기서는 편의상 두 가지 접근법의 개요를 따로 다루어보도록 하겠다. 음과 양처럼 외적 동작과 내적 요소는 서로 밀접한 관계를 가진 통합된 요소들이나 가르침을 목적으로 두고 두 가지를 편의상 분리한 것이다. 또한 강사는 자신의 경험과 판단력을 바탕으로 좀 더 유연성 있는 자세로 이 주제를 다루도록 한다.

배움에 있어서 태극권의 정확한 동작을 하는 것과 태극권의 원리를 아는 것은 매우 중요하다. 그러나 원리를 알고 있으나 동작에 제대로 적용하지 못한다면 이것은 별 의미가 없다. 수년간의 경험자인 사람이 동작을 할 때 몸을 바로 세워야한다는 원리를 알고는 있으나 실제로 그의 자세는 기울어져 있는 경우도 보았다. 이러한 괴리는 태극권의 실력을 한 발 더 향상시키는 데에 방해가 될 뿐이다.

> "음과 양처럼 태극권의 외적·내적 요소들은 동일하게 중요시 되어야 한다."

음과 양처럼 태극권의 외적·내적 요소들은 동일하게 중요시되어야 한다. 그럼에도 개인별로 타고난 신체 구조와 의학적 상황에 의한 제약 등의 조건은 모두 제각각이므로 완벽함을 이루기란 쉽지 않다. 사실상 그 누구도 땅을 기준으로 완벽한 수직 자세를 취하기는 불가능하다. 그러나 뒤로 기울어진 자세는 '기'의 흐름과 태극권 실력 향상에 방해가 되는 것은 명확한 사실이다.

동작의 형태를 지도하기 위해서는 손동작을 교정해주거나 몸의 배열을 바로잡아 주는 등 한 번에 한 가지 포인트를 가르치도록 한다.

태극권의 내적인 요소는 '송(鬆)'을 예로 들 수 있다. 이는 몸의 긴장을 푸는 동시에 신체 내부에서 바깥으로 펴는 동작이다. 또 하나의 예는 정신적 평온함을 일컫는 '정(靜)'의 상태이다. 제 11장에 태극권의 원리들에 대한 글을 실어두었으므로 그 내용을 참조하여 이해하도록 한다.

이 두 가지 접근법의 궁극적 목적은 태극권의 원리와 동작 자체를 통합하여 조화롭게 하기 위함이다. 동작을 제대로 익히지 못하면 태극권의 원리를 깊이 이해할 수 없으며, 동작의 형태가 제대로 갖춰진 듯하여도 그 원리를 이해하고 있지 못하다면 진정한 태극권이라 할 수 없다.

두 가지 접근법을 결합하는 것이 효과적이라는 사실을 강의를 통해 깨달았다. 점진적 단계별 교수법 시스템에서는 한 가지 원리를 한 번에 가르치고 그것을 바로 적용하여 동작으로 응용하여 연습하도록 하는 방법을 사용한다. 강의시 가르치고자하는 한 가지 원리는 심사숙고하여 결정하도록 한다. 그 원리가 자신의 참가자 수준에 적절한지 등이 주요한 고려사항이 된다. 참가자에게 반드시 필요한 원리인지 결정한 후 명확한 설명을 곁들여 강의하도록 한다. 예를 들어, 초보자를 위한 강의의 경우, '천천히 움직이는 것'이 중요한 포인트가 되는데 이는 동작을 제대로 배우면서 동시에 긴장을 완화시킬 수 있기 때문이다.

필자가 만난 잭이라는 강사는 24식을 자신의 참가자에 맞게 교정하여 가르치는데 '람작미(참새꼬리잡기)' 동작을 예로 들어 다음과 같이 강의를 진행하였다. 그는 막아내는 팔동작을 컨트롤하기 위한 허리의 움직임을 보여준 후, 반격하는 동작에서 무게 중심을 바꾸는 동작을 보이고, 마지막으로 밀어내는 방향을 보여 주면서 시범을 마무리하였다. 이는 람작미 동작에서 매우 중요한 세 가지 포인트인데 그는 이 시범을 마치면서 곧바로 '운수' 동작을 연습하도록 지도하였다. 그가 왜 세 가지 포인트를 열심히 보여준 후 바로 다음 동작으로 넘어갔는지 필자는 이해할 수가 없었다. 강사로서 참가자가 동작과 그 주된 원리를 제대로 이해하였는지 확인하지 않았고, 참가자 스스로 연습해볼 시간도 없었기 때문에 효율적으로 강의가 진행되기 어려워보였다.

참가자가 어떠한 원리를 이해하고 난 후에는 그것을 연습해 보면서 스스로 깨달을 시간이 필요하다. 이러한 여유를 주지 않고 강의를 진행해 나간다면 참가자는 혼란을 느낄 뿐이다. 좀 더 효과적으로 지도하려면 첫 번째 포인트에서 허리를 이용하여 팔로 막아내는 동작을 컨트롤하도록 하면 된다. 그리고 나서 정확한 시범을 보인 후 참가자가 몇 번 동작을 따라하도록 지도한다. 참가자가 그 첫 번째 포인트를 제대로 이해하고나면 두 번째 포인트를 중심으로 수업을 진행하면 된다. 수업을 진행하면서 너무 많은 사항을 이해시키려고 하다보면 참가자가 혼란스럽게 느낄 수 있으므로 주의하도록 한다.

동작의 형태 완성하기

Step 1 : 여러분의 동작을 보여주세요

우선 참가자의 태극권 수준을 파악해야한다. 동작의 형태를 교정해주기 위해서 먼저 참가자가 투로를 하는 것을 관찰하도록 한다. 강사와 함께 투로를 해보도록 하는데 예를 들어, 관절염 태극권의 첫 여섯 동작의 형태를 완성하기 위해서는 먼저 참가자와 그 여섯 동작을 함께 하면서 참가자가 강사의 동작을 보면서 배울 수 있도록 하는 것이다. 이 때 별도의 설명은 곁들이지 않아도 된다.

그리고 나서 참가자에게 동작을 해보도록 시킨다. 참가자가 하는 것을 주의 깊게 관찰하면서 참가자의 능력을 가늠한 후 수업의 구체적이고 실행 가능한 목표를 정하여 강의를 진행한다.

하나의 예로 여러분이 '단편' 동작을 지난 시간에 마쳤고 그 다음 동작의 진도를 나간다고 가정해보자. 강의의 목표를 알려준 후(예를 들어 동작의 완성을 통한 건강의 증진) 참가자의 동작을 관찰해보면 다음 사항들에 대해 고려하게 될 것이다.

In Part 1
- 오른 발을 너무 바깥쪽으로 딛는 것
- 오른 쪽으로 디딜 발을 앞쪽으로 딛는 것
- 몸의 무게 중심을 잘못 옮기는 것-무게 중심을 미리 앞쪽으로 옮기는 것

In Part 2
- 손을 미리 앞쪽으로 미는 것
- 잘못된 방향으로 손을 미는 것
- 손바닥을 바깥쪽으로 돌리지 않을 것
- 몸의 무게 중심을 잘못 옮기는 것

In Part 3
- 손을 바깥쪽으로 뻗은 후의 동작이 좌우 비대칭이 되는 것

- 손바닥이 앞쪽으로 향하지 않은 것
- 손가락이 위를 향하지 않고 다른 방향으로 향하는 것
- 몸의 무게 중심을 잘못 옮기는 것-무게 중심을 오른 발에 두지 않고 왼 발에 두는 것

강의시에 가르칠 진도의 분량은 실현가능한 만큼 구체적인 정도만 목표로 한다. 한 번에 많은 분량의 진도를 나가려다보면 강의 효율성이 떨어진다는 사실을 기억하도록 한다.

아래의 경우처럼 세 가지의 가장 중요한 포인트를 체크하면서 강의하도록 한다.

Point 1 : In Part 1-오른 발을 너무 멀리 디딘 경우

Point 2 : In Part 2-무게 중심을 잘못 옮긴 경우-무게 중심을 미리 앞쪽으로 옮기는 것

Point 3 : In Part 3-무게 중심을 잘못 옮긴 경우-무게 중심의 이동을 제대로 하지 않는 것

첫 번째 포인트에 대하여 자세히 설명하겠는데 그 이유는 부상의 위험이 높기 때문이다. 발을 너무 멀리 디딘 경우, 참가자가 부상을 입을 위험이 커진다. 안전을 제일로 생각해야 하는 경우에는 자세 교정이 우선시된다. 나머지 두 가지 포인트 역시 중요한 사항이므로 이 세 가지 포인트를 참가자를 지도하는 데 있어서 중요한 요소로 정한 것이다. 배워야 할 내용들은 참가자의 수준에 맞도록 하여 참가자에게 동기를 부여할 수 있도록 한다.

"안전을 제일로 생각해야 하는 경우에는 자세 교정이 우선시 된다."

Step 2 : 저의 동작을 관찰하세요

참가자에게 첫 번째 포인트가 중요함을 알리고 그 이점에 대하여 설명해준다. 발을 멀리 디디지 않음으로써 동작의 균형을 이룰 수 있게 되고 부상의 위험도 줄어들게 되며 동작의 효율성이 배가된다.(균형을 이루면

안정성이 생기고 동작의 힘의 균형이 제대로 이루어진다.) 동작을 설명하면서 시범을 보여 참가자가 명확히 이해할 수 있도록 도와준다. 참가자가 혼란을 느낄 여지가 있는 다른 설명은 배제하고 이러한 주요 포인트만 전달하도록 한다.

불친절하다는 인상을 주지 않는 범위 내에서는 여러 참가자를 대할 때는 객관성 있는 태도를 취하는 것이 좋다. 그러나 특정 참가자에 대한 직설적인 지적은 그 참가자를 당황시킬 수 있다는 점을 명심하도록 한다.

Step 3: 저의 동작을 따라하세요

참가자와 마주본 채로 수업을 진행한다. 참가자가 파트 1의 동작을 따라하도록 하면서 세 번 반복한다.

Step 4: 여러분의 동작을 보여주세요

참가자를 마주본 상태에서 참가자가 스스로 파트 1의 동작을 해보도록 한다. 강사는 참가자가 동작을 어느 정도 습득했는지를 잘 판단하도록 한다.

참가자 중 일부가 어려움을 겪더라도 개인적으로 지적하지 말고 모든 참가자와 함께 다시 스텝3과 4를 반복하여 동작을 익히도록 한다. 개별적인 지도가 필요하다면 조용하고 간단하게 하여 참가자가 당황하지 않도록 배려한다. 예민한 참가자에게는 더욱 신중하게 대하도록 한다.

참가자가 파트 1을 제대로 하면 다음의 진도를 나가되 같은 시스템을 적용하여 지도한다. 한 강의에 세 가지 포인트 정도만 가지고 지도하는 것이 적당하다. 물론 참가자의 실력과 강의하고자 하는 내용의 난이도에 따라 적절히 조절할 필요가 있다.

Final step : 저의 동작을 따라한 후 여러분의 동작을 보여주세요

스텝 3과 4를 번갈아 반복하면서 모든 동작을 연습하도록 한다. 외형적인 동작이 제대로 갖추어졌다고 생각되면 아래의 내적 요소들을 고려하여 강의를 시작한다.

내적 요소 강화하기

　태극권의 원칙을 통합하여 정리하는 것은 동기와 인내심이 필요한 작업이다. 이에 대한 연구를 제대로 하기 위해서는 심오하고 상세한 연구가 필수적이며 이러한 원칙들의 정립은 단기간이 아닌 오랜 기간에 걸쳐 이루어져야 할 작업이다. 어떠한 이들에게는 이러한 작업은 평생에 걸친 과제이기도하다. 원리를 이해하는 과정을 통하여 얻을 수 있는 많은 장점들을 참가자에게 알려주고 깨닫도록 도와주어야한다. 그 과정을 즐기면서 겪어나갈 수 있도록 돕는 것이 바로 강사인 여러분의 몫이다. 끝이 보이지 않을 것이라는 부정적인 관점에 초점을 두지 말고 태극권을 탐구해나가는 과정을 하나의 여행으로 생각하고 그 여행을 즐길 수 있도록 해야 한다. 그 여행을 통하여 정신은 맑아질 것이고 신체는 건강해지는 경험을 할 수 있다. 이러한 변화의 모든 단계가 참가자에게는 또 다른 기쁨이 될 것이다.

　보통 강의시에는 한 번에 한 가지 원칙을 다루면서 진도를 나가는 것이 적당하다. 원칙마다 깊이가 다르므로 참가자의 태극권 실력에 적절한 원칙을 다루도록 한다. 예를 들어, 초급자반의 경우 투로를 일정한 속도로 하는 것이 중요한데, 참가자가 초급 과정을 지나 태극권에 익숙해지면 동작에 흐름에 따라서 속도가 각기 달라질 수 있게 된다. (이에 대한 자세한 내용은 제 11장에서 다루기로 한다.) 이러한 원칙을 초급 참가자에게 가르치게 되면 당황할 수 있으므로 주의해야 한다.

> "원리를 이해하는 과정을 통하여 얻을 수 있는 많은 장점들을 참가자에게 알려주고 깨닫도록 도와주어야한다."

　태극권의 원칙은 언뜻 듣기에는 간단하게 느껴지지만 실제로는 그렇지 않다. 규칙적이고 꾸준한 연습을 통해서만 이러한 원칙을 깨달을 수 있다. 태극권 실력이 향상 되어감에 따라 각각의 원칙들이 또 다른 느낌으로 다가올 것이다. 책이나 강사의 말을 통한 원리의 습득만으로는 충분치 않다. 스스로 연습을 통한 깨달음만이 원리를 터득해나갈 수 있는 방법이다.

태극권의 원칙을 효율적으로 가르치는 방법은 참가자에게 실례를 제공하는 것이다. 강사 스스로 완전히 이해할 수 있는 정도까지 연습을 한다. 이 때 반드시 가장 심오한 정도의 원칙을 깨달아야만 하는 것은 아니며 가르치고자 하는 수준의 원리를 몸소 체험한 정도만으로도 충분하다. 그 원칙에 따른 동작의 시범을 제대로 보여주면 강사가 발산하는 에너지의 전파를 통하여 참가자도 그것을 충분히 느낄 수 있게 된다.

강의시 참가자에 대한 기대는 현실성에 바탕을 두도록 한다. 초보자가 동작을 할 때 일정한 속도와 리듬감을 가지고 할 수 없는 것은 당연한 일이다. 필자가 가르쳤던 호세라는 참가자는 시간적인 여유를 가지고 동작을 하는데 매우 어려움을 느꼈다. 다른 참가자는 쉽게 하는 것을 그는 유독 힘들어했기에 쉽고도 단순한 목표를 가지고 강의를 진행하였다. 양가 태극권의 '기세' 동작을 할 때 숫자를 세면서 동작의 속도를 일정하게 유지하는 것이었다. 여러 번 실패를 반복한 후 한 번이라도 제대로 그 목표를 이루면 진심으로 기뻐해주었다. 참가자의 실력에 알맞은 목표를 세우고 강의를 하면 강사도 참가자도 만족할 수 있게 된다.

다양한 원칙은 한 동작의 수행에서도 통합되어 나타날 수 있으며, 여러 동작이나 한 세트의 타이치 동작을 통해서도 이루어질 수 있다. 여기서는 관절염 태극권 12식 동작의 진도를 마친 배운 참가자를 대상으로 한 강의의 아웃라인을 제시해보도록 하겠다. 이 원칙은 다른 형식에서도 적용될 수 있으므로 참조하도록 한다.

Step 1 : 여러분의 동작을 보여주세요

먼저 참가자가 어느 단계(어느 정도의 실력)에 도달했는지를 파악하도록 한다. 이 부분은 앞서 제시한 것과 방법이 같다. 강사는 참가자가 12식 동작을 하는 것을 주의 깊게 관찰하여 참가자의 실력을 파악하고 그에 알맞은 현실적이고 구체적인 강의 목표를 정하도록 한다.

예를 들어, 아래와 같이 5가지의 고쳐야 할 점들을 발견할 수 있다.

1. 동작의 속도가 일정하지 않음
2. 동작이 중간에 끊어져 흐름을 방해함

3. 내적 에너지의 부족
4. 집중력 부족
5. 너무 긴장함

초보자를 대상으로 할 때에는 이러한 다섯 가지의 실수가 가장 흔하게 발견되므로 이를 고쳐나갈 수 있도록 참가자를 지도해야한다. 참가자의 긴장이 너무 풀어지면 부상의 위험이 생길 수 있다. 한쪽에 치우치지 않도록 적절한 긴장을 유지하도록 도와주도록 한다. 참가자가 스스로 긴장을 조절하는 방법을 터득하게 되면 기의 흐름이 활발해지고 그에 따라 다른 문제들도 해결될 수 있게 되므로 지도와 그에 따른 연습이 필요하다.

Step 2 : 저의 동작을 관찰하세요

참가자가 태극권의 원리를 이해하고 그것이 왜 중요한지, 어떻게 쓰이는지를 알아나가는 것이 중요하다. 원칙들을 어떻게 적용시켜 나갈지를 구체적으로 정하고 그것을 제대로 적용하고 있는지를 스스로 판단할 수 있는 실제적인 방법을 터득해나가야 한다.

태극권은 내적인 수련이므로 신체의 기능을 스스로 조절하기 위해서는 자신의 정신을 컨트롤할 수 있어야한다. 긴장을 조절한 상태일 때 정신을 통한 신체 조절이 가능하다는 사실을 인지시키도록 한다. 또한 긴장감을 스스로 조절할 수 있게 되면 일상생활에서도 평안한 심적 상태를 유지할 수 있게 될 것이다. 긴장을 푸는 좋은 방법은 움직이는 데 필요한 최소한의 힘만 사용하는 것이다.

강사가 시범을 보임으로써 참가자는 자신이 배워야할 동작을 익히게 되므로 투로

"시범 보이는 동작이 너무 길어지면 참가자가 지루해 할 수 있기 때문에 적절히 동작을 나누도록 한다."

전체보다는 포인트가 되는 동작들을 충분히 보여주도록 한 후 참가자가 함께 참여하여 연습하는 형식으로 강의를 진행한다. 시범 보이는 동작이 너무 길어지면 참가자가 지루해할 수 있기 때문에 적절히 동작을 나누도록 한다. 특히, 강사와 참가자의 실력차이가 아주 많이 나는 경우에는 참

가자가 시범을 보면서 태극권에 대한 괴리감을 느껴 흥미를 잃게 될 수도 있으므로 장황한 시범을 보이는 것은 자제하는 것이 좋다. 필자의 지인 중 리드라는 사람은 골프를 매우 좋아했었는데 어느 날 갑자기 골프치는 것을 그만두었다. 그가 라운딩을 하고 있던 어느 날 십대 소년이 자신과 함께 골프를 칠 것을 제의하여 치다보니 그 소년이 너무도 뛰어난 실력을 보이더라는 것이다. 자신에게 빌린 골프채로 자신보다 훨씬 더 높은 스코어를 내는 것을 보고나니 골프에 대한 흥미가 완전히 사라졌다는 것이다.

참가자가 강의의 요점을 알아들을 수 있을 정도의 시범을 보여주는 것이 좋다. 강사만이 할 수 있는 동작을 보여주는 데 치중하지 말고 참가자가 중점적으로 연습하여 실력을 키워나가야 할 요점을 알려주도록 한다. 참가자가 스스로 도달 가능하다고 느낄 수 있는 정도의 목표를 세워 연습해나갈 수 있도록 지도한다. 참가자로 하여금 '나도 선생님처럼 할 수 있겠다.' 는 생각이 들도록 만들어주어야 한다.

Step 3 : 저의 동작을 따라하세요

참가자에게 한 세트 전체를 세 번 강사와 함께 하도록 지시한다. 강의하고자 하는 주제와 참가자의 태극권 실력에 알맞은 정도의 분량을 반복하여 연습 한다.

Step 4 : 여러분의 동작을 보여주세요

참가자와 마주본 상태에서 참가자가 스스로 동작을 하는 것을 관찰한다. 강사로서 참가자가 어느 정도 동작을 알고 있는지를 판단한다. 필요에 따라 원칙에 대한 설명을 첨부하여도 좋다. step 3을 반복하되 step 3과 4를 번갈아서 반복하면서 참가자의 동작에 대한 피드백을 제공해주도록 한다.

참가자가 새로운 것을 배우면 그 원리를 이해하기까지 어느 정도의 시간이 필요하다는 사실을 항상 염두에 두도록 한다. 동작을 잘 따라하도록 하는 것을 목표로 하기보다는 그 원리를 이해하는 것에 초점을 맞추어 지도한다. 배우는 과정에 있는 참가자의 태극권 동작이 어색하거나 원래의 생활 습관이 동작에 반영되는 실수를 하는 것은 당연한 일이다. 늘 앞으로 향해서만 나아갈 생각을 가지고 하기보다는 때에 따라서는 한 발짝 뒤로 물러서서 배움의 과정을 즐길 수 있는 여유를 가지도록 참가자를 격려하도록 한다.

Step 5 : 저의 동작을 따라하세요

강의에서 배운 원리를 제대로 이해하기 위해서 참가자와 강사가 함께 연습하는 시간을 가진다. 참가자가 다음 단계의 강의를 진행해도 될 만큼 이해했다고 여겨지면 step 1부터 다시 적용하면 된다.

점진적 단계별 교수법에 관한 고찰

태극권을 수련하면서 실력을 향상시킬 수 있는 방법은 오로지 꾸준한 연습뿐이다. 그러므로 강사는 참가자가 즐거운 마음으로 연습할 수 있도록 동기를 부여해주어야 한다.

배움의 과정에서 겪게 되는 어려움을 도전으로 기꺼이 받아들이는 참가자도 있다. 대개의 경우 상급 과정을 수련중인 참가자에게 이러한 경우가 많다. 다른 참가자가 위축되지 않는 범위 내에서 그러한 참가자에게 적절히 동기를 부여해주는 것이 강사의 역할이다.

예를 들어 참가자에게 동작을 함에 있어서 내적 에너지를 동작에 적용하는 법을 가르친다고 하면 각각의 참가자의 태극권 실력 수준에 알맞은 설명을 통하여 이해시켜야 할 것이다. 태극권에 아직 덜 익숙한 참가자를 위해서 이러한 과정은 많은 시간과 노력이 소요되는 것임을 알려주도록 한다. 물론 이러한 이야기는 모든 참가자에게 해당되는 것이라고 이야기해줌으로써 초급 참가자가 위축되거나 지

> "태극권을 수련하면서 실력을 향상시킬 수 있는 방법은 오로지 꾸준한 연습뿐이다. 그러므로 강사는 참가자가 즐거운 마음으로 연습할 수 있도록 동기를 부여해 주어야 한다."

레 겁을 먹는 일이 없도록 잘 설명해주는 것이 좋다. 당장에 성취해야 할 급한 과제라기보다는 천천히 즐기면서 수련해나가야 하는 과정임을 알려주도록 한다.

심화된 과정을 가르치는 강의에서는 조금 더 집중적으로 강의해도 무방하다. 그러나 한 번에 한 가지 주제로 강의해야 하는 원칙은 동일하며 다음 단계의 진도를 나가기 전에는 항상 참가자가 제대로 이해하고 있는지를 체크해볼 필요가 있다. 이 때 피드백을 주고받는 것도 좋은 방법이며 이 후에는 참가자가 강의 내용을 받아들여 자신의 것으로 이해할 수 있도록 시간적인 여유를 주어도 좋다.

관절염 태극권 워크샵을 제대로 이해시키기 위하여 필자는 참가자가 태극권의 원리를 단계별로 이해할 수 있도록 강의를 진행한다. 워크샵에 참석하는 참가자의 태극권 실력의 범위가 초보부터 상급자에 이르기까지 다양함에도 불구하고 이러한 단계적인 교수법은 참가자 모두가 원리를 제대로 이해해나가는데 큰 도움이 된다.

동작 한 세트를 하는데 몇 분밖에 걸리지 않는 간단한 프로그램이지만 이를 주제로 수년간에 걸쳐 워크샵을 성공적으로 개최해왔으며 필자 역시 이 운동을 꾸준히 하면서 그 효과를 실감하고 있다. 처음에는 같은 형식의 동작을 계속 반복하는 것이 지루할 것이라고 생각하였으나 이러한 운동을 통해서 오히려 필자의 꿈을 이루어가는 원동력인 워크샵이 지속되어온 것이다. 태극권의 원칙을 강의에 적용하여 참가자에게 정확히 시범을 보이기 위하여 끊임 없이 동작을 교정하고 연습하면서 강의의 상황별로 조금씩 다른 의미를 발견해내다 보니 오늘날의 실력을 지닐 수 있게 된 것 같다. 여러분 역시 이와 같은 단계를 거치면서 발전해나갈 것이다.

이러한 과정이 태극권에 있어서는 하나의 큰 과제인 것이다. 끊임없는 반복과 상황에 따른 실제적인 적용을 통하여 실력이 조금씩 쌓여가는 것이다. 여러분이 강사로서 계속 수련할수록 태극권 원리의 간결성과 그 깊이에 대하여 이해하게 될 것이며 그에 따른 성취감 역시 커질 것이다.

상급반 참가자 지도하기

  점차적으로 참가자의 태극권 실력이 향상되면 상급반에 알맞는 강의를 하게 된다. 강의시 일방적인 강의를 하기보다는 참가자에게 앞으로 어떠한 목표를 세우고 태극권을 수련해나갈 것인지에 대하여 스스로 고찰해 볼 수 있도록 인도해주는 것이 장기적인 관점에서 바람직한 강의법이라고 할 수 있다.

  이 때 주의할 점은 참가자가 자신의 실력에 대하여 긍정적인 마음을 가지고 수련할 수 있도록 하는 것이다. 약점에 집착하지 않고 스스로의 장점과 강점에 포커스를 맞추어 연습하는 것이 실력 향상에 훨씬 도움이 된다. 이러한 마음가짐으로 연습할 때 남들보다 더욱 빨리 발전해나갈 수 있다. 캐롤라인 데모즈라는 강사는 태극권은 '자신'을 성찰하고 발전시켜나가는 운동이라고 하였다. 이렇게 자아가 발전해나가기 위해서는 스스로를 긍정적으로 바라볼 줄 아는 마음의 눈을 가져야한다.

  전통적인 교수법은 실수를 지적하여 교정하고 성취한 것 보다는 성취해야 할 것에 대해서만 관심을 두었다. 그러나 이와 같이 부정적인 접근법은 그다지 효과적이라고 보기 어렵다. 스스로에 대한 자신감과 긍정적인 태도로 태극권을 배우는 참가자가 빠르게 발전하는 모습을 보곤 한다.

  긍정적인 자기평가를 방해하는 가장 큰 요인은 스스로에 대한 불신이다. '전통적인' 훈련방식에서는 잘못된 것을 바로잡는데 중점을 두어왔기 때문에 이는 태극권에는 한 가지의 '절대적인 진리' 만이 존재하는 것처럼 보일수도 있다. 자신이 배우는 스승만이 태극권의 한 가지 진리로 여겨왔던 것이 전통적인 태극권의 교수법이었던 것이다. 많은 참가자가 어떻게 하면 시간의 낭비 없이 제대로 된 태극권을 배울 수 있는지를 묻곤 한다. 사실상 태극권에 왕도란 있을 수 없으며 굳이 있다고 말하자면 그것은 꾸준하고 규칙적인 훈련뿐이며 한 가지 절대적인 길만이 존재하는 것이 아니라 여러 가지 진보된 훈련법이 있을 수 있는 것이다.

> "이 때 주의할 점은 참가자가 자신의 실력에 대하여 긍정적인 마음을 가지고 수련할 수 있도록 하는 것이다."

예를 들어 양가태극권에서는 몸을 앞뒤로 움직일 때 발의 움직임이 고양이의 동작처럼 가벼운데, 진가태극권에서 몸을 앞으로 향해 나갈 때 발이 바닥을 스치듯이 움직이거나 종종 발구르기의 동작을 하기도 한다. 양가태극권의 형식에 오랫동안 길들여져 있는 사람이라면 이러한 거친 움직임에 당황스러울 수도 있다. 그렇다하여 진가태극권이 '틀린' 태극권은 아닌 것처럼 태극권에는 여러 가지 다양성이 존재한다.

다양성에 낯설음을 느끼는 사람들은 차라리 한 가지의 절대적 진리와 한 명의 완벽한 스승이 존재했으면 하겠지만 이것은 한 곳에 살면서 바깥세상과의 교류가 극히 적었던 아주 오래전의 이야기일 뿐이다.

상급 참가자가 실력을 쌓을 수 있도록 지도한 후 강사는 참가자 스스로 태극권 수련의 방향을 잡을 수 있도록 가이드라인을 제시한다. 이 때 참가자는 자신이 태극권을 배우는 목표를 명확히 알고 있어야 한다. 대부분의 사람들은 건강 증진을 위한 목적을 가지고 태극권을 배운다. 여기서 말하는 건강이란 정신적·신체적인 건강이 조화를 이룬 상태를 말한다.

강사는 참가자가 태극권의 필수 요소들과 원리들을 이해하여 그것을 바탕으로 과감히 도전하고 시도하여 자신에게 가장 이로운 바를 발견해 나갈 수 있도록 지도해주어야 한다.

참가자가 참조할 수 있는 많은 원칙들 중에서 자신에게 알맞은 원칙을 선택할 수 있도록 강사가 가이드라인을 제시해주는 것도 좋은 방법이다.

균형 (조화)

태극권의 가장 핵심은 균형을 이루는 데 있다. 동작의 균형, 음·양 및 외적·내적 요소의 조화 등이 그 예이다. 동작이 지나치게 부드럽거나 거칠다면 그것은 동작이 불균형을 이룬 것이며 지나치게 몸을 뻗어 넘어지기 직전의 동작이 되는 것 역시 균형이 깨진 것이다.

단전

단전은 신체의 중심이며 기가 모여 있는 곳이다. 단전은 배꼽으로부터 손가락 세 마디 정도 아래, 몸의 안쪽에 위치한 지점을 말한다. 수련하고 있는 양식을 불문하고 태극권을 배우는 사람이라면 누구나 단전과 기침단전에 대하여 인지해야 한다. 이에 대한 자세한 내용은 제 11장과 12장을 참조하도록 한다.

연습

태극권에서 변하지 않는 절대적인 원칙들 중 하나는 '연습' 이다. 태극권에 소질이 있는 어떠한 사람도 꾸준히 연습하지 않고서는 태극권의 참뜻을 알기 어려울뿐더러 태극권을 통하여 얻을 수 있는 여러 장점들을 경험하기 힘들다.

통합

신체의 어느 부위를 움직이든지 여러분의 정신과 신체가 완전히 통합된 상태가 되어야 하는데 이는 각 부위가 조화를 이루어 움직일 때 동작의 변화가 자유롭고 완전해질 수 있기 때문이다. 어느 한 부분이 움직이면 다른 부위는 자연스럽게 따라서 움직이게 되는 것이다. 즉, 정신은 기를 조절하고 또 그 기는 신체를 조절하여 동작과 통합되는 것이다.

동료 강사들과 함께 일하기

다른 강사들과 함께 일하는 것은 쉽지 않은 일이나 협업이 잘 이루어지면 그만큼 일의 효율성이 극대화될 수 있다. 효율적인 협업을 위한 지침들은 다음과 같다.

"나이에 관계없이 상대강사에 대하여 예의를 갖춘다. 의견의 차이가 있더라도 참가자 앞에서는 대립하지 않도록 한다..."

- 나이에 관계없이 상대강사에 대하여 예의를 갖춘다. 의견의 차이가 있더라도 참가자 앞에서는 대립하지 않도록 한다. 강사들 사이의 이야기는 참가자가 없는 자리에서 따로 하도록 하며 제2장에서 언급한대로 긍정적인 언어를 시작으로 대화를 이어나가는 것이 좋다.
- 협업을 하기에 앞서 간단한 미팅을 가짐으로써 업무를 분배하도록

한다. 전체적인 리드를 하는 강사와 그것을 뒷받침해주는 업무를 하는 강사를 정하도록 한다. 이러한 역할은 번갈아서 하도록 한다. 관절염 태극권 프로그램에서는 주 강사와 보조 강사가 세션별로 역할을 번갈아서 맡기 때문에 참가자는 누가 주 강사이고 보조 강사인지 알지 못한다. 이렇게 동등하게 협업하는 것이 참가자와 강사 모두에게 가장 효율적이다.

- 한 세션이 끝나면 강사들은 모여서 강의에 대한 평가를 주고받는다. 필자의 워크샵 역시 준비 과정과 마무리 과정에서 강사들의 토의가 이루어진다. 강사들이 토의를 통하여 결과 보고서를 작성하여 필자에게 전달해주면 다 함께 그 결과를 평가하여 다음 세션의 강의 효율성을 극대화시키기 위한 작업을 하게 된다.
- 주 강사는 보조 강사들이 강의에 골고루 참여하여 공동 진행을 할 수 있도록 배려해주도록 한다.
- 강의중에도 더 나은 강의를 위하여 서로의 의견을 참조하도록 한다. 예를 들어, 수업을 진행하면서 적절한 타이밍에 상대 강사(보조강사)에게 덧붙일 내용이 없는지를 물어봄으로써 강의 내용을 보충하는 것이다.

제 6 장
강의 구성하기

강의의 전체적인 짜임을 결정하는 것은 건물을 세울 때 기초가 중요한 것과 마찬가지로 기본이 되는 필수적인 과정이다. 제 5장에서는 강의를 위한 필자의 교수법 시스템을 소개하였다. 제 6장에서는 아래와 같은 강의에 관련된 실제적인 이슈(문제점)에 대하여 소개하고자 한다.

- 강의를 준비하는 방법
- 강의의 전체적인 짜임
- 강의의 실행과 마무리

강의 준비

준비과정에는 강의의 편성, 마케팅과 자금조달 등이 있다. 이러한 문제들을 해결한 후에 강의 계획을 세우고 리허설을 하면서 강의를 준비해나가도록 한다.

강의 편성(조직)

누구를 대상으로 한 강의를 개설할 것인가?

강사가 머릿속에 그린 강의의 이상적인 결과와 연계하여 어떠한 참가자를 대상으로 한 강의를 할 것인지를 결정하고 참가자를 모집해야한다. 강사 스스로는 이러한 질문을 자문해 보아야한다. '나는 다른 사람들의 건강 증진을 돕고자 하는가?', '연장자들과의 강의를 즐겁게 하는가?', '무술가를 대상으로 강의하는 것을 좋아하는가?'

> "강사가 머릿속에 그린 강의의 이상적인 결과와 연계하여 어떠한 참가자를 대상으로 한 강의를 할 것인지를 결정하고 참가자를 모집해야한다."

뉴질랜드 출신의 태극권 강사인 헤이즐 톰슨은 '강의를 할 때에는 단순한 연장자들이 아닌 지성을 갖춘 분들과 함께 수업을 한다는 사실을 염두에 두고 그에 알맞은 강의를 진행해야 합니다. 단순히 나이가 많은 분들이라고만 생각해서는 안 되는 것이지요.' 그녀의 말에서 참가자를 배려하는 마음을 읽을 수가 있다. 이러한 강사의 수업은 늘 참가자로 가득차기 마련이다.

반면 키이스라는 강사는 무술가가 아닌 일반 참가자를 가르칠 때 답답함을 느끼며, 소수의 참가자를 제외하고는 자신의 기대에 미치지 못한다고 한다. 참가자를 모집하기 위하여 노인을 위한 타이치 교실을 열었으나 자신도 참가자도 결국 만족하지 못하는 강의가 되고 말았다. 결국 그는 자신이 원하는 대로 소수의 무술가를 가르치는 프로그램을 운영하게 되었다.

강사로서 이루고자 하는 목표가 무엇인지, 어떠한 참가자를 대상으로 강의를 할 것인지를 결정한 후에는 참가자를 어떻게 모집할 것인지에 대한 방향을 설정하도록 한다.

강의 장소와 시간은?

이것은 여러분이 가르치고자 하는 참가자에 따라 다르게 결정될 수 있다. 강의 공간의 이상적인 면적은 참가자한 명당 1.5×1.0 평방미터이다. 대부분의 사람들이 이보다 훨씬 더 작은 공간에서 운동을 하게 되는데 건강 태극권 프로그램의 경우는 움직임이 그리 크지 않아 소요되는 공간이 작은 것이 사실이다. 공간의 제약은 상황과 참가자에 따라 달라질 수 있다.

강의 경험에 비추어 자신의 강의 규모에 알맞은 공간의 크기를 결정한다. 가장 좋은 방법은 결정하기 전에 장소를 먼저 직접 살펴보고 강의에 참석할 참가자의 규모에 맞을지를 눈으로 재어보는 것이다. 이 방법을 통하여 필요한 공간을 대략적으로 가늠할 수 있을 것이다.

또한 강의를 하는 공간은 너무 시끄럽거나 번잡하지 않은 곳에 위치한 곳이 좋다. 안전한 환경을 저해하는 시설 등은 없는지도 확인해야한다. (제 4장의 내용 '안전 우선'을 참조한다.) 엘리베이터 시설이 없이 너무 높은 층에 있는 강의실은 관절염을 앓는 사람들에게는 힘들 수 있음을 염두에 둔다. 이러한 여러 가지 고려사항들을 사전에 미리 꼼꼼히 점검한 후에 강의 장소를 결정하는 것이 좋다. 강의 장소를 결정하고 나면 태극권만의 차분함과 전통성을 느끼면서 배울 수 있는 분위기로 꾸며주는 것이 좋다. 태극권의 투로 사진이나 음·양 그림 포스터 등을 사용하여도 좋겠다. 세릴이라는 강사는 자신이 직접 강의실에 투로 동작 그림을 그려 넣어 태극권의 전문적인 느낌을 주는 강의실의 모습으로 꾸몄다고 한다. 효율적인 강의를 위하여 청결하고 정돈된 따뜻한 분위기가 느껴지는 공간을 참가자에게 제공하는 것이 좋겠다.

조용하고 차분한 분위기의 배경음악도 강의에 도움이 될 수 있다. 음악으로써 태극권 수련이 원활하게 진행되도록 만들 수 있다. 필자의 태극권 프로덕션 홈페이지에 이러한 음악이 제공되므로 참조하도록 한다.

> *"가장 좋은 방법은 구전을 통한 홍보다..."*

강의시간은 하루에 약 45분 내지 60분 정도면 적당하다. 관절염 등을 앓는 사람들의 경우에는 늦은 아침인 10시에서 12시 정도 까지 신체의 컨디션이 가장 좋을 때이며, 일반적인 직장인의 경우에는 대부분 저녁 시간의 강의를 선호하는 경향이 있다.

참가자모집을 위한 홍보전략

마케팅 과정 역시 중요한데, 사람들이 강의가 열린다는 사실을 알지 못한다면 여러분의 강의가 아무리 훌륭할지라도 참가자를 모을 수가 없으므로 마케팅 과정은 반드시 필요하다. 다음과 같은 방법을 이용하면 좋을 것이다.

구전 홍보

가장 좋은 방법은 구전을 통한 홍보다. 주변의 지인들과 지역 커뮤니티 등에 알려 강의에 대해 알리도록 한다. 홍보를 위한 부담스러운 강요는 역효과를 가져올 수 있으니 주의하도록 한다. 가장 중요한 점은 강의 내용에 관한 정확한 정보를 알리는 것이다.

브로셔 혹은 전단지를 이용한 홍보

브로셔나 전단지 등의 인쇄물 역시 도움이 된다. 간략하되 필요한 정보를 담아야 하며 특히, 태극권 강의를 통하여 얻을 수 있는 건강상의 이점 등을 논리적으로 설명해야한다. 강사의 자랑을 늘어놓기보다는 태극권의 본질과 수련을 통하여 얻을 수 있는 긍정적인 결과에 대하여 알리는 것에 중점을 두도록 한다.

연장자들은 건강에 도움이 되는 운동을 하기를 원하는 경향이 있으므로 이러한 연령별 특징을 파악하여 홍보문구를 작성하는 것이 좋다. 이 책의 부록에 실린 샘플 브로셔 형식을 참조하도록 한다.

의료 전문가 그룹이나 노인그룹을 통한 홍보

건강 증진을 목적으로 태극권을 배우는 참가자를 모집하고자 한다면 의료 전문가들, 노인복지센터, 피트니스 강사 등을 통하여 브로셔를 배포할 수 있도록 한다.

지역 모임을 통한 홍보

여러 종류의 지역 모임을 통한 홍보를 한다. 이와 관련된 자료는 제 9장의 내용을 참조하도록 한다.

지역 신문을 통한 홍보

지역 신문을 통하여 광고를 하는 방법도 있다. 광고는 간결하게 하되 태극권 수련의 장점 등을 포함하도록 하며 강사의 전화번호, 이메일 등을 실어 참가자가 쉽게 연락을 취할 수 있도록 한다.

신문 기사를 통하여 홍보할 수 있는 방법도 있다. 강의와 관련된 기사를 신문에 게재할 수 있도록 하여 사람들이 태극권과 강의에 관한 정보를 얻을 수 있도록 하는 것이다. 지역 사회의 신문사와의 연계 방법을 제 9장에 소개해두었으니 참조하도록 한다.

인터넷을 통한 홍보

필자는 홈페이지를 통하여 태극권에 관련된 정보들을 제공하고 있다.

구전을 통하거나 인터넷을 통하여 정보를 얻어 태극권 강의에 참석하는 사람들이 꽤 많다는 사실에 주목할 필요가 있다. 필자의 홈페이지에 등록하기 위해서는 접속하여 강사란을 클릭하여 제시된 순서에 따르기만 하면 된다. 여건이 허락되면 개인 홈페이지를 만들어 홍보 하는 것도 좋은 방법이다.

재정(비용) 문제

여러분이 무료로 태극권 강의를 제공할 수 있다면 그것만큼 사회에 큰 기여를 하는 것이 없겠지만 이는 현실적으로 쉽지 않은 문제이다. 비용에 관한 문제를 거론하는 것은 필요한 것이며 노력에 대한 보상을 받는 것은 당연한 일이다. 태극권 강사로서 가장 자랑스러운 것은 사람들이 건강을 향상시킬 수 있도록 도울 수 있다는 점이다. 건강해지면 더욱 행복해질 수 있고 개인의 행복은 사회의 평안을 유지하는 데 큰 역할을 하므로 건강보다 중요한 것은 없다고 할 수 있다. 그러므로 태극권을 가르치는 강사로서 여러분과 필자는 매우 가치 있는 일을 하고 있다고 자신 있게 말할 수 있는 것이다.

> "강의 비용에 관한 것은 강사로서 강의에 투자하는 시간을 고려하여 결정할 수 있다."

강의 비용에 관한 것은 강사로서 강의에 투자하는 시간을 고려하여 결정할 수 있다. 등록은 세션별로 하는 것보다는 학기별로 하는 것이 더 나은데 이는 참가자가 이미 등록을 한 상태에서 수업에 더욱 잘 참여하는 경향이 있기 때문이다. 필자의 태극권 프로그램은 두 달을 한 학기로 하는데 참가자들이 세션별 등록할 때보다 학기별로 등록할 때 조금씩 할인을 해주고, 일 년 단위로 등록을 하면 강의료를 추가 할인해주는 혜택을 제공하고 있다.

요즘 들어 태극권이 배우기 쉬우면서도 재미있는 운동이라는 인식이 날로 커져가므로 강사가 강의를 통하여 사람들의 건강 증진을 도울 수 있는 기회가 점차 많아지고 있다.

필자는 여러 해 동안 비영리 기관인 건강 태극권 단체에서 무료로 태극권 강의를 했던 경험이 있었다. 십 년 전 태극권에 더 많은 시간을 투자하기 위하여 따로 필자의 유료 강의를 열었는데 처음에는 이러한 체계를 세우는 것이 쉽지 않았다. 수 년 간 사람들에게 무료로 강의를 했었던 경력 때문이었는데, 전문 강사로서 입지를 다지기 위하여 강의의 질을 높이기 위하여 노력해야 했으며 참가자가 지불하는 강의료 이상의 가치를 창출하기 위하여 의료인으로서의 경험을 최대한 활용하여 강의를 구성·진행하였다. 그 결과 정부 기관 등 여러 곳에서 태극권 전문 강사로서 인정을 받으며 국제적인 워크샵을 열 수 있게 되었다. 세계 곳곳에서 열리는 필자의 워크샵에 많은 참가자가 참석하는데 그 이유는 그들이 지불하는 강의료 이상의 결과를 얻을 수 있을 만큼 양질의 강의를 제공하기 때문이다. 여러분 역시 각자의 상황에 알맞은 강의를 구성하여 진행하는 데 많은 노력을 기울여 자신만의 가치를 창출할 수 있는 강사가 될 수 있다.

건강 증진에 많은 도움이 되는 운동으로 태극권이 각광받고 있는 만큼, 여러분이 강사로서의 입지를 다질 수 있는 여지 역시 커지고 있다. 사람들의 건강 증진을 도우면서 자신의 커리어도 쌓을 수 있는 좋은 기회인 것이다.

최근 많은 나라의 정부 단체, 자선 단체, 기업 등이 태극권을 통하여 사회 지원을 아끼지 않고 있다. 예를 들어 뉴질랜드의 정부 단체인 ACC(사고보상 처리공사)의 경우 2005년도 노인 만명을 대상으로 한 태극권 무료 강연회를 개최하여 국민들이 건강 증진에 힘쓰기도 하였다.

미국에서는 '건강태극권회'가 설립되어 많은 사람들에게 혜택이 돌아가도록 하는 프로그램을 운영하고 있다. 호주에서도 '호주 태극권 협회'가 설립되어 태극권 전파에 앞장서고 있으며 전문 강사 양성 프로그램을 통하여 많은 태극권 강사를 배출하고 있다. 여러분 주변에 이러한 단체가 있다면 협업을 통한 강사활동이 가능할 것이다.

수업에 대한 준비

가르칠 참가자에 대하여 파악하고 알아나가는 과정 역시 수업 준비의 일부분이다. 이 후에 강의 계획을 세우고 리허설을 통하여 열심히 준비해나가도록 한다.

참가자에 대하여 파악하기

참가자 구성원에 대한 파악을 하면서 그들이 태극권을 배우는 목표에 대하여 알아보도록 한다. 강의 시작 전에 참가자와 미리 전화를 통한 연락을 취하여 인사를 나누고 강의를 시작하기 위하여 필요한 것들을 알려주는 등의 도움을 주는 것이 좋다. 이 과정을 통하여 참가자를 파악할 수 있으며 이는 강사의 강의 계획을 세우는 데 참고가 된다.

"참가자 구성원에 대한 파악을 하면서 그들이 태극권을 배우는 목표에 대하여 알아보도록 한다."

참가자를 모집하는 과정에서 간단한 설문 조사를 통하여 참가자가 태극권을 배우고자 하는 목적을 알아보면 대부분이 건강의 증진을 위한 것임을 알 수 있다. 이러한 간단한 조사로도 참가자에 대한 전반적인 정보를 파악할 수 있다. 또한 참가자가 등록 시 필요한 서류를 통하여서도 참가자에 대하여 파악하는 방법이 있다. 강의 계획을 세우기에 앞서 이러한 참고자료들을 반드시 숙지하도록 한다.

강의 계획 세우기

강의 계획을 세울 때는 참가자가 강의에 참여하는 목적을 분명히 인지하고 있어야 한다. 강의 진도의 양에 치중하기보다는 참가자가 편안하게 강의에 참여하고 효과를 느낄 수 있을 정도로 계획을 세우는 것이 좋다. 현실적으로 가장 적당한 진도는 한 번의 강의에 한 가지 혹은 두 가지 정도의 새로운

"강의 계획을 세울 때는 참가자가 강의에 참여하는 목적을 분명히 인지하고 있어야 한다."

동작을 익히는 것이다. 제 7장에 처음 세 번의 강의 샘플을 제시해두었으니 참조하도록 한다. 또한 필자의 책인 '초보자를 위한 태극권 24식'에도 양가태극권 초보자를 위한 강의 계획 샘플이 제시되어 있다.

예기치 못한 상황이 발생하는 경우도 고려하여 강의를 계획하여 어느 정도의 유연성을 가지도록 한다. 때에 따라서는 강의 계획이 수정되는 경우도 있을 수 있다는 점을 염두에 두고, 참가자가 태극권을 배우는 목표를 이루어 만족감을 얻을 수 있도록 한다.

강의 계획이 어떠한 테두리 안에 반드시 제한될 필요는 없다. 태극권 강의를 위하여 하루를 두고 워크샵을 진행할 수도 있으나 이 때 주의할 점은 여러 번 휴식 시간을 가져야 한다는 것이다. 한 시간에 최소한 10분 정도의 휴식을 취하는 것이 참가자의 신체 컨디션을 조절하는 데 도움이 된다.

경우에 따라서는 태극권 시연 강의를 간단히 진행함으로써 태극권을 홍보할 수 있는 기회가 주어지기도 한다. 필자 역시 미국 인디아나 폴리스에서 열린 비만치료협회에서 600여명을 대상으로 한 시연강의를 할 기회가 있었는데 이 때 강의 계획을 매우 정확하게 세워 진행하였다. 참석한 많은 사람들 중 다수가 만족하여 후에 필자의 워크샵에 참석하기도 하였다.

이 장의 다음 부분에서는 강의 포맷(전체적인 구성)을 제시할 것이며 여러분이 이를 참고하여 강의 계획을 세우고 수정하여 자신의 필요에 부합하는 강의의 틀을 완성할 수 있기를 바란다. 예상치 못한 상황이 발생하는 여러 가지 경우를 변수로 두고 강의 계획을 세우는 것이 좋다.

초반에는 참가자가 집에서 운동하는 습관이 형성되어 있지 않아서 강의를 듣는 시간동안만 운동을 하고 다음 강의까지는 운동을 하지 않는 경우가 많다. 그러나 강사가 참가자에게 집에서의 꾸준한 연습의 중요성을 알려주어 집에서의 연습이 강의의 연장이 된다는 사실을 인지시키도록 한다. 그러므로 강의 시간에 동작을 충분히 익힐 수 있도록 시간을 배분하여 참가자가 다음 강의까지 그 동작을 충분히 연습해올 수 있도록 한다. 너무 많은 분량의 동작의 진도를 나가면 참가자가 모두 기억하기 힘들 뿐 아니라 당황할 수 있으므로 강의 분량을 적절히 조절하는 것이 좋다. 태극권을 즐기면서 익힐 수 있는 단계가 되기 전까지 참가자가 태극권에 대한 흥미를 잃지 않도록 지도하는 요령이 필요하다.

강의 리허설 하기

강의 계획을 구체화한 이후에는 강의 리허설을 해보는 것이 좋다. 가족이나 친구들을 대상으로 리허설을 해보면서 자신이 세운 계획이 어느 정도 현실적이고 구체적인지를 판단해볼 수 있다. 시간을 측정하기 위하여 초시계 등을 이용해보도록 한다. 경력이 많은 강사의 경우에도 리허설은 반드시 필요하다. 필자 역시 건강 태극권 워크샵을 수년간 진행해왔지만 강의를 하기 전에 리허설을 하면 언제나 강의에 도움이 된다는 것을 느낀다.

> "강의 계획을 구체화한 이후에는 강의 리허설을 해보는 것이 좋다."

리허설을 하면서 여러분이 가르쳐야 할 동작들을 연습하도록 한다. 강사 스스로 동작이 조금이라도 어색하게 느껴진다면 참가자 역시 여러분의 강의에 만족하기 힘들다. 필요한 경우에는 필자의 DVD를 보면서 동작을 연습하도록 한다. 강의에 앞서 가장 중요한 것은 강사 스스로 강의 내용을 완벽히 숙지하고 있어야 한다는 것이다.

이러한 리허설은 효과적인 태극권 강의를 위하여 필수적이며 강의 준비에 쓰여진 시간은 그만큼 값진 결과로 나타날 것이다. 철저히 준비할수록 여러분은 효과적인 강의를 할 수 있다.

강의 포맷 (전체적 구성)

강의 지속 시간은 가르치는 참가자와 주어진 시간에 따라 다를 수 있다. 예를 들어 노인의 경우에는 한 시간 동안 쉬지 않고 운동하는 것이 쉽지 않다. 주디라는 강사는 주로 노인을 대상으로 태극권을 가르치는데 강의 시간을 세 파트로 나누어 20분 운동-20분 휴식-20분 운동하는 식으로 강의를 진행한다고 한다. 샤론은 어린이를 대상으로 한 강의에서 30분 운동 - 30분 게임 및 휴식 - 30분 운동 형식을 취하여 강의를 진행하여 참가자가 지루함을 느끼지 않도록 배려한다고 한다.

대부분의 강의에 있어서 한 시간의 강의가 이루어지므로 필자 역시 이를 바탕으로 가이드라인을 제시하고자 한다. 그러나 이것이 절대적인 기준은 아니므로 여러분의 상황에 맞게 조정하여 적용하도록 한다. 각 단계별 주어진 시간은 필자의 제안이므로 참고사항일 뿐임을 염두에 둔다. 이 가이드라인은 아직 태극권에 적응중인 참가자를 위한 강의를 위한 것이며 여러분만의 포맷(전체적 구성)은 융통성 있게 결정하도록 한다. 참가자의 태극권 수준과 목표를 늘 염두에 두고 강의 계획을 세우는 것이 좋다. 여러분이 가르치는 참가자가 상급반의 실력을 갖추게 되었을 때에는 참가자를 위한 최선의 강의 계획이 무엇인지에 대한 확신이 들 것이다.

1단계 : 참여자 소개 (1-5분)

참가자와 좋은 관계를 형성하면서 강의를 시작하는 것이 바람직한데, 참가자를 마음으로 이해하고 그들의 목표를 이룰 수 있도록 배려하는 마음을 가지는 것이 중요하다. 간단한 인사를 건네는 것을 시작으로 강의를 통해 이루고자 하는 바를 참가자에게 알리면서 자신의 소개를 곁들이도록 한다. 강의의 첫 시간에는 참가자가 돌아가면서 자기소개를 함으로써 서로를 알아가는 시간을 가지는 것이 좋다. 이 때 강사가 듣고자 하는 소개 내용을 간략히 알려주어 내용이 구체적이고 강의에 도움이 되는 방향으로 이끌도록 한다. 소개가 너무 길어지면 강의 계획과 시간 분배에 차질이 생길 수 있으므로 '이름, 사는 지역, 강의를 통해 이루고자 하는 목표' 정도를 묻는 것이 좋다. 서로에 대해 알아가면서 친밀감을 도모하고 상호작용이 가능한 관계로 발전시켜나갈 수 있게 된다.

첫 시간 이후의 강의부터는 강의를 시작할 때의 안부 인사는 지난 시간의 강의를 기억하는지를 묻는 것으로도 시작할 수 있다. 혹은 연습을 하면서 질문이 있었는지를 묻는 방법도 있다. 헤이즐이라는 강사는 자신이 정한 두 가지 원칙을 참가자에게 다짐하는 형식으로 수업을 시작하는데 그 두 가지는 '재미있는 수업, 안전을 우선시하는 수업' 이라고 한다. 이는 간단하면서도 중요한 내용으로 올바른 강의 분위기를 형성하는 데에도 도움이 된다.

인사는 상호 존중감을 형성하고 강의의 분위기를 정돈하는데 도움이 된다. 필자의 강의에서는 국제 우슈 연맹의 공식 인사법을 사용하는데('우슈'란 중국 무술을 이르는 말로 태극권은 우슈의 한 분파에 속한다) 이는 중국 전통 수련 방식에서 채용한 것으로 수업의 시작과 마무리 단계에서 하도록 한다.

> "인사는 상호 존중감을 형성하고 강의의 분위기를 정돈하는데 도움이 된다."

참가자에게 이러한 인사 예절과 그 동작의 의미에 대하여 설명해주도록 한다.

- 힘을 상징하는 의미로 오른손 주먹을 꽉 쥔다.
- 겸손을 상징하는 의미로 왼쪽 손의 엄지손가락을 구부린다.
- 우정을 상징하는 의미로 왼손의 다른 손가락들을 붙인 채로 곧게 편다.
- 두 손을 맞댄 상태에서 오른손 주먹을 왼손 손바닥에 댄다. 이러한 동작을 통하여 상호간 존중의 의미를 표현하는 인사가 완성된다.

2단계 : 간단한 이야기로 시작하기 (3-10분)

이 단계는 참가자의 태극권 수준 혹은 주변 상황에 알맞은 타이밍에 하도록 한다. 기본 이론과 태극권의 원리 및 일반적인 배경지식에 관한 설명이 그 내용이 된다. 시작 단계의 서너 번의 강의 후에 강사 나름대로의 수정과정을 거쳐 강의에 적용하도록 한다. 연습과 병행하여 수업을 진행하도록 하며 참가자가 주로 하는 실수를 이론과 연계하여 설명하면 된다.

운동 강의에서 한 번에 5분 이상의 시간을 이론 설명에 치중하게 되면 참가자가 지루함을 느끼는 경우가 많기 때문에 이야기는 간단하게 하도록 한다. 태극권은 동작을 통하여 수련하는 운동이므로 너무 많은 이론 설명보다는 간단한 설명과 동작의 연습을 병행하는 것이 참가자가 재미있게 배울 수 있는 방법이다. 강사로서는 이러한 태극권 지식에 관한 이야기를 전해주고 싶은 마음이 크겠지만 이론을 받아들일 준비가 되어있지 않은 초보 참가자에게는 부담스러울 수 있으므로 주의하도록 한다. 연습보다는 책을 바탕으로 한 이론을 학습하는 데에 치중하게 되면 태극권을 제대로 이해할 수 없을 뿐더러 건강이 향상되는 결과도 경험할 수 없게 된다.

첫 번째 강의에서는 '태극권은 고대 중국에서 기원한 운동으로 부드러운 움직임이 특징이며 건강 증진에 도움이 됩니다.' 정도의 간략한 이야기로 소개하는 것이 좋겠다. 동작을 할 때 '천천히, 부드럽게' 하는 것이 내적인 힘(에너지)을 기르는 데 가장 핵심이 된다고 할 수 있다. 이는 태극권의 역사적인 배경을 설명하는 기본이 되는 이야기이므로 참가자에게 간략하게나마 소개한 후 강의를 하도록 한다.

다음 강의를 위하여 참가자에게 강의의 속도가 느리다고 느낄 수 있겠지만 기초가 튼튼해야 그 위에 실력을 계속 쌓아갈 수 있음을 알려주도록 한다. 인내심 역시 태극권을 배우기 위하여 필요한 요소들 중 하나이므로 이와 같은 이야기는 참가자가 강의 내용을 이해하는데 도움이 된다.

강사가 유의해야할 사항 중 하나는 관절염을 앓고 있는 사람들 혹은 노인들은 오랜 시간 서서 강의를 들을 수 없다는 점이다. 그러므로 강의 도중의 이론 혹은 설명은 되도록 간결하게 해야 한다. 태극권 강의에서 이론은 매우 중요한 부분이나 참가자의 태극권 수준에 따라서 그 중요도가 조금씩 다를 수 있다는 사실을 인지한다. 아무리 내용면에서 뛰어난 이론 설명이라 할지라도 연습과 병행하지 않으면 참가자가 지루해하게 되고 집중력이 저하되면 태극권에 대한 흥미 역시 잃게 되므로 반드시 이론 설명은 연습과 병행하도록 한다. 꾸준한 연습을 지속하다보면 태극권의 중요 원리들을 참가자가 몸소 경험하게 될 것이다.

초보 단계의 참가자에게 인지시켜야 할 중요 원칙들을 요약하면 아래와 같다.

1. 몸의 자세를 곧게 하되 항상 편안한 느낌으로 긴장을 풀도록 한다.
2. 몸의 무게 중심의 이동을 항상 인지하도록 한다.
3. '무릎 굽힌' 자세가 이상적이나 한꺼번에 이러한 자세를 완성하고

자 하지 말고 점차적으로 연습하도록 한다.

3단계 : 준비운동과 스트레칭 운동(8-15분)

준비운동은 참가자가 강의를 준비하기 위한 중요 단계이다. 신체와 정신을 가다듬는 단계인데 근육과 인대의 부상 방지를 위해서도 반드시 필요하다. 강사는 자신만의 준비운동으로 참가자를 지도하는데 그것이 바른 준비운동인지 의료 전문가에게 자문을 구하여 확인할 필요가 있다. 제 4장의 안전 수칙 내용을 참조하도록 한다.

필자의 스텝 1-2-3 준비운동 및 마무리 운동을 참조하려면 제 8장에 소개되어 있다. 동료 강사 및 전문가와 함께 고안한 운동으로 안전을 우선시하였으므로 여러분의 강의에 적용하여도 무방하다. 배우기에 어렵지 않고 기존의 태극권의 요소가 가미되어 기존의 준비운동보다 흥미를 느낄 수 있도록 만들었으므로 강의에 유용할 것이라고 생각한다. 강의 상황에 알맞게 적용하고 개정하더라도 항상 안전을 우선시하여야 한다. 자세한 사항은 필자의 저서인 '초보자를 위한 태극권 24식' 과 지도용 DVD 등을 참조하도록 한다.

> "준비운동은 참가자가 강의를 준비하기 위한 중요 단계이다."

4단계 : 전 강의내용의 복습과 보충(15-20분)

이전 강의에서 배운 내용을 복습하고 교정하는 단계이다. 한 셋을 전부 지도하는 중이라면 다함께 한 셋을 같이 해보는 것도 좋은 방법이다. 배운 만큼 복습해본 후에 부족한 부분은 연습과 보충 설명을 통하여 보완하도록 한다. 필자는 '점진적 단계별 교수법' 을 통하여 태극권의 실력을 향상시킬 수 있는 실제적인 방법을 사용하여 복습을 진행한다. 핵심이 되는 내용은 참가자의 현재 수준을 정확히 파악(평가)하여 실력을 향상시켜 목표를 이룰 수 있는 최선의 방법으로 지도하는 것이다.

수업 중간에는 짧은 휴식 시간을 주어 참가자가 긴장을 풀고 여유를 가질 수 있도록 도와주도록 한다. 이는 다음 단계의 수업을 원활하게 하는

데 도움이 된다. 전통적인 태극권 수련 방식 중에 강의 도중에 잡담을 금하는 경우도 있었는데 이는 분위기를 너무 경직시켜 참가자의 학습을 저해하는 분위기를 형성한다. 유머러스한 이야기로 분위기를 새롭게 하면 운동을 할 수 있는 에너지를 충전하는 계기가 되기도 하므로 강사는 강의의 분위기를 조절하여 참가자가 편안함을 느끼도록 해줄 필요가 있다. 강의와 어울리는 음악도 이러한 분위기 형성에 도움이 되므로 응용해보도록 한다.

5단계 : 새로운 내용 학습(15-20분)

필자의 시스템인 점진적 단계별 교수법에서는 실제적이고 이해하기 쉬운 방법을 통하여 참가자가 새로운 내용을 학습할 수 있도록 한다.

강의 계획을 철저히 준비하되 필요에 따라서는 조정할 수 있는 여유를 가지도록 한다. 참가자가 피곤해하는 경우에는 잠깐 동안의 휴식 시간을 주어 기운을 회복할 수 있도록 해주어야한다. 서있는 대신 앉아서 수업을 진행하는 방법도 있는데 이것은 특히 신체 활동이 불편한 참가자에게는 휴식의 효과와 참가자가 새로운 각도에서 태극권 동작을 바라볼 수 있는 두 가지 효과가 있다. (앉아서 진행하는 강의의 예는 등의 통증을 완화하기 위한 태극권 6가지 동작이 있다.)

그레이스라는 강사는 양가태극권의 람작미(24식 중 7번째) 동작 전체를 강의 중에 참가자가 모두 익히도록 하는 것을 목표로 하여 열심히 지도하였다. 자신의 강의 계획을 이루고자 하는 결심이 매우 컸기 때문에 참가자가 동작을 잘 따라하지 못할수록 그녀는 열띤 강의를 하여 자신이 강의 계획대로 수업을 마쳤다. 다음 강의에서 참가자 대부분이 람작미 동작을 여전히 어려워하며 제대로 기억해내지 못하는 것을 보고 자신의 계획이 너무 컸음을 깨닫게 되었다. 결국, 참가자가 제대로 이해하고 기억할 수 있는 점진적 단계별 학습법으로 강의를 하게 되었고 결과는 만족스러웠다고 한다.

그레이스가 '람작미'와 같이 복잡한 동작의 경우 첫 시간부터 진도를 적절히 조정했다면 참가자가 혼란을 겪지 않고 차근차근히 배워나갈 수 있었을 것이고 두 번째 강의를 훨씬 여유롭게 진행할 수 있었을 것이다.

점진적 단계별 학습법으로 지도할 때에는 중간의 과정을 생략하거나 건너뛰어서는 안 된다. 이 학습법이 유용한 이유는 참가자로 하여금 스스로에 대한 자신감을 줄 수 있다는 점이다. 단계별로 학습하면서 자신이 배운 것을 확인하고 그 다음 단계로 진행하면서 그러한 과정을 반복하기 때문에 수업이 원활하게 진행되는 장점이 있다. 무조건 진도를 빠르게 나가려고 강의를 진행하게 되면 참가자가 강의를 이해하기 어려울 뿐더러 수업이 끝난 후에 그 내용을 제대로 기억하지 못하여 학습자로서의 자신감을 상실할 가능성이 커지므로 강사는 이러한 경우가 발생하지 않도록 항상 주의해야한다.

6단계 : 마무리 운동(5분)

운동을 하면서 사용한 근육과 인대를 풀어줌으로써 부상을 미연에 방지하기 위하여 마무리 운동을 하도록 한다. 최근의 연구에 의하면 마무리 운동의 하나인 스트레칭이 운동 중 생긴 긴장을 완화시키는데 큰 효과가 있다고 한다. 제 8장의 'step 1-2-3'의 마무리 운동을 참조하도록 한다.

7단계 : 긍정적인 피드백 이끌어내기

강의가 끝난 후 강의에서 느낀 좋은 점들을 공유하는 것은 참가자들 서로에게 도움이 된다. 자신이 아는 사람의 경험담을 공유하면 긍정적인 효과가 있으므로 수업 후 이러한 시간을 가지는 것이 좋다.

필자의 강의에 참석했던 린이라는 참가자는 과민증으로 인한 쇼크를 세 번이나 겪으며 생사의 고비를 넘겼던 경험이 있었다. 특히 여행시에는 이러한 쇼크를 겪을 확률이 커서 일상 생활에 어려움을 겪고 있었는데 이러한 어려움에도 불구하고 태극권을 배우기 시작한지 일 년 후 용기를 내어 비행기 여행을 시도하였다. 그러나 공항에서부터 과민증으로 인한 반응이 시작될 것 같은 불안감을 느끼게 되었는데, 그녀는 공항 벤치에 앉아서 눈을 감고 자신이 그동안 배웠던 태극권의 동작을 하는 상상을 했고 그렇게 얼마간의 시간을 보낸 후 눈을 떴을 때에 신기하게도 불안감이 사라졌다는 것이다. 결국 여행을 무사히 마칠 수 있었고 이 후 더욱 자신감과 용기를 가지고 태극권을 배우게 되었다. 이러한 그녀의 경험담은 같은 강의에 참석한 많은 참가자에게 감동과 용기를 주는 긍정적인 효과를 가져다주었다.

실생활에서의 구체적인 경험담은 다른 사람들에게 영감을 준다. 비록 자신만의 특별한 상황에서의 경험이라 할지라도 긍정적인 경험을 공유하는 것은 서로에게 도움이 된다.

8단계 : 다음 강의를 위한 준비

마무리 단계에서는 다음 강의에서 배울 것을 간략하게 시범보이는 것이 좋다. 너무 복잡하고 어려워 보이는 동작보다는 어느 정도 참가자가 이해할 수 있는 범위 내에서 하도록 한다. 다음에 배울 동작을 스스로 생각해볼 수 있는 기회를 주는 것이다.

> "마무리 단계에서는 다음 강의에서 배울 것을 간략하게 시범보이는 것이 좋다."

참가자가 집에서 강의에서 배운 내용을 복습해 볼 수 있도록 과제를 주는 것이 좋은데, 짧은 시간 내에 실행할 수 있는 정도의 분량의 과제가 적당하다. 예를 들면, 하루에 5분씩 배운 내용을 복습하도록 하여 강의 시간 외에도 운동을 연장할 수 있도록 하는 것이다. 과제는 너무 복잡하거나 어렵지 않게 하여 참가자가 그로 인해 태극권에 대한 흥미를 잃는 일은 없도록 한다. 셰릴이라는 강사는 참가자들에게 배운 내용을 모두 잊어버리고 오는 것을 과제로 제시한다고 한다. 사람들은 잊어야 하는 일은 자꾸 생각하는 경향이 있기 때문에 오히려 참가자가 강의 내용을 잘 기억하곤 했다고 한다. 헤이즐이라는 강사의 경우에는 참가자가 일상생활의 자세에 태극권 동작을 접목하도록 유도한다. 예를 들면 설거지를 할 때에 태극권 동작의 자세를 취하도록 하거나 걸을 때에는 무게 중심 이동에 관한 연상을 하거나 몸이 곧게 세우는 동작을 연상하도록 하는 것이다. 필자 역시 워크샵에 참석한 참가자에게 심상(이미지)을 이용한 학습법을 지도하는데 참가자가 쉽게 동작을 이해하는데 도움이 된다. 자세한 내용은 필자와 양키 락스카 박사의 공동 저서인 '형상화를 통한 태극권 학습법' 을 참조하도록 한다.

참가자에게 듣고 싶은 강의의 내용을 미리 물어보는 방법도 있는데 이는 참가자가 자신만의 학습 목표를 세우고 연습하는데 도움이 된다. 참가자가 스스로 세운 목표를 달성하면 반드시 긍정적인 피드백을 제공하여 동기를 부여해주도록 한다.

한국 충남대학교의 송라윤 교수는 참가자가 스스로 학습 목표를 세우고 그것을 매일 매일 기재하여 매 주 학급(강의)의 리더에게 제출하는 방법을 사용한다고 한다. 리더는 참가자가 자신과의 약속을 지키는지를 점검하는 역할을 하여 참가자에게 동기를 부여하는 것이다. 이러한 방식은 참가자에게 약속을 준수하려는 성향을 응용한 과제 부여 방식이다.

마무리

이 단계는 강의가 끝나갈 무렵 배운 내용을 마무리하면서 참가자가 다음 강의까지 그 내용을 잘 기억할 수 있도록 하는 단계이다. 모든 태극권 동작이 '시작-중간-마무리' 의 단계가 합하여 하나의 완벽한 동작을 구성하는 것과 같은 맥락이다.

강의 시간에만 운동하는 것이 아니라 일상 생활에서 꾸준히 연습할 수 있도록 적절한 자극을 주어 참가자에게 동기부여를 해주도록 하는 것이 좋다. 필자 역시 참가자에게 하루에 10분 정도씩이라도 꾸준히 연습하는 습관을 가지도록 하며 점차 연습 시간을 늘려 하루에 40분 정도 수련할 것을 권장한다. 꾸준한 운동을 장려하는 좋은 방법은 계속적으로 참가자에게 긍정적인 피드백을 제공하는 것이다.

필자의 태극권 교실에서는 참가자가 자율적으로 연습할 수 있는 시간을 할당하여 장소를 제공하고 있다. 또한 한 달에 한 번꼴로 공원 등에서 시범 연습을 하며 일 년에 두 차례 집중 워크샵을 열어 참가자가 자신에게 필요한 강의를 선택할 수 있도록 하고 있다.

또한 참가자가 태극권 실력에 따라 상급반 강의를 들을 수 있는 코스를 개설하고 있다. 예를 들면 초급반 과정을 마친 참가자는 24식 강의를 들을 수 있도록 하면서 원하는 경우 42식 강의에 등록하여 더 깊이 있는 강의를 들을 수 있는 기회를 제공한다. 관절염 태극권의 경우는 파트1과 파트 2 강의를 마치고 나면 파트 1과 2를 통합한 심화과정 코스에 등록할 수 있고 그 이후에는 73식 강의를 들을 수 있도록 하고 있다. 또한 참가자가 원하는 코스를 개설할 수 없는 상황이라면 그러한 강의를 제공하는 다른 강사를 추천해주도록 한다. 참가자가 목표를 이룰 수 있도록 도와주는 것이 장기적인 관점에서 그 참가자를 여러분의 강의에 다시 돌아올 수 있도록 할 수 있는 방법이다.

참가자가 계속해서 강의에 결석할 경우에는 전화로 안부를 물어 참가자가 결석하는 원인을 파악하는 것이 좋다. 강사로서 참가자를 염려한다는 것을 참가자가 느낄 수 있도록 안부를 묻는 것도 좋은 방법이다.

한국 서울의 태극권 강사인 엄애용 박사는 강의에 참석하는 참가자의 그룹을 만들어 주어 함께 연습을 하고 강의에 참석할 수 있도록 서로 독려하도록 하는 방법을 사용한다고 한다. 결석한 참가자에게는 전화를 걸어 다음 강의에 참석할 수 있도록 서로 도와주는 것이다. 이러한 방법을 통하여 강의에 활기를 불어넣고 참가자에게 운동할 수 있는 동기를 불어넣어 긍정적인 결과를 얻을 수 있다. 이 방법을 통하여 강의 출석률이 높아져 태극권이 유방암 치료에 미치는 영향에 관한 연구가 수월하게 진행되었다고 한다.

> "참가자 간의 사회적 상호 작용은 강의를 원활하게 진행하는데 큰 도움이 된다."

참가자간의 사회적 상호 작용은 강의를 원활하게 진행하는데 큰 도움이 된다. 참가자가 모일 수 있는 자리를 마련해줌으로써 서로간의 친목을 도모하여 유대감을 형성할 수 있기 때문이다.

참가자가 피드백을 강사에게 수시로 전달할 수 있도록 설문지를 배치하는 것도 강의 진행에 도움이 된다. 참가자는 때로 가시적인 효과를 경험할 수 없을 때 초조해하며 태극권이 정말 건강 증진에 유익한 운동인지 의구심을 가지게 되는 시기를 경험하기도 한다. 이 때 강사는 참가자의 산만한 마음을 진정시켜줄 수 있도록 꾸준한 운동의 유익함에 대한 확신을 심어줄 필요가 있다. 설교를 하는 듯한 태도보다는 이야기를 하는 형식으로 태극권을 통하여 얻을 수 있는 건강상의 이점을 알려주어 참가자를 이해시키도록 한다.

참가자가 건강상의 심각한 문제를 겪고 있다면 강사는 희망의 메시지를 줄 수 있어야 한다. 강사가 의사의 역할을 해야 한다는 것이 아니라 긍정적인 마음을 심어주는 조력자가 되어야 한다는 것이다. 긍정적이고 희망적인 생각을 가지고 운동할 때 실제로 건강에 유익하며 질병을 이겨나가는 데 도움이 되는 것이다. 여러 연구 결과들이 이러한 사실을 뒷받침하고 있다. 강사가 어떠한 구체적인 약속을 해주어야 한다는 것이 아니라 참가자가 희망과 긍정의 마음을 가질 수 있도록 도와줄 필요가 있다는 것이다.

참가자 중 보조강사의 역할을 하여 강의를 도와주는 사람이 있다면 어떠한 방법으로든 그들에게 감사를 표시해야한다. 가장 보편적인 것은 강의료를 할인해주는 방법이 있다. 강의에 늘 참석하는 참가자를 당연하게 여기는 강사가 있는데 여러분의 참가자가 있기에 강의가 존재하고 유지되는 것임을 늘 염두에 두고 고마움을 표시하도록 한다. 여러분이 개설한 강의에 꾸준히 참석하는 참가자에게는 단계를 마칠 때마다 수료증 등을 수여하여 격려의 표시를 하는 것이 좋다.

동기부여를 통한 지속적인 운동 격려하기

참가자에게 동기를 부여하는 것은 꾸준한 수련을 위하여 매우 중요한 과정이다. 참가자가 가장 잘 이해하는 방향으로 강의를 진행하고 스스로에 대하여 긍정적인 인식을 가지고 학습할 수 있도록 배려하는 것이 강사의 몫이다. 또한 강사는 긍정적인 자세로 참가자가 최대한 태극권을 즐거운 마음으로 배울 수 있도록 도우며 태극권을 통해 경험하게 될 긍정적인 결과를 동기부여의 도구로 삼아 참가자를 이끌어주어야 한다. 이에 대한 방법론은 제 2장에 소개된 내용을 참조하도록 한다.

제3부 : 도 구

이제 지금쯤은 여러분은 나의 교수법을 시도해 봤을 것이고, 그 이면에 있는 이론적 배경에 대해서도 이해하게 되었을 것이다. 마찬가지로 여러분은 여러분과 참가자가 이제 태극권을 더욱 즐겁게 되고, 더 좋은 진척을 이루고 있음을 알게 되었을 것이다. 하지만, 여러분이 아직 본서의 파트 1,2를 읽어보지 않았다면, 부디 처음부터 읽어보기 바란다.

이 파트(파트3)는 마치 보물상자 또는 연장통과 같다. 이 안에는 내가 수년간에 걸쳐 개발한 유용한 소재(도구)가 응집되어 있다. 최초의 세가지 레슨에 관한 7장은, 여러분이 정말로 이 책을 처음부터 숙독할 시간이 없다고 하더라도, 관절염 태극권의 교수법에 빠르게 적용하는데 도움을 줄 것이다. 8장에 나오는 'Step 1-2-3' 준비운동/마무리운동 시스템은 건강을 위한 태극권 프로그램의 정수라고 할 수 있다. 여러분은 우리가 제공하는 어떤 워크샵에서도 이 시스템을 배울 수 있을 것이다.

9장과 10장에서는 매스컴, 대중연설, 수업에 대한 광고를 다루는 법, 다른 연구 프로젝트와 협력하는 법에 대한 의견과 조언을 볼 수 있을 것이다.

11장은 태극권의 원리에 대한 짧은 글이 수록되어 있다. 사실, 태극권의 원리에 대해서는 잘 쐬여진 책과 글들이 많이 있지만, 여러분을 위해 가장 본질적인 원리에 대해 요약하였다. 책 전체에 특정한 교수방법을 설명하기위해, 이 원리를 인용하였다.

12장에서는, 나의 동료 강사들의 경험에서 나온 '보석-태극권을 효과적으로 가르치기 위해서 그들이 쓴 글들' 을 발견할 수 있을 것이다. 나는 여러분이 그 글들이 재미있고 유용하다고 느낄 것으로 확신한다.

파트3에 있는 내용들은 각각이 모두 매우 유용하다. 그러니 여러분이 관심가는 주제를 아무거나 골라 원하는 순서대로 읽어보기를 권한다.

제 7 장
시작하기 : 최초의 세가지 레슨

관절염 태극권 프로그램을 위한 최초의 세가지 레슨 제안

일반지침

1. 가능한 한 빨리 본서의 파트1과 파트2를 처음부터 읽어보기를 명심할 것
2. 시작하기 전에, 4장: 안전우선 에 나온 안전수칙에 대해 명심할 것
3. 5장의 점진적 단계별 교수법을 배우고, 6장에 나온 것처럼 여러분의 수업에 어떻게 구성할지를 익힐 것
4. 참가자와 함께 노력할 것; 그들의 요구가 무엇인지 그리고 신체적 조건이 어떠한지를 체크할 것. 그들에게 말로만 가르치는 것보다 함께 일하고 노력하는 것이 훨씬 더 좋다.
5. 참가자가 하루 30-40분정도 정기적으로 연습하게 격려할 것. (이는 각각의 세션을 통해 달성되어도 됨)
6. 참가자를 비판하지 않도록 할 것. 적절할 때 그들에게 긍적적인 피드백을 주며 구체화 시킬 것. 예를 들어, '참 잘했어요.' 라는 말은 어떠한 부분이 구체적으로 좋은지를 명확하게 하지 않으면 큰 의미가 없다. '당신의 움직임은 느리면서도 부드럽네요. 매우 좋아요.' 와 같이 구체적으로 말하도록 노력할 것.
7. 수정은 최소로 할 것; 한 번에 개선점으로 한 개씩만 지적할 것이며, 가능하면 수정 전·후 긍정적인 피드백을 줄 것.
8. 말은 최소한으로 할 것. 태극권 이론은 매우 중요하지만, 많은 설명은 참가자가 태극권을 이해하게 도와주지 않을 뿐더러, 그들의 건강이나 태극권 자세를 향상시키지도 않는다. 또한 이론은 참가자의 태극권 숙련 정도와 연관이 있어야 하고, 쉽게 이해되어져야 한다.

9. 시작하기 전에, 참가자에게 법적면제양식을 서명토록 요구하거나, 필요한 경우에는 의사의 서면허가를 받는 것을 고려해 볼 것.
10. 수업 전에 내용을 연습해 볼 것. 수업의 리허설에 시간을 많이 할애할 것.

수업 1

환 영 (20분)

여러분 자신을 소개하라. 태극권 교사로서의 자격과 여러분의 태극권 수업에서 참가자가 어떤 이익을 얻을 수 있는지에 대해 간단한 설명을 하라. 예를 들면, 관절염 태극권 프로그램은 관절염, 균형감 그리고 다른 건강요인을 향상시킬 수 있음이 과학적 연구를 통해 증명되었다. 그러므로 참가자가 3개월 이내에 자신들의 건강개선을 기대할 수 있을 것이다.

참가자가 자신에 대한 소개를 하도록 하라. 예를 들면, '여기에 있는 모든 분들에게 당신의 이름, 어디에 사는지 그리고 왜 이 수업을 시작하게 되었는지를 말씀해 주세요.' 라며 시작한다. 이름표를 이용하는 것도 좋은 방법이다.

인 사

수업의 시작과 끝에 간단한 인사를 나눌 시간을 만들라. 6장에 나온 무술계에서 사용하는 '포권의 예'를 사용할 수도 있을 것이다.

준비운동 (10분)

8장에 설명된 'Step 1-2-3(2001년부터 개선되어온 관절염 태극권 프로그램의 정수인)'을 이용하라. 만일 여러분이 (관절염 태극권이 아닌) 다른 태극권을 가르치고 있다고 해도, 워밍업을 위해 Step 1-2-3를 이용해도 좋을 것이다.

강 의 (5분)

태극권은 고대 중국무술에서 유래한 매우 온화한 운동이다. 이는 특히 건강에 매우 이롭다. 태극권의 주요 특징 중 하나는 움직임을 통제하는 것이다; 내적 힘을 생성키 위해 느리게, 부드럽게 움직이는 것이 매우 중요하다.

태극권을 배우는 것은 지루한 과정이 될 수 있다는 것을 설명하라. 참가자가 자신에게 그리고 강사에게 인내심을 가지게 되기를, 태극권을 위한 좋은 토대를 만들기에 충분한 시간을 할애할 것을 요청하라. 이렇게 해주면, 그들은 더 많은 건강상 이득을 얻을 것이며, 더 오랜기간 태극권을 즐기게 될 것이다. 인내라는 것 또한 태극권의 본질적 원리 중 하나이다.

본 수업(Lesson) (15분)

'점진적 단계적 교수법'을 활용하여, 1식 '기세'를 가르치라. 여기서 '보(발동작)' 발동작에 대한 간단한 설명을 하겠지만 5장에 자세히 설명된 전체 방법을 읽고 이해해야 함을 명심하라. 만약 여러분이 이 동작과 그 세부 내용에 대해 익숙치 않으면, '관절염 태극권 교육용 DVD/Video'를 참조할 수 도 있다.

Step 1. 강사가 전체 동작을 하는 것을 지켜보기

Step 2. 강사가 파트1을 시연할 때 따라하기 (3번)

파트1 : 어깨높이로 손을 올렸다가 단전근처로 내린다.

Step 3. 강사에게 보여주기

참가자가 파트1을 시연하게 요청하라. 만일 여러분이 보기에 참가자들이 충분하게 배우지 못했다고 생각되면, Step 2와 3을 반복하라.

Step 4. 강사가 파트1과 파트2를 시연할 때 따라하기 (3번)

파트2: 가슴까지 손을 올렸다가 앞으로 밀기

Step 5. 강사에게 보여주기

참가자가 파트1, 2를 시연하도록 요청하라. 필요하면, Step 4, 5를 반복하라.

Step 6. 강사가 파트3를 시연할 때 따라하기 (3번)

발동작을 따로 배움.

파트3: 왼발을 앞으로 한발 나아가고, 어깨너비 정도로 오른쪽 발을 따라 붙인다.

Step 7. 강사에게 보여주기

참가자가 파트3를 시연케 요청하라. 필요하면, Step 6, 7을 반복하라.

Step 8. 강사가 파트1,2,3을 시연할 때 따라하기 (3번)

몸·발동작을 결합한다.

Step 9. 강사에게 보여주기

참가자가 파트1,2,3을 시연케 요청하라. 필요하면, Step 8, 9를 반복하라.

Step 10. 따라하기/보여주기

전체동작을 3번 또는 4번 실시한다. '따라하기'와 '보여주기'를 반복시킨다. 한 동작을 완벽히 익히게 하는 것이 여러 동작을 가르치는 것보다 훨씬 중요함을 명심하라.

그 후 질문을 받으라. 참가자가 동작의 연속성과 형태를 이해한 후, 이와 관련된 적절한 태극권의 원리를 가르치라.

마무리 운동 (5분)

마무리 운동을 하는 것은 참가자의 긴장을 늦추고, 근육과 인대를 풀어주며, 상해를 방지한다. 다음 챕터에 설명될 'Step 1-2-3' 초식은 여러분이 사용할 수 있는 마무리 운동을 포함하고 있으니 참고하라.

수업 2

환 영

강의 (2-5분)

부드럽게 움직이기

　이런 운동의 시작 시기에 여러분의 움직임의 속도를 조절하는 것에 대해 생각하는 것은 중요한 일이다. 그렇게 함으로써, 동작은 부드럽고 정지하지 않고 편안하게 움직일 수 있는 가장 느린, 등속으로 움직일 수 있다.

준비운동 (10분)

본 수업 (40분)

　수업중 여러분이 시간배분을 어떻게 하느냐는 참가자의 진도에 따라 좌우된다. 보통 동작을 재점검하는 것이 새로운 동작을 가르치는 만큼 시간이 소모된다. 태극권 교실에 참여하는 대부분의 사람들은 교실에서만 태극권을 하고 교실을 나가면 연습하지 않는다. 여러분은 참가자에게 집에서의 연습의 중요성을 이해시키고 그런 습관을 들이게 하는데 많은 시간을 할애해야 한다.

　수업 중 가능한 한 많은 연습을 시키고 참가자가 대부분의 시간동안 움직이도록 해야한다 여러분은 이것이 가장 효과적인 교수법임을 알게 될 것이다. 수업 중 연습은 참가자에게 태극권의 흐름을 느끼게 하고, 동작의 연속성에 더 익숙해지게 한다. 참가자에게 동작을 기억하게 해서, 집에서도 연습할 수 있게 하는 것이 중요하다.

　수업1 에서 배운 내용을 교정하라. - 참가자를 교정하고 향상시키는 기술적 방법에 대해서는 5장을 참조하라.

　참가자가 이전 수업을 얼마나 잘 배웠는지를 참고하여 다음의 새로운 내용을 가르치라. 만일 참가자의 배움이 느리다면, 한 동작만 가르치라. 참가자의 배움이 빠르면, 교정을 반복하고 부드럽게 움직이는 것에 대해 연습하라. 하지만, 2가지 이상의 새로운 동작을 가르쳐서는 안 된다. 여러분의 교수를 위해 '점진적 단계별 교수법' 의 이론적 해설을 이용하라;
- 동작2 개수/합수
- 동작3 단편

마무리 운동 (5분)

질의응답 및 제안받기

수업 마무리

6장에 설명된 것 처럼, 참가자에게 간단한 숙제를 주고 다음 주에 무엇을 배울지에 대해 동작을 미리 보여준다.

수업 3

환 영

강의 (2-5분)

균 형

정식적·신체적 균형을 가지는 것은 대단히 중요한 일이다. 태극권은 특히 두 가지에 모두 효과적이다. 신체적 균형은 여러분이 움직일 때 유지하여야 하는 균형을 말하는데, 예를 들면 동작4 운수에서 필요로 하는 부분이다. 신체적 균형을 잘 유지하는 것은 근육의 힘을 향상시키고 넘어지는 것을 최소화활 것이다.

정신적 균형에 대한 자세한 내용은 다음에 다루도록 하겠다; 지금 여러분은 자신의 태극권에 집중하도록 노력해야하고 다른 것에 의해 주의가 흐트러지면 안된다.

준비운동 (10분)

본 수업 *(40분)*

수업 1, 2를 교정하라. (반복하고 개선함)

동작 4 운수를 가르치라. 만일 참가자가 이 동작의 숙달에 어려움을 느낀다면 이를 두 부분으로, 두 수업으로 나눠 가르치라.

마무리 운동 *(5분)*

질의응답 및 제안받기

수업 마무리

간단한 숙제를 주고 다음 시간에 무엇을 배울지를 설명하라.

제 8 장
'Step 1-2-3' 준비 운동과 마무리 운동

 나는 나의 태극권·건강 전문가 동료들과 안전하고 이해하기 쉬운 준비운동, 스트레칭, 마무리 운동 등의 일련의 운동과정를 만들어내기 위해 거의 2년이라는 시간을 투자했다. 'Step 1-2-3' 체계는 본질적인 태극권의 원리를 포함하고 있으며 배우기 쉬우며 기억하기도 쉽다. 이 운동은 여러분의 참가자의 마음을 태극권에 집중시키고, 부상을 최소화하며, 유연성을 증가시킴으로 그들을 수업에 임하게 한다.

 Step 1 (준비 운동)과 Step 2 (스트레칭)을 수업도입부에 실시하고, Step 3 (마무리 운동)을 수업을 마치기 전에 실시한다. 여러분이 이 동작에 익숙해지면, 자신의 태극권을 더 발전시킬 수 있으며, 만일 그 동작들을 연속으로 나열하면, 이는 훌륭한 태극권의 투로가 될 것이다. 더 자세한 정보를 원한다면 양키 락스카와의 공저인 필자의 책인, '초보자를 위한 태극권과 24식 (www.taichiproductions.com에서 판매)' 을 참조하여도 좋다. 우리는 여러분이 이 운동을 기억하고 가르치기 쉽게 차트도 개발하였다.

 여러분은 이러한 필자의 운동 체계를 허가나 면허 없이 여러분의 수업에 활용할 수 있다. 하지만 안전하게 가르치기 위해 조심해야 한다. 필자의 모든 운동 체계를 여러분의 책임하에 이용할 수 있다. 여러분은 필자자신 또는 필자가 공인한 전문강사에 의해 운영되는 강사를 위한 건강태극권 워크샵에 배울수도 있다. 이 워크샵의 일정은 필자의 웹사이트 (www.taichiproductions.com)에 있다.

 이러한 운동을 가르칠 때, 가장 쉬운 동작을 먼저 시행해야 함을 명심하라. 참가자가 동작에 익숙해져 있을 때에만 더 어려운 동작을 하게끔 유도하라. 만일 수업에 여러분이 생각하기에 도움이 필요한 참가자가 있다면, 언제든 그들이 필요할 때 의자나 벽을 이용할 수 있게 제안하라. 필요시 여러분이 시연을 하기위해 의자를 사용하는 것도 좋은 방법이다.

Step 1 : 준비운동

1,2분간 주위를 걷고, 손과 발을 부드럽게 흔들고, 주먹을 쥐었다 폈다 반복하라. 이는 여러분의 몸과 관절을 풀어주고, 추후 진행될 운동에 필요한 혈액순환을 시작시킨다.

Step 2: 스트레칭 운동

태극권의 원리는 이 운동에 집약되어 있다. 이 운동을 꾸준히 하면 여러분의 유연성이 증가하고 근육이 자연스럽게 준비될 것이다.

- 모든 동작은 천천히, 연속적으로, 부드럽게 진행할 것
- 여러분의 편안함의 정도에 맞춰 움직일 것. 처음 동작시 여러분의 평소 동작범위의 70% 까지만 스트레칭을 하고, 그 범위를 점차 높일 것.
- 가능하면 양쪽 방향 모두 진행할 것.
- 각 스트레칭 동작을 3-5번 반복할 것. 어느 방향을 먼저하든 상관없음.
- 신체적 균형을 잡는데 문제가 있다면, 의자나 벽에 의지할 것.
- 몸의 여섯 부분을 부드럽게 스트레칭 할 것 - 목, 어깨, 척추, 엉덩이(골반), 무릎, 발목 - 각 부분에 대해 두가지 형태의 스트레칭을 함. 위에서 아래로, 목에서 시작하여 발목에서 끝나는 방향을 진행됨을 알면 이 동작들을 기억하기가 편할 것임. 만일 발목에서 위로 반대방향으로 진행하여도 괜찮음.
- 따로 명기되지 않으면, 발은 항상 어깨너비로 벌릴 것.

목 운동

1. 아래 보기

두 손목이 풍선에 의해 위로 올려지는 것을 상상하며, 숨을 들이쉬면서, 양 손을 천천히 위로 올린다.

손가락이 위로 향하게 손바닥을 뒤집는다. 손바닥을 가슴으로 가져오며 턱(또는 머리)를 부드럽게 뒤로 밀어준다.

양 손을 몸 앞쪽으로 확장시키며 숨을 내쉬고, 손을 천천히 그리고 부드럽게 아래로 눌러 내린다. 동시에, 머리를 가슴방향으로 지긋이 눌러준다.

2. 머리 돌리기

앞서 실행한 방법으로 시작한다. (풍선에 의해 손이 올려짐) 양손을 올리고 왼쪽 손을 뒤집어서, 손가락이 위로 향하게, 손바닥이 여러분을 향하게 한다. 동시에 오른 손을 아래로 눌러 손바닥이 아래로 향한채 오른쪽 엉덩이 옆에 둔다. 왼 손바닥을 쳐다본다.

눈을 왼 손바닥에 고정시키고, 왼손을 왼쪽 방향으로 이동시키면서 머리를 천천히 왼쪽으로 돌린다. 그 후, 앞을 향하게 제자리로 돌아온다. (손과 머리 모두) 양손의 손바닥 방향을 바꾼 후, 이제 오른손 바닥이 여러분을 향하게 하고 왼손바닥은 왼쪽 엉덩이 옆으로 눌러준다. 오른 손바닥을 응시하며 머리를 오른쪽으로 돌린다.

어깨 운동

1. 어깨 돌리기

어깨를 앞으로 뒤로 각 3번씩 부드럽게 돌려준다.

2. 기 모으기

숨을 들이쉬며, 양팔을 옆으로 들어올린다. 손바닥이 위로 향하게 하고, 양 팔을 머리 위로 올린다.

숨을 내쉬며, 몸의 앞쪽 방향으로 부드럽게 양손을 단전아래까지 내린다.

척추 운동

1. 척추 스트레칭 (하늘과 땅)

마치 큰 풍선(비치볼)을 안고 있는 것처럼, 한 손을 다른 손위에 두고 손바닥끼리 서로 향한 채로 맞 잡는다. 숨을 들이쉰다.

숨을 내 쉬며, 한 손 (천정을 마주보고 있는 손)을 천정쪽으로 올리며,

동시에 다른 손을 몸 옆으로 내린다 - 이때 척추가 부드럽게 위아래로 스트레칭 되는 것을 상상하라. 그리고 난 뒤, 손을 바꿔 실시한다.

2. 척추 회전

마치 큰 풍선(비치볼)을 안고 있는 것처럼, 왼손을 위에 올린채로 두손을 서로 맞잡는다.

무릎을 살짝 굽히고, 허리를 부드럽게 왼쪽으로 돌린다. 그런 후 손을 바꿔잡고(오른손을 위에 올리고) 오른쪽으로 허리를 돌린다. 등은 똑바로 부드럽게 세우고, 정면에서부터 45도 이상을 돌리지 말 것, 어깨로부터가 아닌 허리로부터 돌릴 것 을 명심하라. 측면으로 너무 많이 돌렸는지를 체크하기 위해서는, 최대한 허리를 돌린 후 아래를 바라보라; 손이 무릎에서 손바닥으로 그어진 직선상으로부터 벗어나서는 안된다.

골반 운동

1. 전면 스트레칭

무릎을 살짝 굽히고 왼발의 뒤꿈치를 앞으로 한발 나간다. 몸의 균형을 맞추기 위해 양손을 뒤로 밀어준다.

왼발을 뒤로 한발 나가며 발가락으로 지지하고, 균영을 맞추기 위해 양손을 앞쪽으로 어깨높이까지 늘려준다. 반대쪽을 실시한다.

좀 더 쉬운 방법 : 왼쪽발을 뒤로 한발 나가기 전에 오른발 옆에 놓는다.

2. 측면 스트레칭

무릎을 살짝 굽히고, 벽을 미는 것처럼 두 손을 측면으로 밀어준다. 동시에, 반대쪽 발을 반대방향으로 늘려준다. 직립자세를 유지하여야 하며 불편하지 않게 최대한으로 실시한다.

무릎 운동

1. 느린 발차기

손바닥이 위를 향하도록 손을 가볍게 쥐고, 엉덩이의 옆에 놓는다. 무릎을 살짝 굽힌다.

천천히, 부드럽게 발차기를 하는 것처럼 한쪽 발을 뻗는다. 동시에, 반대쪽 주먹을 손바닥이 아래로 향하게 앞으로 뻗는다. 팔과 발을 제자리에 놓고 반대쪽 방향을 실시한다.

좀 더 쉬운 방법 : 발차기를 하지말고 발가락이 땅에 닿도록 발을 앞으로 뻗고 제자리에 놓는다. 이 운동에서의 키 포인트는 무릎을 부드럽게 바깥쪽으로 뻗어주는 것이지, 발차기가 필요한 것은 아니다.

2. 앞으로 나가기

손바닥이 위를 향하도록 손을 가볍게 쥐고, 엉덩이의 옆에 놓는다. 무릎을 살짝 굽히고, 한발을 앞으로 나간다.

몸이 앞으로 나아가면서 무게중심을 앞발로 옮기고, 반대쪽 주먹을 앞으로 내지른다. 발을 제자리에 놓고 반대방향을 실시한다. 몸을 부드럽게 똑바로 세우는 자세를 유지한다.

발목 운동

1. 두드리기

손을 엉덩이 옆에 두고, 발뒤꿈치·발끝을 번갈아 바닥을 가볍게 두드린다. 그 후, 반대방향을 실시한다.

2. 회전

뒤꿈치를 든 상태로 발가락을 바닥에 닿게하고 한 방향으로 발을 3번 회전시키고, 반대 방향으로 3번 회전시킨다. 발을 바꾸어 실시한다.

좀 더 쉬운 방법 : 발을 안쪽으로·바깥쪽으로 몇 번 뒤집는다. 뒤집는 발에는 몸무게를 싣지 않아 과도한 스트레칭을 피한다.

Step 3: 마무리 운동

이 운동은 여러분이 태극권 수업을 마친 후 사용되어질 것이다. 그러므로 미리 이 운동을 배워둘 필요가 있으며, 그리하면 여러분의 첫 번째 수업에 바로 이용할 수 있을 것이다. 이 운동은 유연성을 증가시키며, 근육의 긴장을 풀어주고 부상을 방지하는데 도움을 줄 것이다.

1. 허벅지 두드리기

왼쪽 무릎을 편안한 위치만큼 위로 올리고 왼 주먹으로 허벅지의 윗부분을 부드럽게 두드린다. 그 후 반대방향을 실시한다.

2. 긴장과 완화

숨을 들이쉬며, 주먹을 꽉 쥐어 몸 전체의 근육을 부드럽게 긴장(응축)시키고, 가능하다면 발가락으로 서 있는다.

숨을 내쉬며, 부드럽게 발을 제자리로 놓으며 모든 긴장을 푼다.

3. 팔로 원그리기 (기 모으기)

숨을 들이쉬며, 손바닥을 펴서 위로 향하게 하고 양팔을 옆으로 확장시켜 벌린다. 곡선을 그리며 팔을 머리위까지 움직인다.

숨을 내쉬며, 몸의 앞쪽 방향으로 부드럽게 양손을 단전아래까지 내린다.

제 9 장
대중 연설 및 대중 매체와 함께 일하는 방법

    태극권과 여러분의 수업을 대중에게 장려하는 가장 효과적인 방법은 회의나 컨퍼런스에서 프리젠테이션을 하거나 대중 매체를 이용하는 것이다. 이런 기회는 가끔은 갑자기 여러분에게 찾아오는 경우도 있지만, 대부분은 직접 밖에 나가서 이런 기회들을 찾아봐야 한다. 만일 여러분이 일반 대중을 접할 기회(연설이나 매스컴을 통한)가 생긴다면, 이 기회를 최대한 활용해야 함을 명심하라. 이는 마치 여러분의 수업에 새로운 참가자가 자발적으로 찾아오는 것과 같이, 놓칠 수 없는 좋은 기회다. 나는 이제부터 이런 기회들을 어떻게 최대한 활용할 것인지에 대한 간단한 가이드(태극권 중심의)를 제공할 것이다. 나는 컨퍼런스 발표, 대중 연설, TV 인터뷰, 신문기사 등 전세계를 누비며 다양한 대중 매체와 함께 일한 기회가 많았다. 과거 몇 년간의 경험을 통해 대부분의 경우에 통용될 수 있는 방법을 찾아냈다. 이 챕터의 마지막 부분에 이런 기회들에 대해 어떻게 사전준비를 할 것인지, 이런 기회를 어떻게 만들어 낼 것인지에 대한 정보를 제공할 것이다.

    주요 단계는 준비과정, 강연, 연설 후의 후속처리과정으로 나뉘어 진다.

> "만일 여러분이 일반 대중을 접할 기회(연설이나 매스컴을 통한)가 생긴다면, 이 기회를 최대한 활용해야 함을 명심하라."

준비과정

    강연을 준비할 때 청중에게 집중해야 한다. (그들이 원하는 것이 무엇인지, 여러분의 이야기로부터 어떤 이익을 얻을수 있는지) 사람들은 여러분이 제시하는 것이 그들에게 이익이 될 수 있는 지를 알고자 한다. - 그들은 여러분이 얼마나 훌륭한 사람인지는 무관심 하지만, 얼마나 신뢰할 수 있는 사람인지에 대해 알고 싶어한다. 즉, 여러분이 그들에게 이익을 줄 수 있는 사람이고 그만한 신뢰가 가는 사람인가?

배경정보

컨퍼런스와 회의

    강연을 하기 전 가능한 한 많이 알도록 해야 한다. 더 많이 알수록, 강연이 더 효과적이다. 아래의 내용에 대해 정보를 얻자:

- 청중
- 청중의 수가 얼마나 될 것인가?
- 나이, 배경 및 관심사
- 그들이 무엇을 알고자 하는가?
- 만일 강연이 컨퍼런스라면:
  - 주제가 무엇이며 다른 발표자의 강연 주제는 어떤 것인가?
  - 여러분의 발표 시간은?
  - 다른 발표자들이 있는가?
  - 발표의 사례는 얼마인가?
  - 사전 준비, 장비 조율, 변경에 대한 사항을 확인하기 위해 누구와 접촉해야 하는가?
  - 프로젝션, 마이크, 칠판 등 여러분의 강연에 사용될 어떤 시청각 장비가 구비되어 있는가?
  - 어떤 장소에서 발표할 것이고, 그곳의 음향시설은 어떤가?
  - 강연장으로 가는 방법, 주차장의 위치 등.

매스컴과의 인터뷰

    만일 여러분이 매스컴과의 인터뷰 또는 매스컴에 기고를 할 계획이라면 아래의 내용에 대해 정보를 얻자:

- 어떤 종류의 간행물인가? (예를들어, 지역신문·광역신문·잡지·전문학회지 등)
- 청중은 어떤 사람들인가? (나이, 배경 및 관심사 등)

- 간행물의 발행부수는?
- 인터뷰에 할당된 시간은?
- 기고문의 분량는?
- 최종 인쇄전 여러분이 기고문을 미리 체크할 수 있는지?

예를들어, 여러분이 신문이나 잡지에 150단어 분량의 기고문을 요청 받는다면, 이 분량은 상대적으로 적으므로, 그 내용이 간결하여야 한다. 나는 한번 '호주여성주간'에 관절염태극권 프로그램에 대한 내용으로, 100단어 정도의 매우 적은 분량의 기고문을 작성한 적이 있다. 그 후, 며칠간 우리 사무실의 전화는 쉴새없이 울렸다.

만일 여러분이 신문이나 TV의 인터뷰를 준비 중이라면, 신문이나 TV에 실제로 나가는 내용보다 인터뷰에 소모되는 시간이 매우 다를 수 있음에 주의해야 한다. 나는 한번 미국의 ABC 방송국과 TV인터뷰를 한 적이 있었는데, 이는 약 6분간 방송되었는데, 실제 인터뷰에는 3시간이나 걸렸다. - 나의 동료인 낸시는 참가자들로 가득찬 버스로 TV 인터뷰를 위해 샌프란스시코로 2시간 동안 이동해서 2시간 동안 촬영을 했다. - TV에는 20초 정도만 방송이 되었다! 중요한 것은 여러분의 방송노출 시간의 길이가 아니고, 이를 잘 해낸다면, 이는 태극권의 보급에 매우 도움이 될 것이고, 많은 사람들을 여러분의 수업으로 인도할 것이며, 그 사람들이 태극권을 통한 즐거움과 건강의 이익을 얻을 수 있게 도와줄 수 있다는 점이다.

여러분이 누구를 상대해야 할지를 명심하라

여러분이 상대할 조력자 (리포터, 언론인, 사진작가, 회의 주최자 등)에 대해서 잘 아는 것이 중요하다. 이들의 관심을 끌어야, 여러분이 말하고자 하는 메시지를 대중에게 전달하는 것이 가능하다. 어떠한 방법이 그들과 의사소통을 하는 가장 효율적인 방법인지를 알아야 하고, 그들의 시간 및 선호도를 존중해야 한다. 어떤 리포터는 인터뷰나 출간전 사전에 미리 정보를 작성해서 주는 것을 좋아하고, 또 어떤 사람들은 사전정보없이 처음부터 작업하는 것을 좋아한다. 어떤이들은 이야기를 듣는 것을 좋아하고, 또 어떤이는 자신들이 듣고자 하는 것을 말해주기를 요구하는 것을 좋아한다. 훌륭한 언론인은 미리 사전연구를 하기도 한다. 대체로 리포터는 여러분의 메시지에 대해 사전 지식이 있으며, 청중은 그렇지 않다고 생각하면 된다. 여러분이 이런 조력자들에 대해 알게되면, 어떠한 방법을 사용할지를 알게 될 것이다.

대부분의 청중들이 알고자 하는 일반적 내용을 제시하자면:
- 태극권이란 무엇인가?
- 어떻게 하는가?
- 태극권이 청중들에게 어떤 이익을 주나?
- 청중들이 어떻게 배울수 있을까?
- 구체적으로 어떻게 보여지고 느껴지는가?
- 태극권이 다른 운동들과 다른 독특한 점이 있는가?

대부분의 언론인은 실제 사례를 다루기를 좋아하므로, 이에 대해 준비하고 몇몇 참가자로 하여금 그들에게 이야기하도록 하는게 좋다. 독자나 청중, 시청자들 또한 실제 사람이 그들에게 이야기 해주거나 보여주면, 태극권의 이점에 대해 이해하기가 쉬울 것이다. 반면에, 전문학회지나 정부기관은 공표된 연구를 선호하며, 개인적인 경험담 등은 꺼려한다. 그들에게 있어서는 신뢰도가 가장 중요하므로, 공표된 연구 등에 의해 지지받지 않는 부분을 이야기하는 것은 여러분의 신용을 떨어뜨린다. 만일 여러분이 의학적 연구에 익숙치 않다면, 여러분과 동행할만한 전문가를 찾아보는 것이 좋다.

강연이나 인터뷰 준비하기

목표를 확실히 하라: 어떤 결과를 얻기를 기대하는가? 예를들면, 여러분은 사람들이 태극권의 일반적인 건강개선 효과에 대해 알기를 원하는가, 아니면 관절염이나 당뇨병 등 특수한 분야에 대한 효과에 대해 알기를 원하는가? 또는 여러분의 태극권 수업에 더 많은 사람들이 참여하게 되기를 원하는가?

여러분의 목적과 청중·조력자를 찾고자 하는 것과 연관시키고, 말하고자 하는 바에 대해서 연구하라. 무엇을 하지 말아야 할지에 대해서 아는 것 또한 중요하다. 예를들면, 어떤 언론인들은 판매행위를 꺼리므로, 인터뷰 중 여러분의 수업이나 제품들에 대해 이야기 하는 것은 좋지 않다. 반면 다른 언론인들은 독자·시청자들에게 태극권을 배울 수 있는 교육용 제품이나 수업등에 대한 정보를 제공하기를 원하기도 한다. 그러므로 인터뷰 전에 이에 대해 상의해 보면, 인터뷰 제공자를 기분 나쁘게 만들지 않고, 최상의 결과를 얻어낼 수 있을 것이다. 여러분의 강연을, 타인에 대한 품위와 존경을 드러냄으로써, 태극권의 고요함(정, 靜)을 보여주는 기회로 생각하면, 이미 태극권의 가장 중요한 모습을 보여주는 것이 된다.

> "목표를 확실히 하라
> : 어떤 결과를 얻기를
> 기대하는가?"

여러분이 전달코자 하는 내용은, 시간과 장소를 적절히 고려하여, 3가지 이상의 주제를 담지 말아야 한다. 시간이 제한적이라면, 가장 중요한 주제로 바로 넘어 간다; 이는 두 가지 혹은 세 가지의 주제를 급하게 보여주는 것보다 훨씬 효과적이다. 여러분의 주제를 분명하고 직설적으로 표현하라. 청중들이 왜 이러한 주제에 대해 알아야만 하는지를 간결하게 설명하라. 여러분의 강연이 왜 청중들에게 중요한지에 대해 이야기 하는 것부터 시작하라; 만일 여러분이 1분 이내로 이것을 달성치 못하면, 이미 청중들에게 진 것이다. 너무 많은 주제에 대해 이야기 하려고 시간을 맞추려 들면, 아무도 중요한 것을 하나도 기억치 못하게 될 것이다. 또한, 너무 느리게 말하는 것도 청중들을 지루하게 만들 것이다. 열정적인 보통의 말하기 속도가 최상이다. 만일 여러분이 말하는 것에 대해서 공신력을 가지고자 한다면, 여러분의 자격(학벌이나 과거 활동 등)에 대해 간단히 이야기하고, 절대 과시하지 말라.

만일 전문학회의 모임이 아닌 곳에서 강연을 한다면, 실제 사례를 들어 이야기를 시작하는 것이 청중들의 주목을 이끌어 내도록 돕는다. 전문학회 모임에서도 이 방법은 효과적이긴 하나, 개인적인 경험을 신뢰하지 않는 학자들의 부정적 의견을 자극하는 것에 주의해야 한다. - 아무리 실제의 이야기지만, 이는 단지 사람의 개인적인 경험일 뿐이며, 과학적 증거는 되지 못하기 때문이다.

항상 Q&A 시간을 가지라, 이런 질문들은 여러분이 제대로 된 내용을 전달하였는지 알게 해준다. 여러분이 이미 강연에서 말했던 내용에 대해서 누군가가 다시 질문을 한다고 해서 짜증내지 마라 - 이는 여러분이 말하고자 하는 바를 분명하게 전달치 못했다는 것을 의미한다.

내가 실시한 대부분의 태극권 강연에서, '함께 해보기' 시간을 가진다. 이것은 청중(참여자)들이 자기자리에서 일어나서 혹은 앉은 상태로 진행할 수 있는 매우 짧은 태극권 수업이다. 물론, 강연 동안 돌아다닐 만한 공간이 있는 방이 준비되어 있다면 금상첨화다. 이는 내가 실시한 거의 모든 강연에서 가장 인기가 많은 시간이었다. 미국의 인디아나폴리스시에 열린 제 31회 '전미 당뇨병 교육자 연례 모임'에서, 나는 15분 동안의 강연시간을 할애 받았다. 이때 나는 가장 중요한 두 가지 주제를 다뤘다:

1. 태극권이란 무엇인가?
2. 내가 실시하는 당뇨 태극권 프로그램이 왜 특별히 당뇨병 대상자의 회복에 도움이 되는가?

이 15분 동안 나는 합당한 이유와 과학적 연구결과를 통해 내 강연주제를 뒷받침 했고, 2가지 질문을 받았으며, 8분짜리 '함께해보기' 시간을 가졌다. 그 강연은 너무 성공적이었고, 몇몇 사람들은 강연 후 바로 나의 태극권 워크샵에 참가했다!

이 사례는 '함께 해보기' 시간이 얼마나 소중한지를 보여준다; 이는 참가자가 강연 중 최고의 시간으로 꼽는 부분이기도 하다. 이 시간에 대해 아주 만족해한다는 피드백(의견)을 많이 받았다. '함께 해보기' 시간을 잘 계획해보기를 바란다. 태극권의 몇몇 간단한 동작만 시행하여, 참가자가 주어진 시·공간적 제한내에 태극권을 쉽게 배우고 실행할 수 있게 하라. 그 시간을 재미있고 유쾌하게 만들려고 노력하여, 참가자가 태극권의 리듬과 미에 대해 좋은 감정을 가지고 떠나게 하라.

인생에서의 다른 것들과 마찬가지로, 예정된 시간은 제대로 지켜지지 않고, 강연장비들이 갑자기 고장날 때도 있다. 그러므로, 어떠한 변화에도 대처할 수 있게 강연 내용에 대해 준비를 하라. 한번은 국가 정부기관의 장과 스텝을 만나려고 해외로 출장을 간적이 있었다. 회의에 할당된 시간은 30분 정도였고, 나는 세 가지 주제에 대해 준비를 했었다. 하지만 실제로, 우리는 5분간의 회의를 가졌다. 그래서 나는 절대적으로 중요한 한가지 주제에 대해서만 이야기를 진행했고, 그 결과는 믿을 수 없을만큼 성공적이었다. 만일 주어진 5분의 시간동안 미리 준비된 세가지의 주제에 대해 이야기를 하려했다만, 이런 결과를 얻을 수 없었을 것이다.

"그 시간을 재미있고 유쾌하게 만들려고 노력하여, 참가자가 태극권의 리듬과 미에 대해 좋은 감정을 가지고 떠나게 하라"

만일 가능하다면, 스스럼없이 서로 잘 알고 지내는 친구 한두명과 함께 여러분의 준비된 강연을 미리 재고하여, 여러분이 생각하는 바가 청중에 의해 쉽게 이해되어질지 분명하게 하라. 마찬가지로 '함께 해보기'가 주어진 시·공간내에서 가능할지를 미리 한번 체크해 보라.

리허설

강연을 미리 리허설하라. 내용을 확실이 이해하고 질문에 대한 답변을 준비하라. 태극권 훈련을 통해 여러분의 강연에 '靜(마음의 고요)'의 상태를 유지하라. 만일 여러분이 강연을 가능한 한 실제처럼 시각화(상상)하고 고요하고 깨끗한 마음으로 리허설 연습을 한다면, 실제 강연에서도 그렇게 될 수 있다.

본 강연 (또는 인터뷰)

많은 사람들이 대중 앞에서 이야기하는 것에 대해 불안해 한다. 하지만 이런 불안을 극복하게 도와주는 훈련 전문가(심리학자)가 있으므로, 이들의 도움을 받는 것을 고려해 보라. 또한, 태극권의 가장 핵심중 하나는

'靜(마음의 고요)'을 발달시키는 것이므로, 도움을 얻기위해 태극권 훈련을 이용하라. 여기 아래에 몇 가지 힌트를 제시하겠다.

- 불안을 느끼면, 그 불안에 대해 집중하지 않도록 하라. 강연이 얼마나 중요한지에 대해 생각하는 것은 스트레스만을 가중시킨다. 불안·스트레스에 대한 생각을, 강연 주제에 대해 집중하는 방법과 같이, 긍정적인 사고로 대체하라. 마음속으로 리허설을 하거나, 과거의 성공적 강연을 기억하는 것도 한 방법이다.
- 강연 전 정원을 산책하는 것과 같은 즐거운 활동에 전념하면 기분이 더 좋아질 것이다.
- 불안을 잠재우는데는 태극권을 연습하는 것이 가장 도움되는 방법이다. 태극권의 본질적 원리에 집중하고, 마음을 '靜(마음의고요)'의 상태에 두고, 강연내용에 집중하라. 건강을 위한 태극권 프로그램의 주 강사인 랄프 데너는 평생동안 태극권을 활용하는 방법을 찾기 위해 노력했다. 그의 딸의 결혼식날, 그가 그녀와 함께 결혼식장으로 향했을 때, 그의 딸이 너무 흥분한 나머지 천식이 발작하였다. 그는 그녀를 부축하여 태극권의 호흡법을 하도록 유도하였다. (그녀는 그 당시 태극권을 조금 배운 상태였다.) 결혼식장에 도착할 즈음 그녀는 정상적인 호흡을 되찾아 침착해졌고, 결혼식은 별다른 탈없이 끝났다.
- 강연중 불안을 극복키 위한 좋은 방법은 청중들 중 한명을 정해놓고 보는 것이다. 친근하고 열정적인 사람을 하나 찾아서, 마치 친한 친구에게 이야기하는 것처럼 강연하라. 단 한 명만을 보는 것은 자연스럽게 보이지 않기 때문에 이런 친구들을 몇 명 만들어서 시선을 움직여야 한다.

잘못될 수 있는 모든 것에 대비하라. 나는 예전에 현직에서 물러난 호주의 총리인, 밥 호크씨의 강연에 참석한 적이 있었다. 당시 그는 임원급 이상 사업가들의 저녁식사에서 강연을 했었다. 갑자기 사람들이 웅성거렸고, 마이크가 부서져 버렸다. 호크씨는 조금의 불쾌함도 보이지 않았다. 그는 마치 가장 좋은 환경에서 연설을 하는 것처럼 행동하며, 몇 마디의 간단한 말로 왜 그의 강연이 사람들에게 중요한지를 설명하기 시작했다. 청중들이 그의 이야기에 귀를 기울이게 되자, 그들은 쥐죽은 듯 조용해지며 강연에 완벽하게 빠져들었다.

또 다른 경우의 예를 들어보면, 내가 의학전문 학회에 참석한 적이 있었는데, 한 발표자가 자신의 발표시간동안 최소한 10번 이상 프로젝터 기기의 오작동에 대해 불평을 하면서 자신의 강연을 망쳤다. (나는 그의 바로 앞 순서에서 발표를 했었다.) 나중에 모든 강연이 끝난후 발표자들끼리 인사를 하게 되었는데, 그는 나의 발표가 얼마나 마음에 들었는지, 또 내 발표때 프로젝터의 오작동이 없어서 매우 행운이었다고 말해주었다. 사실은 그렇지 않았지만, 나는 불평을 하지 않았고, 발표를 진행할 수 있는 다른 방법을 찾아냈고 아무도 그것을 눈치재치 못했던 것이다! 여러분이 어디에서 강연을 하던, 대부분의 사람들은 여러분의 문제점에 대해서는 조금도 관심이 없으며, 오히려 자신들에게 이익이 되는, 관심이 가는 것만 듣기를 원한다.

> "여러분이 어디에서 강연을 하던, 대부분의 사람들은 여러분의 문제점에 대해서는 조금도 관심이 없으며, 오히려 자신들에게 이익이 되는, 관심이 가는 것만 듣기를 원한다..."

강연을 할 때 분명하게 말하라. 한 주제를 말한 뒤 그것을 뒷받침 하라:왜 청중이 그것을 기억해야만 하며 또는 왜 그것이 청중에게 중요한가? 청중은 당신이 주제에 대해 관심을 가지는 것만큼 그것에 관심을 가지지 않음을 기억하라. 나는 때때로 태극권에 대해 과도하게 열정적인 강연자가 사람들이 태극권을 좋아하게 밀어붙이는 것을 봤는데, 이는 사람들의 관심을 떨어지게 만들 뿐이다. 만일 여러분이 건강측면에서의 태극권의 이익에 대해 이야기하고자 한다면, 적절한 증거와 논리로 이를 뒷받침 하라. 여러분과 참가자를 포함한, 개인적인 경험을 제시하라. 그리고 가능한한 강연을 재미있고 즐겁게 만들라; 휴머감각은 사람들의 마음을 여는 가장 좋은 방법이다.

만일 강연장에 연설대가 있다면, 그 뒤에 숨어있지마라. 옷깃에 꽂는 무선 마이크가 있다면 이를 활용하여 움직이면서 강연하라. 청중들은 주춧돌 뒤에서 목소리만 들리는 것보다 여러분이 행동하는 것을 직접 보는 것을 더 재미있어 한다. 만일 '함께 해보기' 시간을 가지고자 한다면, 옷깃에 꽂는 마이크가 매우 유용하다.

그 자리에서 바로 청중들에게 나눠줄 한 장으로 된 정보지를 준비하라. 여기에는 주요 정보, 참고사항 그리고 여러분에게 연락하는 방법 등이 포함되어 있어야 한다.

만일 여러분이 지면매체와 작업한다면, 최소한 한 장 이상의 사진을 포함하라 - 백문이 불여일견이다. TV와 작업을 할때는, 시범 보여주기를 준비하라. 시간·공간의 제약이 있더라도, 태극권의 아름다움과 평온을 보여줄 수 있을 것이다. 나는 몇몇 TV 매체와의 인터뷰중에, 카메라 앞에서 사회자에게 태극권을 가르치기를 권했다. 대부분의 사회자들은 이 제안을 받아들였는데, 이것이 바로 인터뷰의 가장 효과적인 부분이다.

'함께해보기' 시간이나 한정된 공간에서의 시범 보여주기에 대해 더 알고 싶으면, 내가 발행한 DVD '요통 태극권'이나 '장소에 구애받지 않는 태극권'을 참조하라.

후속처리과정

그 후, 사후처리 과정을 가지라. 여러분이 강연에서 무엇을 잘했는지, 어떤 부분을 더 향상시킬수 있는지를 연구하라. 다음을 위해 계획을 재수립하라 - 언제나 다음 기회가 있는 법이다.

태극권의 효과에 대해 증명해준 조력자나 참가자에게 여러분이 얼마나 그들의 도움에 감사하고 있는지 알게 하라. 조력자에게 감사의 카드나 전화를 해서, 강연 후 어떤 긍정적인 결과들이 생겨났는지 알게 하라. 부정적인 어떠한 것에 대해서도 불평하지 말고, 긍정적 결과에만 집중하라. 만일 강연 후 새로운 발전이 있으면, 이 정보를 조력자에게 알려주라. 한 예를 들어보면, 강연 후 당뇨 태극권에 대한 연구가 진행 중이었을 때, 지역 신문사의 언론인이 당뇨 태극권의 연구에 대한 기사를 실어준 경험이 있다. 나중을 위해 이런 연락처를 따로 보관하라.

기회 만들기

태극권은 건강을 위해 이상적인 운동이다. 세계인구의 노령화와 함께, 태극권은 필연적으로 더 유명해 질 것이다. 시간이 갈수록 강연이나 매스컴을 통해 태극권을 보급할 기회가 많아 질 것이다. 조력자에게 접근하는 방법은 여러분의 메시지를 널리 퍼지게 접근하는 것과 마찬가지로 중요하다. 조력자가 알고 싶어하는 것에 집중하여 그들에게 이익이 되는 쓸만한 정보를 제공하고, 여러분의 메시지를 명료히 하라.

가능하다면, 왜 여러분의 메시지가 특별한지, 그리고 왜 청중·독자·시청자들이 여러분의 이야기를 들어서 이익을 얻을 수 있는지에 대해 설명하라. 때때로 매스컴은 접근하기가 상당히 힘들다; 가능한한 많은 방법을 동원하여 접근하도록 노력하라.

이 책의 부록에 낸시 카예가 쓴 편지를 포함시켰는데, 그녀는 이 편지로 발행부수가 30만부 정도 되는 미국 지역신문에 (캘리포니아 주의 오렌지 카운티) 반 페이지 정도의 기사를 실을 수 있었다. 그녀가 독자들에게 태극권이 주는 효과에 대해 어떻게 강조할 생각인지, 편집장의 관심을 끌기위해 어떤 독특한 문구('아마도 내가 단 한 사람일 것입니다...')로 편지를 시작하는 지에 대해 주지하라. 그리고 나서, 왜 그녀가 제시할 내용이 독자들의 주목을 끌지에 대해 강조하고 그녀의 자격요건에 대해 간단히 설명했는데, 이 모든 것은 객관적 증거(비디오)를 통해 뒷받침 되었다. 낸시는 미국 잡지 '의학경제'의 은퇴한 편집장 인데, 그녀의 반 페이지의 기사로 인해 나의 워크샵과 그녀 자신의 태극권 수업(3반)의 정원을 다 채우게 되었고, 게다가 아주 긴 대기자 목록을 갖게 되었다.

또한 책의 부록에는 두 번째의 샘플 편지가 있는데, 이는 내가 미국 ABC 방송의 '굿모닝 아메리카'와의 인터뷰 내용이 방송된 후, 호주의 전국 방송 프로그램인 'Today Show (채널9번)'에 보내기 위해 작성한 내용이다. 그 편지에서, 나는 시청자들에 대한 태극권 수련의 이점에 대해 강조하였고, 관절염 태극권의 호주 연합에 대해 설명하였다 - 만일 굿모닝 아메리카가 전세계로 나의 메시지를 방송하였다면, 내 조국의 TV 방송국에서도 같은 방송을 하려하지 않을까? 이런 시도는 성공했다: 나는 방송 프로그램에서 10분의 시간을 할당 받았고, 이로 인해 많은 사람들이 나의 태극권 프로그램에 대해서 알게되고, 이를 배워서 건강이 호전되게 되었다.

여러분 자신의 입장에 따라, 만일 수업에 참여할 참가자를 찾고 있다면, 지역신문이 아주 좋은 시작점이 될 것이다. 내가 아는 많은 강사들은 그들의 수업을 시작하는데 도움을 주었던, 지역신문에 무료 광고를 게재하고 있다. 대부분의 지역 공동체 신문은 긍정적이고 지역사회를 향상시키는 이야기를 찾는데 민감하지만, 여러분의 상상력을 최대한 발휘하고 적절한 경로를 찾기위해 노력해야 한다.

편지나 팩스 또는 매스컴 발표를 통해 여러분의 의견을 보내고 적당한 시간(대체로 이틀이나 삼일후)이 지난 후, 전화를 하는 등의 사후처리를 위한 노력을 게을리 하지 말라. 만일 첫 번째 시도가 성공하지 못해도, 계속 시도하라. 참는 것은 때때로 장시간이 흐른 후 보답 받는다. 만일 여러분이 사람들의 건강에 도움되는 독특한 운동 프로그램이나 태극권 수업을 운영한다면, 매스컴, 회의주관자 그리고 여러분이 생각하기에 관심이 가는 어떠한 사람에게도 계속 접촉하여야 한다. 그리하면 조만간 여러분이 가진 대중연설의 기술을 실습할 기회가 곧 주어지게 될 것이다.

대중연설은 태극권과 같음을 명심하라: 더 많이 경험(연습)할 수록, 더 능숙해 질 것이다.

제 10 장
학술연구 협조

태극권의 건강효과에 대한 연구 프로젝트에 참가를 초대받았을 때, 만일 여러분이 보건 전문가나 연구자가 아니라면, 그 분야에 대한 지식이 부족함을 느낄 수 도 있다. 만일 연구의 한 방편으로 태극권 수업을 가르치기를 요청받았을 때, 수업 외의 다른 것을 알거나 할 필요가 없다고 생각할 수도 있고, 그냥 평소대로 수업을 가르칠 수도 있다. 어떤 면에서 이것은 타당한 방법이나, 태극권과 그 연구에 최대한 이바지를 하고자 하기위해서, 여러분은 연구의 정확성과 실효성의 개선하는데 더 많은 것을 할 수 있다.

대부분의 태극권 연구자는 태극권 강사만큼 이에 대해 알지 못한다. 사실 많은 연구 책임자는 (최근 대부분의 연구는 마치 회사의 CEO와 같은 역할을 하는 총괄책임자가 이끄는 팀에 의해 수행된다.) 태극권에 대해서 아무 것도 모른다. 나는 많은 연구자가 여러 종류의 태극권이 있다는 사실, 각각을 가르치는 방법이 달라 운동으로 인한 결과가 서로 상이하다는 사실조차 모른다는 것을 알게 되었다. 그런 이들은 태극권 연구를 약품연구와 동일한 것으로 본다; 이런 이들에게 태극권은 같은 효과와 부작용을 가지는 한 종류의 약으로 간주된다. 사실 다양한 종류의 태극권과 각각의 교수방법은 매우 다른 건강증진 결과를 보일 수 있는 것이다.

> "...여러분은 연구의 정확성과 실효성을 개선하는데 더 많은 것을 할 수 있다...."

연구자가 태극권에 대해서 얼마나 알고 있는지를 파악하고, 여러분이 가르치는 태극권이 어떤 종류인지를 알게 해주는 것이 매우 중요하다. 좋은 연구는 주요 목표가 있다; 증명해야할 가설; 결과측정 그리고 엄격한 규약 등. 연구 결과가 어떻게 측정될 것인지; 태극권 수업이 얼마나 지속된 것인지, 어떤 세부 연구 주제가 구성될 것인지, 그래서 여러분이 연구팀과 얼마나 효과적으로 협력할수 있는지와 같은 연구 프로젝트의 목표를 찾아야 한다. 연구 프로젝트에 대해서 가능한한 자세히 알도록 노력해야하며, 여러분에게 되도록 쉽게 설명해 달라고 요청해야 한다. 여러분이 연구에 대해서 더 자세히 알수록 더 향상시킬 수 있음을 총괄책임자에게 주지시켜야 한다. 하지만, 총괄책임자가 연구를 책임지고 있고, 여러분은 연구에서 주어진 역할 한도내에서 책임자와 함께 일해야 함을 명심하라.

연구팀과 협력을 할 때, 세가지 고려해야 할 사항이 있는데, 안전 · 효능 · 수업참여준수가 그것이다.

안전

나는 한때 관절염을 앓는 노인들에 대한 태극권 연구에 참여한 적이 있다. 이런 상황에서는 다리를 쭉 뻗어서 발에 손이 닿도록 허리를 숙이는 동작, 몸의 체중을 무릎에 실은 채로 비트는 동작 등의 위험한 동작이 포함된 태극권 운동은 연구 주제에 맞지 않았다. 그 연구 중 만일 누군가 다치기라도 하면 이는 연구자체나 태극권의 명성에도 유익하지가 않았다. 이것이 바로 여러분이 자신의 태극권 수업을 참여시키는 연구 주제에 대해서 알아야만 하고, 연구자에게 여러분이 수업 중 가르칠 내용이 어떤 것인지를 확실히 알려줘야만 하는 이유다. 그러므로, 그런 연구 분야나 태극권에 대해서 익숙한, 예를 들면 스포츠의학 전문의나 물리치료사와 같은, 적절한 의학 전문가의 견해를 구해야 한다.

이 책의 4장에 안전예방에 대한 개요를 설명했다. 의학적 조언과 더불어 이 부분을 읽어보고, 그 정보를 연구자들과 공유하라.

효능

대부분의 태극권 연구는 태극권으로 인한 건강효과의 규명에 그 초점이 맞춰져 있으므로, 교수내용, 교수방법 그리고 교수기간 등이 중요한 부분이다. 또한 (여러분이 통제 가능한) 다른 많은 요인이 연구 결과에 영향을 미칠 수 있다. 예를 들어 태극권 수업이 환기가 되지 않고, 소란스럽고 어수선한 방에서 진행된다면, 이는 결과에 부정적인 영향을 미치고, (아주 이상적인 환경에서 진행된 다른 운동과 비교해서) 태극권의 건강표과를 격하시킬 것이다.

나는 여기서, 적절하고 긍정적인 결과를 획득하기 위해 여러분의 수업을 계획하는 일반적인 지침으로서 몇 가지의 매우 중요한 것들을 나열할 것이다. 하지만, 모든 가능한 요인들을 고려하여, 각각의 연구에 대해 별도로 고려해야 한다.

수업계획

수업시간의 반을 새로운 동작을 배우는 시간으로 구성하고, 나머지 반을 반복 연습과 동작을 합치는 시간으로 구성하라. 수업시간 중 참가자는 느리고 때때로 서투르게 반응할 것이다. 참가자가 아직 '진짜 태극권'을 하지 않기 때문에, 태극권의 건강효과를 많이 얻지는 못할 것이다. 태극권의 건강효과는 부드러운 움직임, 균형유지 그리고 마음의 평정 등과 같은 태극권의 본질적인 원리를 따르는 것에서 온다. 태극권을 배우는 단계에서는 이러한 것들을 달성할 수 없다. 동작을 연습할 수 있는 적절한 시간을 안배하여 건강효과를 얻을 수 있도록 수업을 계획하라. 참가자가 동작의 순서를 기억하게 도와 집에서 연습할 수 있게 만드는 충분한 연습 또한 매우 중요하다.

동작을 잘 가르칠 수 있게 충분한 시간 안배를 하라. 한 수업에서 너무 많은 동작을 가르치거나 너무 서두른다면, 더 좋은 결과가 아닌 더 나쁜 결과를 야기할 것이다. 대중연설에서 말한 것처럼 모든 일은 과유불급이다. 여러분이 가르치는 참가자가 적은 동작을 배우지만 규칙적으로 연습을 하는 것이, 많은 동작을 불완전하게 배우는 것보다 훨씬 좋다.

수업이 진행되면서 건강효과는 결국에는 나타나지만, 수업의 어떤 단계에서 이러한 효과가 생길지에 대해서는 아무도 알지 못한다. 시간제약이 있는 연구 프로젝트에서, 측정시점이 오기 전에 건강효과가 나타나도록 태극권 운동에 충분한 시간을 할당하는 계획을 세우는 것이 매우 중요하다. 동작을 배운 후 더 많은 연습시간을 가지도록 계획하라. 태극권의 본질적 원리에 맞도록 동작을 향상시킬 수 있게 연습시간을 활용하라. 참가자가 건강효과를 얻으려면 더 많은 시간과 연습이 필요할 것이다.

서로 다른 종류의 건강이익을 얻기 위해서는 서로 다른 기간이 소요된다. 관절염 대상자의 예를 들어보면, 두 개의 연구[1][2]가 고통경감, 일상생활에서의 더 나은 신체 능력과 몸의 균형감각과 같은 이익을 얻으려면 3개월의 시간이 필요하다는 것을 보여준다. 6주만에 측정이 실시되었을 때는 아무런 호전현상도 기록되지 않았다.[1] 심혈관계, 체력, 혈당조절, 만성질환 등에 대한 건강효과는 3개월 보다 더 많은 시간이 소요될 지도 모른다. 최근 어떤 연구에서는 1년간의 태극권 수업을 포함시키는 계획을 세우고 있는데, 이는 태극권의 더 많은 건강효과를 보여줄 더욱 훌륭한 기회가 될 것이다.

연구를 위한 바른 준비

연구 참가자의 참여율을 높이기 위해서, 그들이 참석하기 편한 장소에서 수업을 열어야 한다. 내가 아는 한 연구에서는, 거의 주차하기도 힘든 장소에서 수업이 열렸고, 참가자의 수가 급속히 저하되었다. 이것이 연구 결과를 불리하게 만들었던 것이다. 참가자를 배려하라 - 그리고 필요할 경우 보충수업을 실시하라. 적절한 공간, 좋은 환기시설, 친밀한 환경 및 분위기 등이 도움이 된다. 여러분의 수업에 더 좋은 물리적 환경을 구축하려면 이 책의 6장을 참고하라. 만일 질적으로 형편없는 환경에서 참가자를 가르치면, 태극권과 프로젝트 연구팀에게 해를 끼치게 되고, 결과적으로 태극권은 예상했던 것보다 효과가 없다고 밝혀지는 꼴이 될 것이다.

교수방법

내가 5장에서 제안했던 교수법 활용을 고려해보라. 왜냐하면 그 방법은 태극권을 배우기 쉽고 즐기게 만들기 위해 개발되었고, 또 그렇게 증명되었기 때문이다. 만일 참가자가 배우기 쉽고 즐길 수 있다면 더욱 자신감을 가지게 되고, 이것이 그들을 더 빨리 배우게 힘을 준다. 그들이 태극권을 더 많이 배우고, 즐기고 연습하게 될수록, 더 많은 건강효과를 얻을 수 있을 것이다.

여러분은 연구에 측정될 결과와 관련 있는 측면에 대해 더욱 집중할 수가 있다. 예를들어, 연구가 신체의 균형 향상에 관한 것이라면, 체중이동, 신체정렬 그리고 자신감 등에 집중할 수 있다. 이러한 측면에 대해 더 많이 연습시키라. 만일 연구가 심혈관계 체력을 향상시키는 측면에 대한 것이면, 연습을 통해 더 낮은 자세(안전지침에 벗어나지 않게)를 유지하도록 격려하라.

수업참여 준수

만일 연구가 끝나는 시점에 대부분의 참가자가 수업을 그만두게 된다면, 이는 태극권의 건강효과에 대한 진실을 보여주지 못할 것이고, 연구자체에도 해를 끼치게 된다. 더 많은 참가자가 여러분의 수업에 충실히 참여한다면, 연구결과는 더 좋아질 것이다. 참가자가 더 많이 연습하도록 동기를 부여한다면, 참가자에게도 연구자체에도 더 좋은 결과가 나타날 것이다. 이는 당연히 평상시 태극권 수업(연구목적이 아닌)에서도 목표가 되어야 한다 - 여러분은 늘 참가자가 곁에 있고 규칙적으로 연습하기를 원하기 때문이다. 수업참여율을 높이기 위한 여러 가지 방법들이 있을 수 있다. 이 방법을 최적화하기 위해 가능한한 많이 배울수 있도록 노력을 다하라.

사람들이 태극권을 즐기는데 도움을 주는 방법에 대한 정보를 얻으려면, 이책의 2장을 참고하라. 사람들은 어떤 일을 즐길 수 있어야만 계속 그 일을 할 수 있기 때문

> "참가자가 더 많이 연습하도록 동기를 부여한다면, 참가자에게도 연구자체에도 더 좋은 결과가 나타날 것이다."

이다. 또한 규칙적인 연습을 고무시키는 방법에 대한 아이디어도 있다. 이러한 정보를 최대한 많이 활용하여 여러분의 태극권 연구 뿐만 아니라 평상시 태극권 수업에도 적용하기를 바란다.

제 11 장
태극권의 원리

태극권의 본질적 원리

태극권은 다양한 스타일과 형태를 가진 복잡한 예술이다. 이런 태극권의 다양함에도 불구하고, 건강과 내적 에너지(기)를 증진시키는 엄청난 힘은 그 본질적 원리에서 나온다.

> "건강과 내적 에너지를 증진시키는 태극권의 엄청난 힘은 그 본질적 원리에서 나온다."

여기 가장 중요한 원리들을 소개한다. 가능한한 명료하고 이해하기 쉽게 설명하였다. 여러분이 태극권을 배우고 연습할 때 이 원리들을 마음에 품는다면, 시작부터 태극권을 더 효과적으로 수행할 수 있을 것이다. 여러분이 이런 원칙들을 제대로 따르고 있는지를 보기 위해서, 비디오 카메라, 거울 등을 활용할 수 있고, 친구나 강사에게 점검을 받을 수도 있을 것이다.

1. **멈추지 말고 천천히 움직이라.** 동작이 마치 강에서 흐르는 물과 같이 연속적으로 지속되게 하라. 갑자기 움직이지 말라. 처음부터 끝까지 같은 속도를 유지하라.

2. **저항력을 느끼며 움직인다고 상상하라.** 이는 여러분의 내적인 힘(기)을 함양시킬 것이다. 여러분 주위의 공기의 밀도가 더 높아져, 행하는 모든 동작들이 부드러운 저항력을 가진다고 - 마치 물에서 움직이는 것처럼 - 상상하라.

3. **체중이동을 자각하라.** 이는 이동성, 신체 조정과 균형의 향상에 매우 중요하다. 몸의 체중을 옮길 때의 발걸음을 의식하라. 예를들어 앞으로 나가는 동작을 취할 때, 입신중정을 유지하며 한쪽 다리에 체중을 싣는다. (앞으로 나가며) 다른 발의 뒤꿈치를 부드럽게 바닥에 접하고, 서서히 발전체를 바닥에 닿게 한다. 그리고 체중을

앞발에 실은 후, 천천히 의식하며 체중을 앞으로 옮긴다.

4. **입신중정 유지** 유연한 입신중정(몸을 직립하여 똑바른 수직선상에 놓는) 자세를 유지하는 것이 매우 중요하다. 이것은 여러분이 예상하는 것보다 훨씬 어려운데, 특히 무릎을 굽힐 때 더욱 그렇다. 대부분의 사람들이 무릎을 굽힐 때 몸의 정렬이 흐트러지게 된다. 거울 앞에 옆으로 서서 스스로를 시험해보라. 거울을 보지 말고, 무릎을 굽힌 후 다시 거울을 보라. 여러분의 등이 땅으로부터 수직선상에 놓여있는가? 이 동작을 취할 때 몸의 바른 정렬을 유지하는 좋은 방법은, 무릎과 고관절을 굽히며 허공에 있는 빈 의자에 앉는다고 상상하는 것이다. 가끔씩 이 방법으로 거울을 보며 연습하고 스스로를 점검해 보라. 우리는 많은 사람들이 올바른 몸의 정렬을 유지하지 않으며, 그것에 대해 인식하지 못한다는 것을 깨달았다. 이것이 입신중정을 유지하는 것이 예상했던 것보다 훨씬 어렵다고 말한 그 이유다. 하지만 한번 제대로 하게 된다면, 몸속의 기의 움직임이 입신중정의 상태에서 가장 원활하기 때문에, 여러분의 태극권이 엄청나게 향상될 것이다. 등을 구부려 몸을 굽히는 것은 기의 움직임을 방해할 것이고, 몸의 균형을 조절하려고 뒤로 기울이면 척추에 또 다른 압박이 생길 것이다. 그러므로, 모든 태극권 동작에서 입신중정의 자세를 유지하도록 노력하라.

5. **몸의 각 관절을 '송(鬆)' 하라.** 태극권을 할 때 반드시 긴장을 이완시켜야 하지만, 긴장의 이완은 근육을 축 처지게 하라는 것은 아니다. 대신 자각하며 부드럽게 각 관절을 안으로부터 스트레칭, 마치 여러분이 각 관절을 내부에서 확장시키는 것처럼, 하라. 많은 사람들이 중국 단어인 '송(鬆)'을 이완으로 잘못 번역을 하는데: 송은 이완과 느슨해짐을 동시에 의미한다.

팔의 긴장을 풀고 완화시키는 것을 연습하기 위해서는, 가슴앞에 팔로 반원의 형을 만들고 모든 관절들이 안으로부터 밖으로 부드럽게 스트레칭 된다고 상상하라. 만일 이렇게 어깨관절을 바깥쪽으로 스트레칭 시키면, 어깨관절의 중간부분에 옴폭 들어간 곳을 볼 수 있게 된다.

척추의 긴장을 풀려면, 그것은 가느다란 줄이며, 여러분이 그 줄을 양쪽의 끝에서부터 바깥쪽으로 부드럽게 스트레칭 한다고 상상하라. 다리의 긴장을 풀려면, 무릎을 굽히고 몸을 쭈그리고 앉으며, 엉덩이를 바깥쪽으로 스트레칭해서 아치모양을 만들어야 한다. 허벅지의 모양이 아치형인지 거울로 체크해보라. 다리의 각 관절들이 안으로부터 부드럽게 확장될 것이다.

6. **움직임의 동작에 집중하라.** 여러분이 매우 조용하고 고요한 환경에 있다고 상상하라, 그러면 마음도 또한 평온해져서 조용하고 고요하게 될 것이다. 여러분 자신을 태극권의 연습, 동작, 호흡, 신체의 균형과 정렬에 집중시키고, 어떠한 마음의 흐트러짐도 피하라.

동작속도의 변화

멈추지 말고 천천히 움직이라. 동작이 마치 강에서 흐르는 물과같이 연속적으로 지속되게 하라. 갑자기 움직이지 말라. 처음부터 끝까지 같은 속도를 유지하라.

좀 더 심화된 단계에서는, 움직임의 속도 조절은 처음부터 끝까지 같은 속도를 유지하는 것보다 속도의 균형과 연관이 있다. 진가태극권에는, 동작의 느림과 빠름이 섞여 있는데, 발경과 같이 힘이 전달되는 동작은 더 빠른 속도가 필요하다. 진가식에서의 모든 속도의 변화에는 균형이 있다. 서로 다른 속도 안에서의 이 균형은 여러분의 힘 속에 있는 탄성을 개발하는 열쇠가 된다. 양가나 손가태극권에서는, 모든 동작들이 같은 속도인 것처럼 보이나, 좀 더 자세히 살펴보면 각 동작사이에 거의 지각할 수 없을 정도의 속도변화가 있다. 유명한 태극권 명인들이 쓴 태극권 고전을 보면, 태극권 각각의 동작 끝부분에는 정지하는 것처럼 보이는 부분이 있다고 한다. 하지만 실제로 그런 '정지'는 없다. 실제로 이것이 의미하는 바는 그 부분에서 동작 속도의 미묘한 변화가 있어서, 마치 정지하는 것처럼 보일 뿐, 실제로는 그렇지 않다는 것이다.

모든 태극권 동작의 본질은 에너지를 모으고 전달하는 것의 순환이다.

흡기(들숨)는 마치 활시위를 당기는 것처럼 에너지를 모으는 것이며, 호기(날숨)는 화살을 쏘는 것처럼 에너지를 전달하는 것이다. 호기의 마지막 부분에, 변화가 일어나는 발경의 단계가 있다. 이 발경의 단계에서 속도가 더 빨라지게 된다. 진가태극권이 특히 그렇다. 하지만 양가나 손가태극권처럼 좀 더 부드러운 스타일에서는, 그런 차이가 매우 미묘하여 거의 지각할 수 없다. 힘이 전달되자마자, 동작은 정지하지 않은 상태로, 계속 곡선을 그리며 움직여 다시 에너지를 모으기 시작하게 된다. 동시에 속도는 마치 정지한 것처럼 아주 잠깐 느려진다. 하지만, 만일 동작에 있어서 완전한 정지가 있었다면, 에너지 또한 (전달되지 않고) 정지되었을 것이다. 이것은 에너지의 흐름을 끊어버려 태극권의 힘을 약화시켰을 것이다. 에너지의 연속적인 흐름이야말로 태극권의 특징이다. 이러한 속도의 변화가 에너지의 전달과 축적사이의 과도기 상태가 부드럽게 이어지게, 그리고 계속 연결되게 한다.

> 모든 태극권 동작의 본질은 에너지를 모으고 전달하는 것의 순환이다.

초보자의 단계에서는, 동일한 속도로 전체 동작을 실행하는 것이 몸과 마음의 조정과 통합을 조절하는 능력을 기르게 해준다. 나중에, 이 미묘한 속도의 변화가 여러분의 내적인 힘(기)을 향상시킨다.

여러분이 어떤 동작을 할 때, 에너지의 축적과 전달(속도의 변화에 맞춰서 동작의 마지막 부분에서 에너지를 전달)을 항상 자각하도록 노력하라. 양가나 손가처럼 좀 더 부드러운 태극권에서는, 아주 미세하게 해야 한다. 또한 동작이 정지하지 않음을 자각하는 것도 중요한 일이다; 힘(경)이 완만한 곡선의 밑바닥에서 부드럽게 위쪽 곡선으로 튀어올라 새로운 동작을 만들어 내게 하라. 한 동작 내의 거의 지각하기 힘든 이런 속도의 변화가 힘을 재생시키는 열쇠가 된다. 태극의 문양을 생각해보라: 음이 작아지며 사라질 때, 양의 곡선으로 이어지고, 상호보완적인 음-양의 에너지가 힘의 연속성을 나타낸다.

결론적으로, 여러분이 태극권의 동작을 흐트리지 않고 고르게 할 수 있게 된 후에는, 동작 중의 미묘한 속도 변화가 여러분의 태극권을 더욱 향상시키는데 도움을 줄 것이다. 동작의 시작부분에서는 미세하게 속도를 낮춰 에너지를 축적하고, 이 축적된 에너지를 전달하기 위해서는 속도를 살짝 높여야 한다. 하지만 모든 동작을 충분히 표현하기위해 신경을 써야하고, 동작을 줄이거나 다음 동작으로 넘어가기 위해 서둘러서는 안된다. 동시에, 동작을 멈추지 않아 에너지가 연속적으로 흐르게 해야 함을 명심하라.

태극권의 4가지 본질적인 원리

여러분의 태극권을 비약적으로 향상시키기 위해, 태극권의 4가지의 본질적인 개념인 정(靜), 송(鬆), 침(沈), 활(活)을 살펴보자. 이는 앞 부분에서 논의되었던 태극권의 본질적인 원리의 연장선상에 있는 개념이다. 아래 이어지는 내용들은 앞서 기술된 바를 반복하기도 하지만, 다른 방법으로, 좀 더 깊이 다뤄질 것이다.

> "여러분의 태극권을 비약적으로 향상시키기 위해, 태극권의 4가지의 본질적인 개념인 정(靜), 송(鬆), 침(沈), 활(活)을 살펴보자."

이 4가지 개념은 서로를 상호 보완하는 관계여서, 한 개념을 배우고 다른 개념으로 넘어갈 때, 전자에 완벽히 능숙해질 필요는 없다. 또한 이 개념은 서로에게 긍정적인 영향을 미치는 관계여서, 한 개념에 대해 더 많이 알수록 다른 개념을 이해하기가 쉬워진다. 적어도 몇 주 동안은 한 개념의 이해에 집중하고 나서 다른 개념으로 넘어가라. 하지만 정기적으로 각 개념에 대해 집중해야 한다.

아래에 설명될 개념의 내용 중 일부분은 여러분이 바로 명쾌하게 이해할 수 없을지도 모른다. 그렇다고 해서 걱정하지는 마라. 여러분의 태극권에 더 많은 진전을 보이면, 그 개념을 이해할 수 있게 될 것이다. 이윽고, 태극권 수준이 향상되었을 때, 그 개념은 약간 다른 의미로 받아들여질 수 있게 될 것이다. 아무도 이 4가지 개념의 궁극에 다다를 수 없다는 사실을 명심하라; 태극권 수련을 진행하는 것이 중요한 것이다. 나의 경우, 태극권을 향상시키는 이런 개념에 대한 더 깊은 이해를 구하였을 때,

마치 새로운 보물상자를 발견한 느낌이 들었다.

정 (靜)

정, 대략 번역한다면, '정신적 고요' 또는 '평온'을 의미한다. 여러분의 마음속 깊은 곳에서부터 고요함을 생각하라. 아주 평온한 열대우림과 같은 조용한 환경에 있다고 상상하라; 마음은 평온하지만, 주위 환경을 지각하고 있어야 한다. 태극권을 연습할 때, 그런 정신적 틀안에 자신을 가두도록 노력하라. 이를 실천할 수 있는 좋은 방법은 한번에 한 동작만을 집중하는 방법이다. 이 장의 앞부분에 나온 본질적 원리(동작통제, 입신중정, 올바른 체중이동, 각관절의 송개 등)들을 포함하라. 정의 상태를 유지하며 한번에 하나의 원리에 집중하라. 이렇게 정기적으로 연습한다면, 내부로부터 평온함을 느끼게 되고, 여러분의 몸의 움직임에 대해 조금씩 지각하게 될 것이다.

어떤 일정수준 이상의 정신적 고요함을 얻는 것은 시간이 걸리는 작업이다. 하지만 일단 그 수준에 오르기만 하면, 여러분의 마음이 그 상태를 기억하게 될 것이다. 다음번 연습할 때, 상대적으로 빠른 시간내에 고요한 마음의 상태를 만들 수 있을 것이고, 처음부터 새로 시작하는 수고는 필요없게 된다. 연습을 더 많이 하게되면, 좀 더 높은 수준으로 올라갈 수 있다. 고요함의 상태로 쉽게 돌아갈 수 있는 좋은 방법은 단어를 활용하는 방법이다. 연습이 끝날 때 즈음, 여러분이 정의 상태에 있을 때, '정'이란 단어에 대해 스스로 생각하라. 그 후 다음 연습시간을 시작할 때, 정이란 단어를 말하는 것(상기시키는 것)이 자신을 그 상태로 이끄는데 도움이 될 것이다.

정은 몸의 이완과 정신적인 집중을 향상시킨다. 차례차례 근육의 긴장을 해소하고, 신체조정 능력을 향상시켜, 여러분의 태극권 연습을 더욱 효과적으로 만들어 준다.

태극권에서 얻는 정신적 고요함은 사람들이 주변환경을 지각하지 못하는 고립된 장소에서 수련하는 명상과 같은 것에서 얻는 고요함과는 다르다. 여러분이 내적 평온을 얻는 정의 상태에서는, 주변 환경을 지각할 수 있고, 여러분이 주변 환경과의 의사소통을 필요로 할 그 어떤 때라도 주변 상황을 가늠할 수 있다. (그 때가, 우주와 조화를 이루던지 또는 적과 마주하고 있던지에 상관없이, 여러분은 주변 환경과 의사소통을 할 수 있다.) 그것은 마치 여러분이 실제로는 주변의 현실 세계에 속하나 내부에 작은 세계를 가지고 있는 것과 같다. 정의 상태를 활용하는 것은, 여러분이 무술시합을 하는 것 뿐 아니라, 현실에서의 여러 가지 위기를 대처하는 데 도움을 줄 것이다.

송 (鬆)

송은 자주 '이완'으로 번역이 되는데, 이는 중국어로 그 이상의 의미를 나타낸다. 이는 긴장을 이완하는 것으로 표현되나, 느슨해짐과 스트레칭의 의미도 내포한다. 여러분의 각 관절이 느슨해지거나 바깥쪽으로 스트레칭 되는 것, 또는 내부로부터 부드럽게 확장되는 것을 상상해보라. 어깨관절을 예를 들어보면, 어깨관절을 바깥쪽으로 스트레칭 시키면, 어깨관절의 중간부분에 옴폭 들어간 곳을 느낄 것이다. 다시 어깨관절을 긴장시키면 그것이 사라지게 된다.

이제 이 테크닉을 다른 각 관절에 적용해 보라. 관절이 느슨해짐을 시각화(시각적으로 상상)하라. 팔 부분에서, 내부로부터 바깥쪽으로 부드럽게 확장되듯이 스트레칭 시킴으로, 팔꿈치, 팔목 그리고 손가락의 관절들을 느슨하게 풀어보라. 몸통에서는, 이러한 이완은 수직방향으로 행해져야 한다 - 여러분의 척추를, 그것은 가느다란 줄이며 그 줄을 양쪽의 끝에서부터 바깥쪽으로 부드럽게 스트레칭 한다고 시각화 하라. 다리 부분에서는, 무릎을 굽히고 몸을 쭈그리고 앉으며, 엉덩이의 고관절과 무릎관절을 바깥쪽으로 스트레칭해서 아치모양을 만들어야 한다.

이러한 몸을 느슨히 풀어주는 방법은, 부드럽게 각 관절을 스트레칭 할 때, '송'을 얻을 수 있기 때문에, 통제된 이완의 한 종류가 된다. 신체가 송의 상태에 있을 때, 스트레스로부터 생긴 긴장을 해소한다. 송은 기의 흐름을 더 좋게 만들고, 내적인 힘을 만들어내고, 또한 신체의 유연성을 향상시킨다. 이것은 또한 정을 향상시킬 것이다. 여러분의 몸이 송의 상태에 더 익숙해질수록, 마음이 정의 상태가 될 것이고, 마음의 더 정의 상태가 될수록, 송의 상태를 더욱 발전시킬 것이다. 즉, 양의 순환 사이클을 구축할 것이다.

침 (沈)

침은 '가라앉힘'을 의미한다. 아마도 여러분은 '기침단전' 이라는 용어에 익숙할 것이다. 단전 (배꼽아래로 세치)은 우리가 태극권을 행할 때 모든 것의 중심이 되는 부분이다.

날숨은 기를 단전으로 가라앉히는 것을 용이하게 한다, 즉 여러분의 마음을 정의 상태로 유지시키고 각 관절을 느슨히 풀어준다. 여러분은 단전호흡법을 활용하면 기의 감각을 느끼는데 용이함을 알 수 있을 것이다. 이 감각은 사람마다 다르지만, 대부분은 따뜻하고 묵직한 느낌이다. 숨을 내쉴 때, 각 관절을 느슨히 풀어주라. 여러분은 아마도 단전에서 따뜻하고 묵직한 감각을 느낄 수 있을지도 모른다. 이것이 바로 기를 가라앉히는 느낌이다. 처음에 이런 느낌을 못 받는다해도 걱정하지 말라. 동작과 함께 호흡을 조정하며 이를 계속 연습하고, 날숨 때 단전 부근에 의식을 집중하라. 계속 연습을 진행하면, 결국 단전의 기를 느끼게 되고 기침단전의 방법을 알게 될 것이다.

침은 안정성, 송. 기의 개발을 향상시킨다. 단전을 의식하는 것은 여러분의 몸 속의 내적 구조를 강화할 것이며, 내적인 힘을 향상시킬 것이다.

활 (活)

활은 '민첩성' 또는 '재빨리 움직이는 능력'을 의미한다. 강해지기 위해서는, 강력한 기를 가져야하며, 건강한 정신적 상태를 유지하는 것이 필수적이고, 여기에 민첩성이 첨가된다면, 이런 속성들(강력한 기, 건강한 정신상태)은 훨씬 더 효과적일 수 있게 된다. 민첩성은 올바른 자세, 체중이동, 절제된 동작, 관절의 송개 그리고 강한 내적인 힘 등을 겸비한 규칙적인 훈련으로부터 온다. 민첩성은 기의 단련을 돕고, 유연성을 향상시킨다.

단전호흡법

올바른 호흡은 에너지의 축적과 전달의 근간인데, 이는 태극권 동작에서 필수적인 역할을 한다. 전문의로서 그리고 태극권 전문가로서 30여년의 경험에 바탕을 둔 나의 태극권 호흡방법을 아래에 소개한다. 이는 내적 에너지를 향상시키는 매우 강력한 기-생성 방법이다. 이는 여러분의 모든 태극권 동작에 활용되어 질 수 있다. 호흡과 태극권은 자연적인 관계를 형성함을 기억하라; 만일 여러분이 어떤 단계에서 불편함을 느끼면, 자연스럽게 숨쉬기를 하라. 모든 동작들이 제대로 행해지면, 대체로 올바른 호흡이 생겨난다.

태극권의 고전 책자에서는 호흡을 개와 합으로 묘사하고 있다. 개는, 마치 활시위를 당기는 것처럼, 에너지를 축적하는 것이다. 합은, 마치 활을 쏘는 것처럼, 에너지를 전달하는 것이다. 마음속에 이런 이미지를 품는 것이, 여러분이 아래에 나온 설명을 이해하는 데 도움을 줄 것이다.

들숨(에너지의 축적) 때, 생명-에너지가 몸속으로 들어온다고 생각하라. 날숨 때, 에너지나 힘을 전달한다고 생각하라. 이것은 모든 태극권 동작에 적용될 수 있다. 왜냐하면, 모든 종류의 태극권의 동작들이 개와 합의 움직임을 반복하기 때문이다. 예를들어 여러분의 두 손이 떨어지는 동작이나, 앞으로 전진하는 동작들은 개의 동작이다. 양가태극권의 야마분종에서, 큰 공을 안고 있는 것처럼 두 손이 서로 가까이 올 때, 이 때가 바로 에너지를 축적하는 부분이다. 그리고 나서, 양손을 서로 멀리 떨어뜨릴 때, 이때 날숨을 쉬며 에너지를 전달하는 것이다. (이것은 마치 개의 동작을 하는 것처럼 보이지만, 사실 이는 합의 동작이며, 힘을 전달하는 동작이다.)

상·하 동작도 같은 패턴이다. 여러분이 손을 올릴 때, 에너지를 축적하는 것이고, 그러므로 숨을 들이마셔야 한다. 손을 아래로 내리면서, 에너지를 전달하므로 (활을 쏨) 숨을 내쉬어야 한다. 서있을 때(들숨)와 몸을 굽힐 때(날숨)도 똑같은 패턴이다.

여러분이 태극권을 연습할 때는 언제나 이러한 이미지를 마음속에 품어야 한다. 맞게 하는지 의심이 생길때는, 동작의 자세를 올바르게 행하도록 집중하고, 각 관절을 송개하면, 호흡은 저절로 맞아지게 된다. 절대 숨을 참거나 강제로 숨쉬지 말라. 간단하게 여러분의 몸이 자연스럽게 숨쉬도록 내버려 두면 된다.

앉거나 선 자세에서 입신중정을 유지하며, 이를 행하라. 올바른 자세를 유지하는 것을 자각하라. 한 손을 배꼽 바로위에 올리고, 나머지 한 손을 검지와 중지를 서해부 바로 위에 둔 채로, 고관절 위에 올리라. 아랫배와 회음부에 의식을 집중하라.

숨을 들이쉬면서 아랫배를 팽창시키고 (약간 불룩 튀어나오게 하고), 온 몸의 근육을 이완시키라. 숨을 내쉬며, 회음부와 아랫배를 부드럽게 수축시키라. 배꼽 윗부분은 움직이지 말고, 서혜부에 둔 손의 검지와 중지로 근육이 수축됨을 느끼라. 회음부 부위가 부드럽게 수축됨에 의식을 집중하라; 단지 회음부 수축에 대한 의식만을 하는 것처럼 부드럽게. 또는 회음부를 수축하여, 배꼽쪽으로 0.5인치(1.25cm) 정도 당긴다고 상상하라.

숨을 들이마시며 회음부와 아랫배를 이완시키는데, 원래 수축의 약 10~20% 유지하듯, 완전히 이완시키지 않도록 주의해야 한다.

개의 동작을 하면서, 숨을 들이마신다. 아랫배가 확장됨을 느껴라. 그리고 나서, 합의 동작을 할 때, 아랫배를 수축하며 숨을 내쉰다. 여러분의 몸은, 올바른 단전호흡의 실행을 도우며, 호흡에 적절히 맞춰 움직이는 것을 알게 될 것이다. 윗배는 움직이지 않아야 함을 명심하라. 이 호흡법은 기침단전을 도우며 기의 능력을 향상시켜 줄 것이다.

제 12 장
효과적인 선생에게서 배움

이 장에 실린 글은 과거 수년간, 다양한 분야에서 전문가인 상급 태극권 강사들에 의해 쓰여진 것들이다. 그들은 여러분을 효과적인 선생으로 만드는데 필요한 여러 측면에 대해, 귀중한 통찰력을 제시한다. 여기의 글은 이 책의 출판을 위해 특별히 쓰여진 것도 있으며, 저자로부터의 허락을 받아 이 책에 다시 기고된 것도 있다. 만일 여러분이 이 글을 참조하여 사용하려면, 먼저 저자에게 연락하여 허락을 받기를 바란다.

형상화를 통해 태극권 연습의 질을 높여라

양키 락스카 박사와 폴 램 박사 공저

양키 락스카 박사는 심리학자이며 '노스웨스턴 헬쓰 사이언스 대학교의 동양의학 및 침술대학' 부교수로 재직 중이다. 그는 오래 동안 진 푼마크 노사와 홍 류 노사에게서 태극권을 수련하였으며, 폴 램 박사에게서 관절염 태극권의 교수를 허가 받았다. 현재 미국 위스콘신주의 허드슨에 살고 있다.

폴 램 박사는 가정의학 전문의이며, 관절염 태극권 프로그램의 창시자이며, 강사이자, 이 책의 저자다. 현재 호주 시드니에 거주하고 있다.

양키와 폴은 관절염 태극권 프로그램을 미국 중서부로 전파하기 위해 함께 일했고, 관절염이나 다른 만성통증 대상자를 돕는, 과학적으로 입증된 시스템으로서의, 태극권과 기공 지식전파의 비전을 가지고 있다.

양키 박사의 개인적 경험

나의 첫 번째 태극권 경험은 고등학교 체육관에서 열린 1주일에 한번씩 참가하는 지역사회 교육의 참가자시절에 시작되었다. 강사는 티티 양 노사의 오랜 제자였던, 더글라스 보웨스씨 였다. 내가 얼마나 그 수업을 즐겼는지, 집에 도착할 때 까지 잊어버리지 않게, 마치 마지막이라는 생각으로 동작을 배우고 외웠는지를 잘 기억한다. 매주 수업을 마치고는 얼른 집에 가서 연습하고 싶어 들뜬 상태였고, 수업에서 배운 내용을 대부분 외우려고 노력했다. 몇 주가 지나서야, 내가 배운 태극권 기술을 이러한 상황에 적용하여 극복하였고, 또한 심리학자로서 그 기술을 활용할 수 있게 되었다. 내가 처한 불만스런 상황을 해결하는데 태극권 기술들을 사용하기 시작했다.

태극권 연습을 마치고, 차안에 앉아 앞좌석의 운전대를 마주하고서 태극권 투로를 하는 것을 상상했다. 마음 속으로 투로를 몇 번 반복하고선, 집으로 가서 실제로 투로를 연습했다. 내가 사용했었던 그 방법은 능동적 형상화라고 불린다. 능동적 형상화는 우리의 의식적 의도를 정신적으로 단련하는 한 방법이다. 1970년대 프로 골퍼인 잭 니클라우스는 항상 자기가 친 공이 완벽하게 공중을 날아 흠잡을데 없이 그린에 안착하는 영상을 상상하고 나서, 공을 쳤다고 말했다. 1980년대 후반, 나는 딸이 속한 지역 청소년 농구팀을 감독하고 있었다. 나는 농구팀 소녀들과 한 가지 실험을 하였다. 그녀들에게 10번의 자유투를 시도해서 몇 번을 성공시켰는지 횟수를 세 보라고 시켰다. 그 후, 그녀들을 앉혀서 눈을 감게 하고, 자유투 라인에 서서 슛을 쏘려고 준비하는 과정을 구체적으로 상상하라고 시켰다. 공이 아주 깨끗하게 바스켓의 그물을 가르는 형상화를 단계적으로 상상시켰다. 그 후, 다시 10번의 자유투를 쏘게 했는데, 모든 소녀들의 자유투 성공률이 극적으로 향상되었다.

현대적 연구

노자는 도덕경에서 '밖으로 나가지 않더라도, 모든 세상을 다 알 수 있다.' 고 하였다. 현대 과학에서 비슷한 내용을 찾아보면, 하버드대학의 신경과학자인, 스티븐 코슬린은 사람들이 어떤 것을 상상할 때, 상상에서 사용하는 감각에 대응하는 두뇌 부분이 활성화 된다는 것을 증명하였다. 사람들이 움직이는 것을 상상할 때, 몸의 움직임을 관장하는 전두엽 운동 피질 부분이 활성화 된다. 즉, 두뇌는 실제 태극권을 하는지, 태극권을 하는 상상을 하는지를 쉽게 구분해 낼 수 없다는 말이다.

콜로라도 주립대학교의 리차드 M 쉰 박사는 시상화 운동시연 (VMBR) 을 개발함으로써 형상화 방법의 수준을 한 단계 격상시켰다. 이 방법은 배우고자 하는 기술의 생생한 형상화와 깊은 이완을 결합하여 사용하는 방법이다. 텍사스 주립 대학교의 연구원들은 가라데 기초반 참가자와 함께 이 방법을 사용하여 연구 했다. 그 가라데 수업을 2개 그룹으로 나누었다. 한 그룹의 참가자는 가라데 연습만 했다. 다른 그룹의 참가자는 가라데 수업과 함께 시상화 운동시연(VMBR)을 함께 지도 받았다. 그 두 그룹의 참가자는 6주 동안, 1주일에 두 번씩 만났다. 6주 과정이 끝난 후, 그들은 정신적 불안에 대한 심리 스트레스 조사와 가라데 기술들, 그리고 실제 대련에 대한 테스트를 받았다. 시상화 운동시연(VMBR)을 실시한 그룹의 참가자가, 가라데만 배운 참가자보다, 정신적 불안이 적었고,

기술 시험과 대련에서 더 좋은 점수를 받았다.

케이트 로리그 박사는 스탠포드 대학교에서 관절염 대상자와 함께 연구하는데, 그녀와 동료들도 이완과 형상화가 결합된 치료 방법을 가르치고 있다. 연구 대상자는 유연한 관절로 무고통 상태에서 운동 하는 것을 상상하게 된다. 결과에 따르면 이 치료방법을 주기적으로 활용하는 사람들의 실제 고통 경감과 육체적·심리적 기능의 향상이 있다고 밝혀졌다. 게다가 검진을 위한 내원 횟수가 이 치료방법을 사용하기 전의 반으로 줄었다.

여러분의 태극권 연습에 형상화를 활용하는 방법

형상화를 효과적으로 활용하기 위한 첫 번째 방법은 이완이다. 노자는 '모든 것을 비우고, 고요함의 근원으로 돌아가라' 라고 말하였다. 이것은 이완을 설명하는 매우 좋은 표현법이다. 이완을 돕는 방법들은 많다. 깊은 이완으로 들어가려면, 눈을 감고 횡격막 이나 배를 이용하여 호흡을 시작한다. 숨을 들이쉴 때, 배 (또는 횡경막)이 자연스럽게 확장되게 한다. 숨을 내쉴 때, 배를 제자리로 끌어당긴다. 이것은 기공과 태극권 연습에서, 단전호흡법 (또는 횡경막호흡법) 이라 불리는 방법이다.

횡경막호흡법

태극권에서 흔히 사용되는 두 가지의 횡경막호흡법이 있다. 첫째는 복식호흡이다. 이 방법에선, 공기가 코로 들어와 기도로 들어간 뒤 (또는 폐와 연결된 관으로 들어간 뒤), 계속 아래로 내려가 배를 가득 채운다고 상상한다. 이 때, 공기가 단전으로 들어간다고 상상하고, 숨을 들이쉬면, 배가 부풀어 오를 것이다. 숨을 내쉬는 것은 역과정으로 진행된다. 배 부위의 근육이 수축되며, 숨을 내쉴 때 배가 납작해지게 된다. 호흡은 태극권의 움직임처럼 동일한 속도로 천천히, 고르게, 연속적이어야 한다. 절대 강제로 호흡하면 안된다. 만일 조금이라도 불편함을 느낀다면, 평상시 호흡으로 돌아와야 한다.

두 번째 호흡법은 역복식호흡이다. 숨을 들이쉬면 윗배가 부풀려지고,

아랫배는 수축된다. 숨을 내쉬면 윗배는 수축되고 아랫배가 부풀려 진다. 역복식호흡은 일반적으로 좀 더 상급수준의 호흡법으로 여겨지며, 기침단전을 가능케 하고, 특히 진가태극권의 발경에 매우 효과적이다.

후속 작업

이 과정을 시작하기 위해, 자연호흡으로도 불리는, 첫 번째 복식호흡을 한다. 몇 차례 호흡 후, 머리 끝 백회에서 아래로, 마음속으로 온 몸의 정밀검사를 한다고 상상한다. 숨을 내쉴 때 마다, 몸에서 느낄 수 있는 모든 긴장을 풀며 이완한다. 마음속으로, 발바닥의 끝 용천에 닿을 때까지 이 과정을 계속한다. 이외에도 체계적으로 몸의 각 부분을 긴장시키고 이완하는 점진적 근육이완법, 자율훈련법 등과 같은 다른 많은 이완법이 있다. 이완은 여러분의 태극권 형상화 연습의 준비과정으로 활용되기도 하고, 이외에 다른 많은 혜택이 있다. 규칙적으로 깊은 이완을 취하면 혈압이 낮아지고, 면역시스템이 강화된다. 메닝거 클리닉 병원에서의 연구에 의하면, 깊은 이완 상태에 도달할 수 있는 사람들은, 종종 자신들이 가진 문제에 대한 통찰력을 경험한다고 한다. 이 상태는 무의식으로부터 수용적 형상화가 발생되어, 우리가 문제 해결에 대한 요구나 잠재력을 발견할 수 있다.

몸이 이완되면, 마음도 평온해지고, 직장이나 학교에 제출할 보고서의 기한, 저녁반찬거리 등에 대해서 더 이상 생각하지 않아도 된다. 바로 이때가 형상화 연습을 시작하기에 좋은 때이다. 형상화를 최대한 활용하기 위해서는, 먼저 향상코자 하는 기술에 주의를 집중해야 한다. 즉, 태극권에 주의를 집중해야 한다. 여러분이 태극권을 막 시작하려는 또렷하고 생생한 이미지에 모든 주의를 집중해야 한다. 만일 마음에 잡생각이나 방해되는 이미지가 생기면, 깊은 숨을 들이마신 후, 다시 내쉴때 부정적인 이미지가 사라져 버리게 한다. 그리고 나서 다시 태극권의 이미지에 집중한다.

형상화 역학

형상화를 시각화와 혼동해서는 안된다. 사실, 시각화를 한다고 해서 형상화가 더 효과적이진 않다. 태극권을 향상시키기 위해 형상화를 활용하는 목적은, 여러분의 마음 속에 멋진 그림을 보기 위해서가 아니라(시각화), 몸의 지성에 주의를 집중하고, 의식하며, 이를 훈련하기 위해서다. 형상화는 어떤 하나의 감각 또는 모든 감각을 활용할 수 있는 방법이다. 이는 당연히 시각적 형상화를 포함할 수 있고, 또한 청각적 이미지, 근(육)감각적 느낌, 심지어는 향기까지 포함할 수 있다. 내가 참가했던 한 워크샵에서, 강사가 청중에게 이완을 위한 시각화 경험을 사용했었다. 눈을 감으면 '아무것도 볼 수 없었기 때문에' 나는 항상 그 방법에 대해 불만이 있었다. 강사는 부드럽고 달래는 듯한 목소리로 다음과 같이 말했다. '여러분은 지금 해변을 걷다가 바닷가로 왔습니다. 푸른 하늘과 흰 모래사장을 바라봅니다. 아주 아름다운 에메랄드 빛의 바다가 여러분께 손짓합니다.' 하지만 나는 '이봐, 난 아직 해변에 가 있지도 않아. 조금만 기다려줘.' 라고 생각하며, 이완되기 보다는 더욱 긴장됨을 느꼈다. 그 후에, 시각을 비롯한 다른 감각기관을 활용하는 형상화를 경험하기 시작한 치료 최면 수업을 받았고, 나는 이 방법으로 비록 해변을 보지는 못하지만, 따뜻한 햇살과 내 발 사이로 모래의 감각을 느낄 수 있었다.

　이제 여러분은 태극권 연습을 준비하는 생생한 이미지를 상상할 수 있으므로, 능동적 형상화 연습을 진행하면 된다. 아주 구체적으로 생생하게 태극권의 기세로부터 시작하는 것을 상상한다. 마치 실제로 동작을 행하는 것처럼 호흡한다. 체중의 이동과 팔을 부드럽게 올리는 것을 상상한다. 동작을 하기 위해 첫발을 내딛는 느낌이 어떠한지, 허리로부터 몸이 어떻게 움직이는지 상상한다. 실체에서 무실체로의 이동을 느낀다. 동작을 완벽하게 끝냈다고 상상한다. 이러한 구체적인 형상화를 모든 동작에 진행한다. 마음 속으로 모든 동작을 연습하고 나서, 그런 형상화된 이미지들이 자리잡아, 여러분 존재의 일부가 되게 하며, 몸을 이완시킨 상태로 몇 분간 단전호흡을 행한다. 이 형상화 연습을 마치고 나서, 실제 연습을 진행한다. 형상화 연습하기 전 실제 연습을 한 번하고, 다시 형상화 연습을 해보는 것도 좋은 방법이다. 동작이나 자세가 얼마나 변화 되었나 확인해보라. 변화를 경험해보는 느낌은 또 어떠한가?

실제 방법

 태극권의 연습에 형상화를 활용하는 것은 마음이 주인이며 몸은 따라간다는 사실을 상기시킨다. 고전 태극권 책에서는, 마음이 몸을 총괄한다고 말하는데, 형상화의 활용이 마음이 몸을 총괄하는 하나의 방법이 될 수 있을 것이다. 여러분의 태극권 학습을 향상시키기 위해, 또 어떻게 형상화를 활용하는지를 보여주기 위해, 태극권 동작 중 하나를 예로들어 설명코자 한다. 가장 잘 알려져 있고, 표준화 된 교재가 많이 있는 24식태극권에 대해 예를 들어보자. 그 중 21번째 동작인 전신반란추를 살펴보기로 하자.

 이전의 동작에서부터, 몸이 흔들리거나 일어서지 않은 채로 체중이동을 하는 것을 상상한다. 무릎은 굽힌 상태로, 체중을 왼발로 이동시키고, 한쪽으로 쏠리지 않게 입신중정을 유지한다. 그리고 나서, 아치모양의 곡선을 그리며 오른손은 오른쪽 방향으로, 왼손을 왼쪽방향으로 움직이고, 왼쪽발을 오른쪽 방향으로 135도 돌리고 나서, 입신중정을 유지하며 서서히 체중을 왼쪽발로 다시 이동시킨다. 체중을 뒤로 이동하면서, 오른손은 곡선을 그리며 아랫방향으로 계속 움직여, 오른손을 오른쪽 겨드랑이 바로 앞에 둔다. 이때 손바닥은 위로 향하게 하고 주먹을 쥔다. 왼손은 부드럽게 왼쪽 모서리로 움직여 머리를 보호한다.

 오른발을 들어서 발가락이 바깥쪽으로 향하게 하고, 발꿈치를 왼쪽발 앞쪽 바닥에 닿게 놓는다. 계속 부드럽게 움직이며, 왼손을 아래로 눌러준다. 이 동작을 하면서 상대방이 오른쪽 주먹을 내지르며 여러분께 다가오고 있다고 상상한다. 이때 왼팔로 그 주먹을 막아 아래로 누르고, 동시에 허리를 살짝 돌려 발생시킨 힘으로 오른 주먹을 상대방의 코를 향해서 내지른다. 또한, 동시에 왼발로 상대방의 정강이를 걷어찬다.

 체중을 오른 발로 이동시키고 몸을 계속 오른쪽으로 돌린다. 오른 주먹은 곡선을 그리며 오른쪽으로 옮기고, 오른쪽 엉덩이 옆에 손바닥이 위로 향하게 둔다. 이제 여러분의 몸이 살짝 흔들릴 때, 상대방이 한 발자국 뒤로 물러서서 여러분을 다시 주먹으로 공격하려하고, 여러분은 왼손으로 그 주먹을 막으려 한다고 상상한다. 동시에 왼발로 한발 나아간다. 이런 상상에서 여러분은 반드시 신체와 자세 그리고 동작의 목적이 무엇인지를 기억하여야 한다. 이는 동작내에 힘이 어디에 있는지에 집중하고, 동작을 제어하는 것을 돕는다.

마지막으로, 왼쪽손이 상대방의 주먹을 눌러 막을 때, 오른 주먹이 왼손위로 이동하며 상대방을 향해 주먹을 내지르는 것을 상상한다.

결론

마음이 몸을 지배한다는 것은, 바꿔 말하면 마음이 매우 차분하고 명료함을 의미한다. 이 연습을 통해, 여러분이 실제 싸움을 할 때 차분하고 명료한 마음이 드러나게 된다. 이렇게 혼자 연습을 하면, 여러분이 동작을 쉽게 기억할 수 있을 뿐 아니라, 몸과 마음 그리고 정신을 통합하는 머나먼 여정을 시작하게 될 것이다.

© Dr Yanchy Lacska and Dr Paul Lam, 2001

태극권 교수의 윤리

의학박사 스테파니 테일러

의학박사 스테파니 테일러는 미국 캘리포니아주, 몬터레이시에서 활동하는 여성건강 전문의다. 그녀는 산부인과 전문의이며, 갱년기 장애 치료와 전인(적)의료에 대해서도 치료 자격을 가지고 있다. 그녀는 관절염 태극권과 당뇨 태극권의 최고지도자이며, 아이키도와 기공에 대한 경험이 풍부하다.

윤리란 무엇인가? 사전상의 일반적 의미는 어떤 문화나 전문가 집단에 의해 정의된 도덕적 원리의 체계를 의미한다. 과거에는 이를 인성의 발달로 규정지었다. 태극권 교사로서 우리는, 교사와 참가자의 관계, 성직자와 신도의 관계, 그리고 의사와 환자의 관계와 같은 윤리와 깊은 관계가 있다. 우리는 이 세가지 관계의 특성을 모두 공유하고 있는데, 이를 하나씩 아래에 설명하겠다.

우리는 교사로서의 윤리를 준수해야 하는데, 최대한 능력껏 가진 지식을 전달해 줄 의무가 있기 때문이다. 그러한 목적 하에, 연습을 완벽하게 해야 하고, 지식을 참가자에게 전달하는 의사소통의 기술을 완벽하게 만들기 위해 노력해야 한다. 또한 우리 자신을 위한 교육을 지속하고, 참가자로부터 끊임없이 배울 수 있게끔 충분히 열려있어야 한다. 새로운 교수법에 대한 기술과 학습 방법 대해서도 열려 있어야 한다. 이는, 대체적으로 참가자보다 상당히 나이가 많아서, 참가자와의 교제에 있어서 특별한 문제가 발생하지 않는, 보통의 학교 환경에 처한 교사와는 그 입장이 다르다.

우리는 성직자로서의 윤리를 준수해야 하는데, 태극권 공부는 매우 개인적일 수 있으며, 특히 상급단계로 갈수록 더욱 그렇다. 참가자는 종종 육체적인 기술뿐 아니라, 개인적인 또는 정신적인 변화를 갈구하며 찾아온다. 때문에 교사는 매우 특별한 레벨로 승격되기도 하고, 교육에 있어서나 개인적인 삶에 있어서나 지고의 윤리적·개인적 성품을 보여주어야 하기도 한다.

우리는 의사로서의 윤리를 따라야 하는데, 선행과 악행금지 그리고 진실성과 같은 몇 가지의 기본적 원리를 준수해야하기 때문이다.' 태극권 웰빙' 때문에 참가자는 우리 강사에게 의지하는 보호 관계에 있음을 알아야 한다.

어떻게 하면 이 고귀한 목적을 달성할 수 있을까? 아마도 최선의 접근 방법은 오래된 격언처럼, '너 자신을 알라.' 일 것이다. 여러분은 각 참가자에 대한 개별적 반응뿐 아니라 자신의 능력과 한계에 대해서 인식하고 있어야 한다. 참가자가 선생을 대단하게 생각하는 것은 당연한데, 대체로 뛰어난 명성과 전문가로서 그리고 한 인격으로서의 높은 수준에 대한 기대감으로 선생을 선택하기 때문이다. 이는 참가자에겐 훌륭한 시작이며, 우리가 그런 호의에 대해 고맙게 생각하고 받아들이는 것이 중요하지만, 그것이 태극권 교수법에 영향을 미쳐서는 안 된다. 친숙한 격언이 있다. '자신에게 너그러워지라'. 심리적인 개념은 '전이' 라고 불린다. 전이는 환자에서 의사에게로의 감정의 이동을 의미한다. 역전이는 의사에서 환자에게로의 감정의 이동을 의미한다. 이 둘은 모두 유용하고, 대부분의 치유 관계에 있어서 꼭 필요한 요소다. 문제는 이것들이 실생활에서 큰 비중을 차지할 때 생기며, 또한 의사와 환자가 무슨 일이 일어나는지를 자각하지 못할 때 발생한다. 선생이기 때문에 이러한 문제에 대해 자각하고 다루는 것은 우리 책임이다.

전이에 있어서 문제가 발생하는 경우는, 예를 들면 참가자가 무의식적으로 선생을 화난 아버지와 같다고 생각할 때, 또 선생에게서 부드러운 지도를 받았는데도 울음을 터트려 버릴 때와 같은 그런 경우다. 전통적으로 선생에게 있어서 역전이 문제는 지나친 칭찬을 심각하게 받아들여 자신을 과대평가 하거나, 참가자를 상대로 성관계나 금품을 요구하는 경우에 발생한다.

종합해보면, 우리에게는 비록 참가자가 저항할지라도 그들의 관심을 찾아내는 것, 또는 참가자에게 최고의 전문가가 되는 것과 같은, 선생으로서의 의무가 있다. 여러분이 심리학자가 될 필요는 없지만, 참가자를 돌보고 그들에게 친절하게 대하는 신조를 가지고 가르침에 임하면, 많은 어려운 상황을 극복해 나갈 수 있음을 기억하기를 바란다.

© Stephanie Taylor, MD, 2004

'남에게 ... 대하라'

팻 웨버

패트리시아 웨버는 호주 시드니의 건강태극권협회 강사다. 그녀는 퇴직 교사이며, 폴 램 박사와 함께 여러 분야의 태극권을 수련하였다. 그녀는 호주 전역과 해외에서 태극권에 대한 강연, 강의를 하고, 태극권을 가르친 경험이 있다.

효과적인 가르침이란 무엇인가? 맥쿼리 사전에서는 '효과적'의 의미를 '의도한 또는 예상한 결과를 생산함'이라 정의한다.

우리가 태극권 수업을 시작하면 어떤 결과가 나타날지 예상하는가? 그것은 어느 정도의 시간이 지난 후 참가자가 전체 투로를 혼자서 해내는 것을 의미하는가? 이는 하찮은 재주가 아니다, 그리고 어떤 참가자에게는 어느 정도의 관심사가 되기도 한다. 하지만, 대부분의 강사에게 있어서 '의도한 결과'는 그들이 가르치는 참가자가 태극권을 배우는 것은 투로를 배우는 것보다 더 심오한 무엇인가가 있다는 것을 지각하는 것이라고 생각한다.

그러므로 내게 있어서 효과적인 교수법이란 다른 사람들이 태극권을 통해 많은 것을 발견하는 여행을 시작할 수 있는 토대나, 또한 이를 실천할 수 있는 바램을 제공했다는 점이다.

과거에 나는 부족한 교수법 때문에 여러 번 어떤 것을 배우고자하던 초기의 흥미가 없어져버린 경험이 있다. 그래서 나는 다음과 같은 격언을 생각하였다. '남으로부터 네가 바라고 싶은 것(좋은태도나 친절)으로 남을 대하라' 이것을 마음에 품고, 나는 교사로서 진실로 하고자하는 바의 목록을 만들었다.

여기 가장 기본적인 것부터 시작하겠다.

정시 수업시작

이것이 효과적인 교수와 어떤 관계가 있을까? 이는 수업의 분위기를 정하고 강사가 전문적이며 수업에 대해 진지함을 보여준다. 만일 내가 한 시간의 수업에 대해 지불하였으면, 그것이 바로 내가 얻기를 기대하는 바다. 이 좋은 습관을 더욱 개발하기 위해서 연습하라.

잘 보고 들을 수 있도록 할 것

여러분은 강사가 한자리에서 움직이지 않거나 수업시간 내내 등을 돌리고 있어서, 그가 말하는 것을 들을 수 없거나 움직이는 것을 볼 수 없는 그런 수업을 한번이라도 경험한 적이 있는가? 나는 그런 수업을 경험해 본 적이 있다. 내가 듣거나 볼 수 있었던 것은, 강사가 묵주기도문을 외거나 오렌지 껍질을 벗기는 것 뿐 이었다. 사람을 응대하며 이야기 하도록 연습하고, 대상자가 여러분 자신을 늘 볼 수 있도록 연습하라.

이름 외우기

나는 이름으로 기억되는 것을 좋아한다. 이는 내가 더 편하게 느끼게 도와준다. 이 방법은 참을성과 인내를 필요로 하는데, 이름표 등을 이용하여 강사의 역할을 다하게 연습하라.

준비하기

강사는 동작을 멋있게 잘 할 수 있을지도 모른다, 하지만 그것이 과연 효과적인 교수를 의미할까? 반드시 꼭 그렇지는 않다. 태극권의 각 동작은, 개별로 배울수 있는 세부 동작으로 나뉘어질 필요가 있다. 알고있는 부분에서부터 모르는 부분으로 수업을 진행하라. 이러한 준비는 시간, 인내, 그리고 그 동작부분에 대한 강사의 연습을 필요로 한다.

참가자에게 한번 더 말해주기

나는 정만청 노사의 책을 읽어본 적이 있다. 그는 당신이 배울 것에 대해 한번이나 아마도 두 번정도 말해줄 것이다. 하지만 당신이 계속 실수를 연발하면, 어떤 이유든 상관없이, 그는 가르치기를 포기해 버릴 것이다. 아마도 당신이 갑자기 그런 실수에서 벗어날 수도 있다; 그런 가능성은 항상 존재하니까. 하지만 그는 당신을 기다려줄 만큼 한가하지 않다.'

의심할 여지없이, 정 노사는 대부분의 사람들에게도 평범한 수준 이상의 것을 요구했을 것이다. 하지만, 나는 나의 태극권 강사가 인내심을 가지길 원한다.

참가자에게 개인적인 관심 주기

한 그룹에서 외향적이고 친근한 사람에게 더 많은 관심을 쏟는 것은 매우 당연한 일이다. 이는 강사의 실제 자각없이 일어날 수 있는 일이다. 나머지 참가자보다 더 뛰어난 재능을 보이는 사람에게 더 많은 관심이 가는 것 또한 당연한 일이다. 하지만 모든 참가자는 강사가 자신에게 일정량의 시간을 할애주기를 원한다. 모든 참가자에게 동등한 관심을 주도록 연습하라.

장점 찾기

불행하게도, 우리 자신에게서나 다른 이에게서 장점보다 단점을 찾아내는 것이 항상 더 쉬운 일이다. 만일 내가 어떤 동작을 익히려 몸부림 치고 있다면, 내가 완전히 엉망으로 하고 있다고 누군가가 말하기를 원치 않는다. 하지만, 내가 그 동작 중의 일부분을 잘하고 있다고 안심하면 적어도 나는 조금씩 나아지고 있는 것이다. 하지만, 나는 깔보이고 싶지는 않다. 나에 대한 조언은 정직하여야 한다. 그런 장점을 찾을 수 있도록 연습하라.

수 정

여러 가지 이유로 내가 절대로 할 수 없을 것 같은 몇 가지 동작들이 있다. 하지만, 강사가 동작을 수정해서 가르쳐 주거나, 내가 스스로 수정한 동작이 태극권의 원리에 위배되지 않음을 확인해 준다면 정말로 고마워할 것이다. 강사에게는 내게 그러한 방법으로 조언을 해줄 수 있는 지식 함양에 대한 인내심 뿐 아니라, 강사의 역할을 잘 할 수 있는 연습을 필요로 한다.

자신의 동작을 보기

스스로를 중립적인 입장에서 보지 말라. 여러분은 다른 사람의 동작을 보면서 왠지 맞지 않는다는 느낌이 든 적이 있는가? 참가자를 도와주려면, 강사가 동작을 분석할 수 있어야만 한다. 동작을 분석하는 이 연습은 수업의 준비와 함께 시작되어야 하며, 또한 우리 자신의 연습에도 이용될 수 있다. 몸과 마음 모두 분석할 수 있도록 연습하라.

신뢰성

나는 강사가 스스로 말하는 내용에 대해서 알고 있기를 원한다. 다른 사람들에게 전수해줄 지식과 기술을 쌓기 위해서는 참을성, 인내, 그리고 연습을 해야 한다.

열정

나는 강사가 수업에 대하는 열정에 의해 자극을 받고 싶다. 같은 것을 몇 번째인지 모를 정도로 반복하여 가르치는 것은 매우 지겨운 행위가 될 수 있다는 것을 알고 있다. 그래서 강사가 참가자의 흥미를 끌만한 여러 가지 다양한 것을 수업시간에 소개해 주기를 원한다. 반복해서 말하지만, 이는 연습이 필요하다.

나는 모든 사람이 선생으로서 원하는 자신만의 목록을 만들 수 있을 거라고 생각한다. 그것은 자신의 교수 방법을 개발하는데 도움을 줄 것이고, 그렇게 계속 노력하게끔 고무시켜 줄 것이다.

© Pat Webber, 2006

태극권 놓아주기

쉘리아 래

쉘리아 래는 전 세계적으로 기공과 태극권의 연구를 공유하고 증진하는데 전념하고 있다. 그녀는 1999년 이후로 관절염 태극권을 가르쳐왔는데, 교회, 퇴직자 클럽, 재활치료 센터 뿐 아니라 멤피스 대학교와 미시시피 대학교 등에서 수업을 가르치고 있다. 2003년에 텍사스의 달라스에서 열린 국제 태극권 대회에서, 금메달(손식태극권)과 동메달(양가태극권)을 받았다. 그녀는 멤피스의 치유예술의료그룹과 연계하여, 의학기공 강사이자 테네시 주에서 허가를 받은 알콜중독치료침술의 전문가로 활동하고 있다.

놓아주기 행위의 의미는 우리가 어떤 것에 속박되어 있다는 것을 전제하고 있다. 우리가 이 개념을 태극권에 적용시켜 보면, 동작을 배우고 연습하지 않으면, 태극권에 대한 의식을 가질 수 없다는 것을 이해할 수 있다. 하지만 이 의식은 완벽한 동작의 결과만을 의미하지는 않는다. 좋은 동작이 모든 경험에 있어서 필수적이긴 하나, 이는 진지하게 임하는 사람의 최종 목표는 아니다.

태극권 연습에는 동작, 완벽추구 그리고 자아를 놓아주기를 배워야만 하는 포인트가 있다. 우리가 태극권을 시작할 때, 자아는 우리가 달성하려는 바를 볼 수 있게 도와주기 때문에 도움이 된다. 태극권은 강력하고, 재미있고, 흥미롭다. 하지만 우리가 배우기 위해 연습하는, 예를들면 피아노, 댄스, 요리와 같은 다른 것들처럼, 미리 규정된 패턴을 따라하려고 노력하는 것을 놓아야 하는, 그리고 예술적 경지를 우리의 정신에 흐르게 해야 하는 때가 있다.

우리는 태극권을 배우는 목적이 무엇인지 자문해 볼 필요가 있다. 우리는 정형화 되지 않기위해; 몸과 마음 그리고 정신을 통합하기 위해, 형식을 배운다. 우리는 자신을 책임지기위해, 다른 사람을 판단하기 위해서가 아니라 태극권이 신체적인 형식을 벗어나 확장될 수 있는 방법과 같은 것을 가르치기 위해서 태극권의 원리를 배운다. 우리의 모든 활동에 있어서 '놓아주기'를 행하기 위해, 태극권의 원리를 이용할 수 있을 때, 태극권의 연습에도 자연적으로 영향을 미치기 시작할 것이다.

만일 우리가 끊임없이 태극권의 완벽한 동작만을 위해 연습한다면, 태극권을 행하는 참된 행복을 느낄수 없을 것이다. 우리가 형식을 놓아줄 때, 경이로운 연관성이 일어날 수 있을 것이다. 먼저 수고를 들이지 않고 동작들이 연결될 것이고, 그리고 나서 우리는 주위 환경을 ,다른 이들과, 그리고 우주자체와 융합하는 진실된 본질에 연결 될 수 있을 것이다.

여러분이, 태극권 그 자체인 완전함을 포용하기 위해서는, 완벽추구에 구속되지 말기를 권고하는 바이다.

Ⓒ Shelia Rae, 2006

효과적인 교수법은 커뮤니티를 조직하는 것이다.

러셀 스마일리 교수

　러셀 스마일리 교수는 미국 미네아폴리스시와 세인트 폴시 지역에서 활동하는 관절염태극권의 최고지도자다. 그는 건강교육자이며, 과거 18년간 미네소타 주 블루밍턴시의 노먼데일 전문대학의 보건과 교수로 지냈는데, 학교재직 중에 태극권과 건강기공, 스트레스 관리에 대한 강좌를 개발하였고, 이는 현재도 개설되고 있다. 그는 2006년에 대학원생들의 투표로 뽑혀지는, 학교 재직 중 참가자들에게 가장 큰 영향을 미친 교수에게 수여하는 '훌륭한 교수상'을 받았다.

　궁극적으로 말하면, 우리가 성공적인 태극권 수업을 진행하였을 때, 우리는 참가자가 태극권이라는 공통된 유대관계를 형성하는 안전한 공간을 만들었으며, 참가자간의 연대를 발전시켰고, 공동체를 형성하였다. 가르친다는 것은 사람들과 함께 일하는 것이다.

　나는 선생이 되기위해 전형적인 대학원 교육과정 경험을 가졌었는데, 나는 그 과정을 즐겼고, 내가 가르칠 수 있음을 의미하는 대학원 학위와 몇 편의 논문을 가지게 되었다. 선생이 되기위한 가장 간단한 공식은 이론을 배우는 것, 강의를 암기하는 것, 책에 나오는 지식, 교수법을 연습하는 것, 실험을 즐기고, 연구하는 것 따위였다. 이론적으로는 다 좋다. 실제로는, 큰 그림에 대해 아는 것, 참가자와 또는 동료와 진심으로 연결되는 법, 이 험난한 여정에서 나 자신을 돌보는 방법 등에 대해서 큰 공허감이 있었다. 고등 교육에서 습득한 최고의 기술과 지식은 선생으로서의 나의 성공을 보장해 주지 못했다. 공동체를 건설하여 구성원들과 진심으로 연결되어서 배운 연습과 경험으로, 생각한 것보다 훨씬 더 많은 것을 배워야 함을 알게 되었다.

　2006년 미국, 인디애나 주, 테러 호트시의 성 마리 우드 대학에서 개최된 태극권 워크샵에서, 태극권의 배움에 있어서 비슷한 욕구와 열정을 가진 사람들끼리 공동체를 형성하였다. 폴 램 박사는 10년 이상 큰 꿈을 가지고, 그 꿈을 공유하기위해 전 세계를 돌아다녔다. 최고 지도자, 상급 지도자, 강사 그리고 태극권 연구자로서, 우리는 그의 평생의 임무를 믿고 있다. 우리 중 많은 이들은 그의 방법론을 이용하여 참가자를 가르치고 있으며, 또 다른 이들은 건강과 삶의 질 향상에 대한 태극권의 기여를 수용하고 있다. 우리는 모두, 전 세계를 돌며 성장하고 있는 공동체의 일원이다.

우리는 어디를 가든 공동체를 건설한다. 이는 타인을 포용하는 것, 참가자와의 연계, 그리고 우리 자신에 대해 배우는 것 등을 필요로 한다. 우리는 배우자, 중요한 사람, 동료, 가족 그리고 친한 친구와 친밀한 공동체를 형성한다. 이 관계는 (농사를 짓는 것처럼) 재배되고 보살펴져야 한다. 이 친구들은 우리가 배우고 성장하는데 도움을 준다. 나는 1년내내 이메일, 전화, 또는 차를 마시며 진행하는 실제 미팅 등을 통해 연락을 계속 취하고 있다. 여러분의 성공과 도전을 공유하고 늘 연락하며 지내라. 다른 관절염태극권, 당뇨태극권 또는 요통태극권 강사들과 팀을 구성하라. 이러한 경험은 우리가 돌보는 사람들, 그리고 우리를 돌보는 사람들과 함께 공유되어져야 한다.

내가 가르치는 참가자가 바로 내게 최고의 선생이다. 그들은 내가 하는 일을 가능하게 만든다. 그들은 내게 도전한다. 그들은 내가 다른 관점으로 삶을 바라보게 한다. 그들은 나를 현재에 충실하게 만든다. 이것이 바로 캐롤린 디모이스가 말한 '초심자의 마음'이다.

여러분의 수업에서 각 개별 참가자의 배움의 과정과 여러분 수업에 참가하는 목적에 대해 소중하게 생각하라. 여러분의 눈과 귀 그리고 가슴으로 경청하라. 참가자와 다른 선생들에게 피드백을 요청하여 더 열심히 하라. 목적을 가지고 태극권을 하고 그것을 재미있고 흥미있게 만들라. 수업중에 항상 열린 마음과 열정을 가지고 환하게 웃으라. 깜짝 생일 파티를 열어주고, 차와 간식을 대접하라. 태극권 수업을 재미있고 기억되게 만들라. 모든 수업의 각 참가자에게 인사하고, 친밀한 관계를 형성하라. 여러분이 모든 질문에 항상 답변할 수 없으나 (그런 사실을 인정해야 하고), 기꺼이 정보를 찾아줄 수 있음을 깨달으라. 가끔은 바쁜 인생사가 참가자를 태극권에서 멀어지게 만들지만, 이것이 여러분께 반영되게 하지말라. 우리가 할 수 있는 모든 것은 참가자에게 날개를 달아주는 것이며, 날 수 있도록 격려해주는 것이다. 수업에 참가한 각 개인이, 그들이 될 수 있는 최고가 되게 하라.

공동체 건설에 있어서 주요한 세 가지 구성요소는 여러분의 몸과 마음, 그리고 정신을 포용하고 보살피는 것이다. 이는 불행하게도, 다른 많은 교육 훈련 프로그램에서 간과하는 효과적인 교수법의 한 측면이다. 누가 여러분 자신보다 여러분을 더 잘 알 수 있겠는가? 팻 로손은 '지도가 우리에게 주어졌으나, 목적에 이르는 방법을 알아내는 힘을 가져야 한다'고 말했다.

여러분 자신을 보살피고 사랑하는 방법을 배우라. 읽고, 쓰며, 수업에 참여하고, 명상하고, 태극권을 연습하는 등 여러분의 잔을 채울 수 있는 그 어떤 것을 통해 여러분 자신의 과정에 충실하고, 여러분의 기를 가득하게 채우고, 열정을 품으라. 삶은 모험이다.

신시아 펠스가 말한 것처럼, 다른 사람들의 교수 방식에 대해 알아보는 것 뿐 아니라, 자신의 교수 방식에 대해서 알아야 한다. 그리고 여러분 자신을 돌보는데 교수 방식의 장점을 활용하라.

정답은 없지만 조사해볼 만한 다수의 가능성이 존재함을 알라. 갈등을 어떻게 관리할지에 대해 배워야 한다. 아마도 어떤 상황에 대립만 하는 것 이외에 다른 접근 방법이 있을 것이다. 실제 갈등이 벌어졌을 때, 여러분의 것만 분리할 수 있는가? 만일 그것이 반복적으로 일어나는 상황이라면, 아마도 그것으로부터 배울점이 있지 않을까?

늘 즐겨라. 자신을 보고 웃어라. 모든 상황에서 유머를 찾아내라. 웃음은 여러분을 밝게 하고, 긴장을 줄여주고, 엔돌핀을 흐르게 한다. 그리고 여러분의 과정 진행을 더욱 쉽게 만들어 준다. 내가 힘든 상황에 빠져 즐거움을 찾는데 어려움을 느낄 때, 아내가 가장 좋아하는 말이 항상 생각난다: **'나는 이 상황이 완벽하게 최고로 변화됨을 보고싶어 죽겠다!** - 그러면, 그 상황은 내 인생에서 항상 완벽하게 변화되었다. 나중에 생각해보면, 모든 것은 완벽함을 가지고 있는 것 같다.

사람으로서, 우리는 대지에 발을 딛고 서서 직립으로 걸으며, 우리의 머리는 하늘로부터 매달려 있다. 우리는 열린 팔과 마음으로 타인에게 인사를 건넨다. 이것은 우연이 아니다. 우리는 서로 관계를 맺고 연계되어 살도록 계획된 것이다. 태극권을 가르치는 것은 전 세계적인 규모로 사람들을 연결하고 공동체를 건설하는 것이다.

러셀 스마일리(Russell Smiley) 교수, 2006

부록 1 : 참고 자료

피드백 조사를 위한 설문 형식

여러분이 작성하신 설문이 강의개선에 많은 도움이 됩니다. 감사합니다.

참석하신 강의명이 무엇인가요? _____

강의에 참석하신 동기는 무엇인가요? _____

강의를 통하여 이루고자 하는 바가 있다면 어떤 것인가요?
_____
_____
_____

강의에 만족하시나요?
(1=아니오, 3=보통, 5=네,만족합니다)
1   2   3   4   5

강의에 대한 전반적인 평가를 내려주세요.
(1=불만족, 3=보통, 5=매우만족)

강의내용 :	1	2	3	4	5
강의방법 :	1	2	3	4	5
구성 :	1	2	3	4	5
장소 :	1	2	3	4	5

강의에서 가장 마음에 들었던 점은 무엇인가요?
_____
_____
_____

강의에서 바뀌었으면 하는 점은 무엇인가요?
_____
_____
_____

강의에 다시 참석하실 의향이 있으신가요?
네 ☐   아니오 ☐

위의 질문에 대한 대답이 '네'라면, 다음 강의 시간에 특별히 배우고 싶은 것이 있다면 무엇인가요? (자유롭게 의견을 제시해주세요. 현재 개설되어있지 않은 강의도 상관 없습니다.)
_____
_____
_____

주변에 태극권에 관심을 가질 만한 분이 있으시다면, 그분들에게 태극권에 대한 정보를 보내드릴 수 있는 성함/연락처를 적어주세요. 새로운 강의가 개설되면 알려드릴 예정입니다.
_____
_____
_____

법적면제양식 샘플

*법적면제양식만 제시하며, 이를 사용하기 위해서는
법 전문가의 승인이 있어야 함*

관절염 태극권 워크샵

날짜, 요일 _____

장 소 _____

강의 내용 동의서 (개인적 책임/허가 동의)

 본인은 태극권이 건강 증진에 도움이 되는 운동임을 인지하고 있습니다. 본인의 신체 건강 상태는 상기 워크샵에 참가할 수 있는 정도의 양호한 상태임을 확인하는 바입니다.

 상기 워크샵에 참가하기 위하여, (a) 워크샵 도중 발생하는 부상에 대한 책임은 본인에게 있으며 (b) 본 강의 주최측 및 강사에게 태극권 수련 및 강의에서 발생할 수 있는 부상 및 기타 책임 소재에 대한 권한을 양도합니다.

 강의 도중의 사진 및 비디오 촬영에 동의하며, 본인에 의해 작성된 태극권 워크샵과 관련된 피드백이나 언급 등은 출판, 홍보, 시연 혹은 기타 상업적인 용도로 사용될 수 있음에 동의합니다. 이와 관련된 권리를 모두 워크샵 주최측에 양도하는 바입니다.

참가자 서명 날인 _____

성 명 _____

참가 신청서 및 동의서 샘플

*태극권 강의 참가 신청서 형식으로 사용가능하며
필요에 따라 수정가능*

더 좋은 건강을 위한 태극권(강의 명칭)

신청자 작성요망: _____

성명 : _____

출생년월일 : _____

주소 : _____

전화번호 : (집) _____ (회사) _____

응급상황 발생시 연락할 대리인 :

_____

전화번호 : (집) _____ (회사) _____

프로그램 안내

  태극권에 관심이 있고 참가 가능한 분들을 환영합니다. 브로셔에 소개되었듯이, 본 강의는 강의에 참여하는데 신체적으로 무리가 없는 분들, 혼자 움직일 수 있는 분들, 별다른 도움 없이 참가 가능한 분들에게 열려있습니다.

  본인의 건강상태를 고려할 때 강의 참석 가능 여부가 의심이 되는 경우에는 강의 신청에 앞서 담당 의사와의 상담이 요구됩니다.

  강의는 한 시간 가량 진행되며 필요한 경우에는 강의 도중 휴식을 취하셔도 무방합니다.

참가자는 강의 시작 전에 간단한 준비 운동으로 워밍업을 하며 태극권 수련 후 스트레칭 등의 마무리 운동으로 강의를 마칩니다.

　인증된 강사가 강의를 진행합니다.

　본 건강 태극권 프로그램의 운동 강도는 도보 정도의 운동에 준함을 알려드립니다.

동의서

　본인은 강의 프로그램 안내 내용을 숙지하였으며, 어떤 운동 상황에서든 발생 가능한 부상의 가능성에 대하여 이해합니다. 그리고 안내에 소개된 규칙들을 지킬것에 동의합니다.

　본인은 강의를 참석함에 있어서 어떠한 건강상의 문제점도 없습니다. 만일 본인이 강의에 참석치 못할 건강상의 문제가 있으면 사전에 의사와 상의하여 서면허가를 득하여야 함을 동의합니다.

　서 명 _____

　날 짜 _____

담당 강사 기록란

　비 고 _____

　서 명 _____

　날 짜 _____

샘플 브로셔

여러분의 태극권 강의를 진행하기 위해서는 브로셔가 필요하다. 강의 프로그램을 설명하는 내용을 담은 문구들로 구성하면 된다. 아래에 여러분의 브로셔를 제작하는데 참조할만한 샘플을 제시해 보았다.

문구를 작성할 때에는 잠재 참가자에게 하고 싶은 말을 먼저 생각하고, 여러분의 태극권 강의에 참석함으로써 얻을 수 있는 이익이 무엇인지를 전달하도록 한다. 아래에 제시된 문장을 여러분의 상황에 알맞게 적절히 변형하여 사용하여도 무방하다.

브로셔 작성을 위한 예시 문구

(먼저 사진을 실어야 하는데, 여러분이 모집하고자 하는 연령대의 참가자 여럿이 즐겁게 태극권을 배우는 모습을 담은 사진으로 선정한다.)

관절염 태극권
강사 : (이름)

관절염 태극권 프로그램은 관절염이 있는 분들을 위하여 특별히 고안된 프로그램입니다. 폴 램 박사에 의해 개발된 이 프로그램은 안전성과 효율성이 증명되어, 이미 많은 사람들이 관절염 태극권 강의를 통해 효과를 경험하고 있습니다.

(브로셔 첫 장을 넘겼을 때)

태극권이란?

태극권은 고대 중국 무술에서 유래한 운동입니다. 요즘은 세계적으로 건강 증진을 위한 운동으로 각광받고 있는 추세입니다. 여러 연구에 의하여 그 효과와 안정성이 입증된 과학적인 운동입니다. 태극권은 :

- 보편적으로 모든 사람에게 적합한 운동입니다.
- 관절염의 통증을 완화시켜 여러분이 더 나은 삶의 질을 경험할 수 있도록 도와드립니다.
- 스트레스 완화에 효과가 있으며 집중력이 강화됩니다.
- 정신과 신체 건강을 증진하는데 도움이 됩니다.

태극권을 하면 좋은 이유?

재미있고 쉽게 배울 수 있으며 건강 증진에 효과가 있어 삶의 질을 한층 높여줍니다.

경험자들의 견해

(이 부분은 최근의 업데이트 된 내용으로 바꿀수 있음. www.taichiproductions.com의 포럼란을 참조하여도 좋음)

"태극권을 통해 몸과 마음의 안정을 얻게 되었어요." (79세 김**님)

"강의가 진행되면서 무릎의 통증이 조금씩 줄어드는 것을 느꼈어요. 강의를 참가한 날은 더더욱 몸의 컨디션이 좋아집니다." (55세 박**님)

(다음 페이지)

태극권은 어떠한 효과가 있는가?

전문가들에 의하면, 관절염을 앓고 있는 사람들은 치료와 함께 근력, 유연성 등 건강을 단련할 수 있는 운동을 병행해야 한다고 합니다. 태극권은 이 모든 요소를 충족시킬 수 있는 운동입니다. 여러분은 태극권 수련을 통해 긴장의 완화, 몸과 마음의 안정, 면역력 증진의 효과를 경험할 수 있을 것입니다.

- 근육은 관절을 보호하고 지탱하므로, 근력이 향상되면 통증이 완화됩니다.
- 유연성이 증가하면, 통증과 관절경직이 완화되어 움직임이 편해집니다.

- 체력을 보충하여 심폐기관, 근육 등 신체 전반의 기능을 향상시켜 건강해집니다.
- 태극권을 통하여 '기'의 흐름을 원활하게 합니다. '기'란 몸을 순환하는 에너지를 말하는데, 이를 통하여 건강을 유지하게 됩니다. 태극권 수련을 통하여 '기'의 순환을 도움으로써, 건강 증진을 도모할 수 있습니다.

관절염 태극권 프로그램

태극권에는 여러 가지 형식이 있지만, 관절염 태극권은 대상자들을 위하여 특별히 개발된 치유 프로그램입니다. 폴 램 박사가 주축이 된 연구팀이 간결하면서도 안전하고 효과적인 프로그램을 개발하여, 많은 관절염 대상자들을 대상으로 강의를 하고, 효과를 경험하고 있습니다. 관절염 태극권 프로그램은 과학적으로 그 효과가 입증되었으며, 여러분의 건강 증진을 돕고 삶의 질을 향상시키는데 도움이 될 것입니다.

미국, 영국, 호주 등의 관절염 협회에서 이 프로그램을 지원하고 있습니다. 자세한 사항은 폴 램 박사의 홈페이지 www.taichiproductions.com 을 참조하시기 바랍니다.

강사 소개 (이름)

(여러분의 경력 사항을 간단히 적도록 합니다. 간결하게 하되 잠재 참가자들에게 도움이 될 사항에 집중하여 작성하도록 합니다.)

날짜 및 강의 시간

강의료

준비물

참가자들은 운동하기에 편안한 옷과 운동화를 준비하시면 됩니다.

비고

(강사의 전화번호, 주소, 이메일 주소 등을 적어 연락할 수 있도록 합니다.)

신문사에 보낼 문서 샘플

담당자님께

 저는 **지방에서 유일하게 관절염 치유를 위한 태극권을 가르치는 강사일 것입니다. 이 운동은 관절염 태극권(TCA)이라는 명칭하에, 폴 램 박사에 의하여 고안된 운동으로서, 스트레칭과 긴장 완화 운동이 주가 되는 건강 증진을 위한 프로그램으로 개발되어 시행되고 있습니다.

 홍보나 경제적인 이득을 위한 목적이 아니라 이 건강 태극권 프로그램을 대중에게 알려 더 많은 사람이 관절염 등으로부터 벗어나 건강한 삶을 영위할 수 있기를 바라는 마음으로 연락드림을 알려드리고자 합니다.

 지난 봄, 저는 미국 남가주에서 열린 TCA 워크샵에서 전문 강사 자격을 수료하였으며 이 후 여러 곳에서 강의를 개설하여 활동중입니다.

 현재 ***센터에서 관절염 태극권을 가르치고 있으며 참가자들이 최소 비용으로 강의에 참여할 수 있도록 정부에서 일부 보조금을 지원받아 운영하고 있습니다.

 동봉해드리는 테잎은 공영 방송인 '***쇼'에서 소개된 내용이며 **년 *월 *일에 방영된 약 삼십분 분량의 녹화분입니다. '***쇼'에서는 태극권이 관절염에 어떤 유익이 있는가에 초점을 둔 내용으로 전국에 소개된 내용입니다.

 저의 강의에 참여중인 참가자의 인터뷰 내용이 포함되어 있으며, 관절염 태극권 프로그램의 창시자인 폴 램 박사에 대한 소개 내용 역시 함께 포함되어 있습니다.

 제시해드린 사항과 테잎을 검토해보시면 태극권에 대한 소개를 통하여 흥미롭고 유익한 기사 내용이 될 것임을 아시게 될 것입니다.

 감사합니다.

  태극권 강사 *** 배상

연구 참가 지원자 모집 광고

(연락 가능한 사항; 전화번호, 이메일 등)

주제 : 당뇨병과 태극권에 관한 연구

호주 국민 네 명중 한 명꼴로 당뇨병 혹은 당뇨병 전증을 앓고 있다고 합니다. 이러한 상황은 호주뿐만 아니라, 서구 국가에 공통적으로 나타난 현상입니다.

호주 왕립 대학 가정의학대학은 운동의 효용성, 그 중에서도 태극권의 효용성에 대하여 당뇨병을 조절하고 심장 질환의 위험을 줄어들게 한다고 발표하였습니다.

이 연구는 폴 램 박사의 지도하에 성 조지 일반의학 분과에서 실행된 것으로 공동 저자로는 성 조지 병원의 당뇨병 클리닉의 책임자인 테리 다이아몬드 교수, NSW 대학의 닉 츠바르 교수, 사라 데니스 박사가 있습니다.

리서치 팀은 이 연구에 참여할 지원자를 모집하고 있으며, 지원자들에게는 3개월 내지 6개월의 무료 태극권 강습 혜택이 주어집니다. 6개월 이상 Type II 당뇨병을 앓고 있는 대상자들이 지원 가능합니다. 30세 이상으로 부드러운 운동이 가능해야하며, 수 개월 가량 태극권 강의에 참석할 의향이 있는 분에 한합니다. 강의는 올 해 3월에 시작 예정입니다.

태극권은 즐겁게 할 수 있는 운동이며 당뇨병 조절에 효과가 있는 것으로 알려져 있습니다. 최근 연구 결과에서도 알 수 있듯이 태극권은 고혈압과 심장혈관질환의 방지 및 조절에 효과가 있으며 근육 강화, 스트레스 완화와 신체 균형에 효과적이라고 합니다. 이처럼 태극권이 당뇨병 및 기타 질병에 효과적이라는 것을 증명하기 위해서 여러분의 많은 관심과 도움이 필요합니다.

본 연구에 관심이 있으시거나 참여하고자 하시는 분은 저희 리서치 센터로 연락하셔서 담당자 ***와 상담을 하실 수 있습니다.

참고 문헌 (Resources)

Books (서적)

Bandura, Albert, *Self-efficacy:The Exercise of Control,* WH Freeman and Company, New York, 1997.

Covey, Stephen, *The Seven Habbits of Highly Effective People,* Simon and Schuster, New York, 1990.

Csikszentmihalyi, Mihaly, *Finding Flow, the Psychology of Engagement with Everyday Life,* Basic Books, New York 1997.

Donovan, Grant; McNamara, Jane and Gianoli, Peter, *Exercise Danger: 30 exercises to avoid plus 100 safer and more effective alternatives,* A Wellness Austrailia Publication, Western Australia 1988.

Goleman, Daniel, *Emotional Intelligence,* Bantam Books, New York 1994.

Goleman, Daniel, *Working with Emotional Intelligence,* Bloomsbury Publishing, London, 1998.

Harris, Thomas, *I m OK, you re OK,* Harper Paperbacks, New York, 2004.

Kircher, Pamela M, MD *Love is the Link,* Larson Publications, New York, 1995.

Lam, Paul, and Horstman Judith, *Overcoming Arthritis,* Dorling Kindersley, Sydney , 2002.

Lam, Paul and Kaye, Nancy, *Tai Chi for Beginners and the 24 Forms,* Limelight Publications, Sydney, 2006.

George Leonard, *Mastery — The Keys to Success and Long-term Fulfilment,* Plume Books, New York, 1991.

Pyke, Frank S, (ed) *Better Coaching* — Advanced coach s manual published by Australian Sports Commission.

Magazines (잡지)

T ai Chi (The International Magazine of T ai Chi Chuan)
Wayfarer Publications
P.O.Box 39938
Los Angeles
CA 90039-0938
USA
Phone : (323) 665 7773
Email : taichi@tai-chi.com

Qi (The Journal of Traditional Eastern Health and Fitness)
Insight Publishing Inc
P.O. Box 18476
Anaheim Hills
CA 92817
USA
Phone : 714 779 1796
Email : editor@qi-journal.com

Tai Chi Associations

Tai Chi Association of Australia, working together to promote tai chi in Australia.
www.taichiaustralia.com

Tai Chi for Health Community, a non profit organisation dedicated to bringing tai chi to as manypeople as possible for health improvement.
www.taichiforhealthcommunity.org

Tai Chi America, provides a multimedia learning resource and archive for all those interested in tai chi chuan and chi kung.
www.taichiamerica.com

Tai Chi Union, the largest collective of independent tai chi chuan instructors in the British Isles.
www.taichiunion.com

Better Health Tai Chi Chuan Inc, an Australian non-profit organisation dedicated to providing an ideal environment for all members to grow through tai chi.
www.betterhealthtcc.com.au

Websites (웹사이트)

Dr Paul Lam s Website-Tai Chi Productions

www.taichiproductions.com

이 웹사이트는 태극권에 관한 각종 정보를 제공하는 폴 램 박사의 공식 홈페이지로서, 워크샵을 통하여 강사 자격을 이수한 이들의 명단이 공개되어있다. 폴 램 박사는 홈페이지를 통하여 삶의 질을 향상시키기 위한 태극권을 널리 알리는 데 앞장서고 있으며, 각종 프로그램과 교육 자료 및 강의에 관한 소재를 제공하고 있다.

World Tai Chi&Qigong Day

www.worldtaichiday.org

이 홈페이지는 태극권과 관련하여 가장 규모가 큰 행사인 '태극권과 기공의 날'에 대한 정보를 제공하고 있다.

DVD/Videos

Tai Chi Productions

www.taichiproductions.com

폴 램 박사와 그의 팀이 제작한 각종 DVD와 비디오는 강사들 및 일반 수련생들에게 유용하다. 그 중 가장 인기 있는 시리즈는 아래와 같습:

- Tai Chi for Arthritis (영어, 중국어, 프랑스어, 스페인어, 독일어, 이탈리아어 버전이 있음)
- Tai Chi for Osteoporosis
- Tai Chi for Diabetes
- Tai Chi for Older Adults
- Tai Chi 4 kidz
- Tai Chi for Beginners (영어, 중국어, 프랑스어, 스페인어, 독일어, 이탈리아어 버전이 있음)
- Qigong for Health
- Tai Chi-the 24 Forms
- The 32 Forms Tai Chi Sword.
- The 42 Forms
- The 42 Sword Forms
- Tai Chi Music CD

구매 혹은 자세한 정보에 관한 사항은 www.taichiproductions.com 에서 제공하고 있다. 중급·상급 시리즈에 대한 정보를 얻으려면 폴 램 박사에게 직접 연락해 주세요.

주 해

제1장 : 태극권을 가르치는 이유에 관하여

1. Pamela M. Kircher, MD, *Love is the Link*, A hospice doctor shares her experience of near-death and dying, Larson Publications, New York 1995.

2. Chenchen Wang, MD, MSc; Jean Paul Collet, MD, PhD; Joseph Lau, MD, *The effect of tai chi on health outcomes in patients with chronic conditions, a systematic review*, Archives of Internal Medicine, JAMA,2004; 164:493-501

3. GF Fuller, *Falls in the elderly*, American Family Physician, 2000 Apr 1; 61(7): 2159-68, 2173-4

4. Raymond Cripps and Judy Carman, *Falls by the elderly in Australia: Trends and data for 1998*, Australian Institute of Health and Welfare, Canberra, 2001.

제2장 : 효율적인 강사가 되기 위한 필수요소

1. R Song, Eo Lee, P Lam, SC Bae, *Effects of tai chi exercise on pain, balance, muscle strength, and perceived difficulties in physical functioning in older women with osteoarthritis: A randomized clinical trial*, Journal of Rheumatology, 2003; 30(9): 2039-44.

    JH Choi, JS Moon and R Song, *The effects of Sun-style tai chi exercise on physical fitness and fall prevention in fall-prone adults,* Journal of Advanced Nursing,2005, 21(2), 150-157.

2. The Tai Chi for Arthritis workshop consists of supplied teaching materials for individual preparation beforehand, two

days face-to-face instruction, a final test and regular updates. Suitable health professionals and tai chi practitioners who have fulfilled the requirements are certified to teach this simple program. The program aims to help people improve their health in general and it is especially safe and suitable for people with arthritis. These workshops have enjoyed great success as attested to by many thousands of healthier arthritis sufferers worldwide, as well as by several published studies to date of results gained by instructors trained from these workshops.

3   Grant Donovan, Jane McNamara and Peter Gianoli, Exercise Danger: *30 exercises to avoid plus 100 safer and more effective alternatives,* a Wellness Australia Publication, Western Australia 1988.

4   Frank S Pyke, ed, *Better Coaching*-Advanced coach s manual published by Australian Sports Commission.

5   I have created a 3-step set of safe warm-up and cooling-down exercises that you can use without applying for copyright. These exercises are described briefly in Chapter 8 and are also available in my detailed instructional DVD *Tai Chi for Beginners and the book Tai Chi for Beginners and the 24 Forms.*

6   The essential tai chi principles for beginners are outlined in Chapter 11.

7   George Leonard, Mastery-*The Keys to Success and Long-term Fulfillment, Plume Books,* New York, 1991.

8   Stephen Covey, *The Seven Habits of Highly Effective People,* Simon and Schuster, New York, 1990.

9   Daniel Goleman, *Working with Emotional Intelligence,* Bloomsbury Publishing, London, 1998.

10 Daniel Goleman, *Emotional Intelligence,* Bantam Books, New York 1994.

11 Thomas Harris, *I m OK, you re OK,* Harper Paperbacks, New York, 2004.

12 Paul Lam and Nancy Kaye, *Tai Chi for Beginners and the 24 Forms,* Limelight Publications, Sydney, 2006.

13 Albert Bandura, *Self-efficacy: The Exercise of Control,* WH Freeman and Company, New York, 1997.

14. Mihaly Csikszentmihalyi, *Finding Flow, the Psychology of Engagement with Everyday Life,* Basic Books, New York 1997.

제 3장 : 나는 효율적인 강사인가?

1   George Leonard, Mastery, *The Keys to Success and Long-term Fulfillment,* Plume Books, New York, 1991.

제 4장 : 안전 우선

1   Associations including: American College of Sports Medicine (www.acsm.org); American Council on Exercise (www.acefitness.org) and Sport Medicine Australia (www.sma.org.au).

2   Grant Donovan, Jane McNamara and Peter Gianoli, *Exercise Danger: 30 exercises to avoid plus 100 safer and more effective alternatives,* a Wellness Australia Publication, Western Australia 1988.

제 5장 : 점진적 단계별 교수법

1. Albert Bandura, *Self-efficacy: The Exercise of Control,* WH Freeman and Company, New York, 2003.

2. A movement here is synonymous with a form. A set of tai chi consists of many forms or movements, for example the 24 Forms h as 24 movements and the 12-movement Tai Chi for Arthritis set has 12 forms. Within a movement there are several parts. For example the *Single Whip* movement in Tai Chi for Arthritis can be divided into three parts(but of course you can divide it into as many parts as appropriate for the situation).

3. Dr Paul Lam and Nancy Kaye, *Tai Chi for Beginners and the 24 Forms,* Limelight Press, Sydney, 2006.

제 10장 : 학술연구 협조

1. R Song, Eo Lee, P Lam, SC Bae, *Effects of tai chi exercise on pain, balance, muscle strength, and perceived difficulties in physical functioning in older women with osteoarthritis: A randomized clinical trial,* Journal of Rheumatology, 2003; 30(9): 2039-44.

2. Choi JH, Moon JS and Song R, *The effects of Sun-style tai chi exercise on physical fitness and fall prevention in fall-prone adult.* Journal of Advanced Nursing, 2005, 51(2), pp.150-157